走遍全球 GLOBE-TROTTER TRAV

美国自驾

America Fly & Drive

日本《走遍全球》编辑室 编著

中国旅游出版社

	Atlanta, GA	Boston, MA	Chicago, IL	Dallas, TX	Denver, CO	Detroit, MI	Las Vegas, NV	Los Angeles, CA	Miami, FL	Minneapolis, MN	New Orleans, LA	New York, NY	Portland, OR	St. Louis, MO	Salt Lake City, UT	San Francisco, CA	Seattle, WA
Boston, MA	1095 16:30																
Chicago, IL	715 10:20	983 14:30															
Dallas, TX	780 11:00	1764 25:00	926 13:40														
Denver, CO	1404 19:30	1970 28:00	1002 14:10	880 11:50													
Detroit, MI	722 10:20	724 10:30	280 4:20	1163 17:00	1270 18:00												
Las Vegas, NV	1959 28:00	2714 39:00	1746 25:00	1220 17:30	741 10:50	2013 28:00											
Los Angeles, CA	2174 31:00	2983 43:00	2015 28:00	1437 20:00	1015 15:30	2281 32:0 0	270 4:00										
Miami, FL	661 9:00	1482 21:20	1381 19:20	1307 18:30	2069 29:00	1354 19:30	2525 36:00	2735 38:00									
Minneapolis, MN	1127 15:50	1396 20:30	408 6:00	928 13:50	913 12:50	696 10:00	1656 23:20	1926 27:00	1791 25:00								
New Orleans, LA	468 6:30	1520 21:50	923 13:00	519 7:20	1398 18:50	1066 15:00	1739 25:00	1894 26:00	861 12:00	1223 17:20							
New York, NY	882 13:00	207 3:30	787 12:00	1548 22:30	1775 26:00	613 9:20	2518 36:00	2787 40:00	1288 18:50	1204 18:00	1304 18:50						
Portland, OR	2603 37:00	3086 44:00	2118 30:00	2128 30:00	1256 18:00	2385 34:00	1022 16:10	963 14:20	3260 46:00	1727 24:00	2642 37:00	2891 41:00					
St. Louis, MO	555 7:50	1182 17:00	296 4:20	630 9:30	854 12:00	553 7:50	1600 23:40	1821 26:40	1221 16:40	563 8:20	675 9:30	954 13:50	2050 29:00				
Salt Lake City, UT	1878 27:00	2365 34:00	1398 20:00	1403 18:40	533 7:50	1664 23:30	419 5:50	688 9:30	2544 36:00	1308 18:00	1920 26:00	2170 31:00	765 11:00	1360 19:00			
San Francisco, CA	2472 35:00	3098 45:00	2130 31:00	1734 25:00	1268 18:30	2397 34:00	569 8:20	380 5:30	3038 43:00	2040 29:00	2252 32:00	2902 42:00	635 10:00	2061 30:00	735 10:30		
Seattle, WA	2649 38:00	3054 44:00	2063 29:00	2193 31:00	1320 19:10	2353 33:00	1128 17:00	1134 17:30	3315 47:00	1655 23:10	2716 30:00	2858 41:00	172 2:30	2096 30:00	839 12:30	807 12:30	
Washington D.C.	637 9:30	439 6:40	697 10:30	1332 19:00	1671 24:00	522 8:00	2428 35:00	2670 38:00	1044 15:20	1110 18:20	1087 15:40	228 3:40	2800 40:00	827 12:30	2079 30:00	2812 41:00	2768 40:00

美国本土自驾地图(不含阿拉斯加、夏威夷)

城市间距离&所需时间

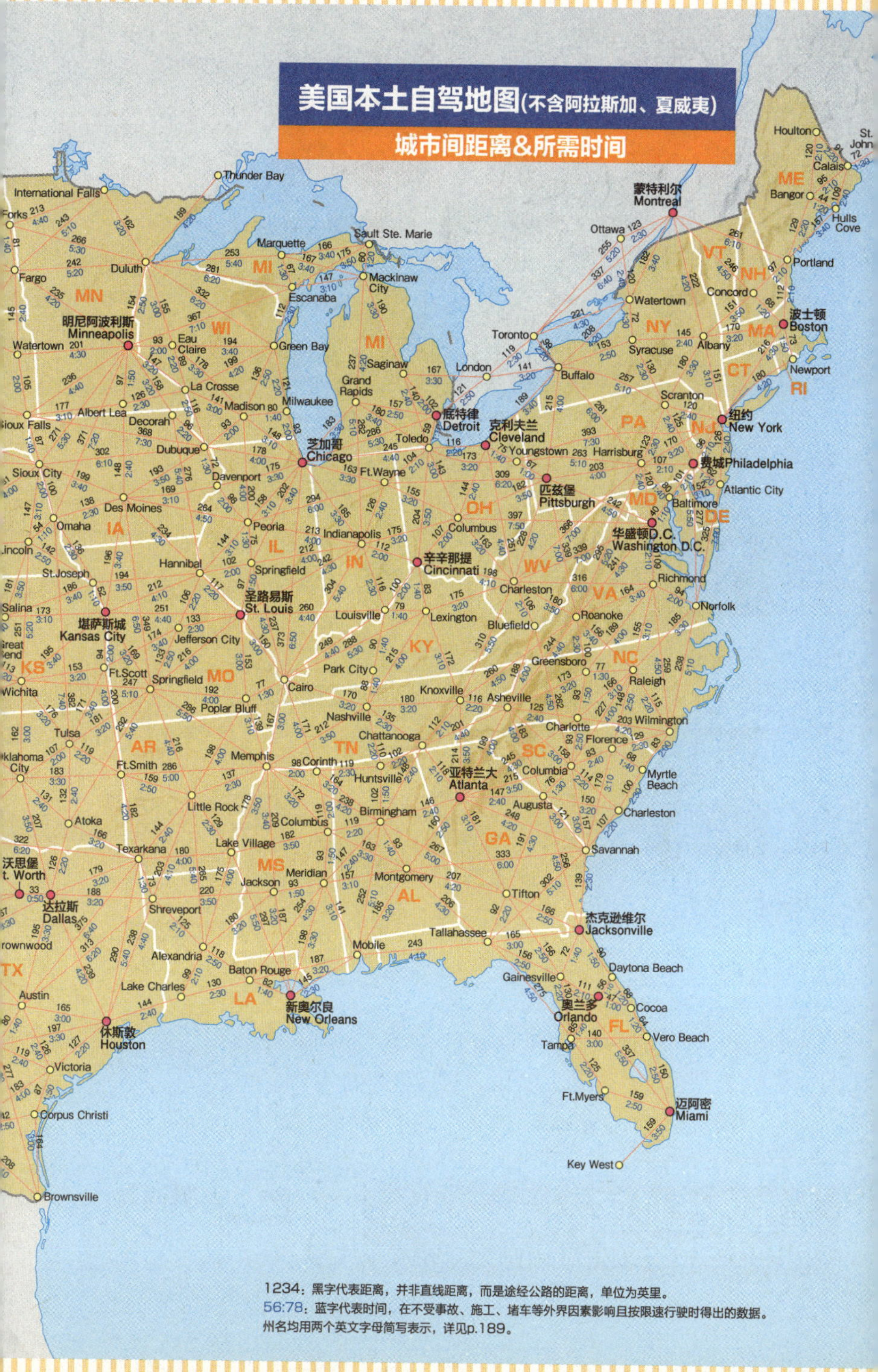

1234：黑字代表距离，并非直线距离，而是途经公路的距离，单位为英里。
56:78：蓝字代表时间，在不受事故、施工、堵车等外界因素影响且按限速行驶时得出的数据。
州名均用两个英文字母简写表示，详见p.189。

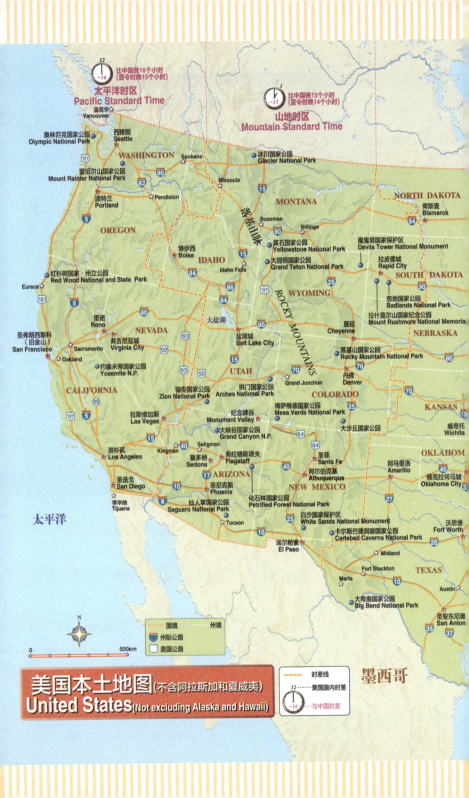

美国本土地图(不含阿拉斯加和夏威夷)
United States(Not excluding Alaska and Hawaii)

加拿大
比中国晚14个小时
(夏令时晚13个小时)
中部时区
Central Standard Time
温尼伯
Winnipeg
比中国晚13个小时
(夏令时晚12个小时)
东部时区
Eastern Standard Time
魁北克
Ville de Québec
苏必利尔湖
阿卡迪亚国家公园
Arcadia National Park
蒙特利尔
Montréal
MAINE
Portland
Fargo
MINNESOTA
VERMONT
NEW HAMPSHIRE
休伦湖
明尼阿波利斯/圣保罗
Minneapolis/St. Paul
NEW YORK
Cooperstown
多伦多
Toronto
安大略湖
波士顿
Boston
MASSACHUSETTS
WISCONSIN
密歇根湖
尼亚加拉瀑布
Niagara Falls
Sioux Falls
MICHIGAN
RHODE ISLAND
CONNECTICUT
底特律
Detroit
密尔沃基
Milwaukee
伊利湖
PENNSYLVANIA
纽约
New York
IOWA
克利夫兰
Cleveland
NEW JERSEY
芝加哥
Chicago
匹兹堡
Pittsburgh
费城
Philadelphia
Des Moines
威明顿
Wilmington
奥马哈
Omaha
OHIO
MARYLAND
Baltimore
ILLINOIS
印第安纳波利斯
Indianapolis
DELAWARE
华盛顿哥伦比亚特区
Washington D.C.
堪萨斯城
Kansas City
辛辛那提
Cincinnati
INDIANA
查尔斯顿
Charleston
仙南度国家公园
Shenandoah National Park
Richmond
圣路易斯
St. Louis
Louisville
WEST VIRGINIA
VIRGINIA
MISSOURI
KENTUCKY
APPALACHIAN MOUNTAINS
大西洋
纳什维尔
Nashville
NORTH CAROLINA
阿巴拉契亚山脉
TENNESSEE
夏洛特
Charlotte
ARKANSAS
孟菲斯
Memphis
Little Rock
密西西比河
SOUTH CAROLINA
亚特兰大
Atlanta
Birmingham
Charleston
达拉斯
Dallas
ALABAMA
GEORGIA
MISSISSIPPI
Savannah
LOUISIANA
Jackson
Jacksonville
休斯敦
Houston
新奥尔良
New Orleans
FLORIDA
奥兰多
Orlando
Tampa
迈阿密
Miami
巴哈马
墨西哥湾
基韦斯特
Key West
古巴

本书的使用方法

自驾 START 导览

以方便抵达的机场为中心，挑选适合作为自驾游起始点的城市

教你各个城市的驾驶窍门

解说各个机场的租车方法

以机场及租车中心为起点，介绍如何驾车前往沿途主要景点

有关景点各类信息的表示　摄影点　近路　美食　散步　购物　住宿

经典线路

用线路图对经典线路进行简单易懂的讲解

归纳行程概要及总里程

介绍每天的线路安排、到目的地的距离及时间

用线路图对经典线路进行简单易懂的讲解

归纳全部行程及各目的地间的距离

住宿场所信息和驾驶小贴士

地图

00 Interstate Highway
00 U.S Highway
00 State Highway
00 高速公路出入口号码
H 酒店　机场
S 商店　汽车租赁营业所
i 旅游咨询处

Ave.	Avenue
Blvd.	Boulevard
Cir.	Circle
Dr.	Drive
E.	East
Epwy.	Expressway
Fwy.	Freeway
Hwy.	Highway
Ln.	Lane
N.	North
Pkwy.	Parkway
Rd.	Road
S.	South
St.	Street
W.	West

书中使用的符号和缩写

住 地址
☎ 电话号码
Free 美国境内的免费电话号码
URL 网址（省略 http://）
营 营业时间
休 休息日　费 费用
i 旅游咨询处（CVB=Convention and Visitor Bureau 的缩写）
Ⓢ 单人房　Ⓓ 大床房
Ⓣ 双床房　Ⓢu 套间
A American Express
D Diners Club
J JCB
M Mastercard
V Visa

关于书中的线路介绍

美国的高速公路号码牌除了数字还会显示前进方向，例如“North”“East”等字样都会标示在指示牌上（→p.190）。文中介绍线路行进方向时也会将高速公路号码及方向一起标示出来。

※“North”即向北，“South”即向南，“East”即向东，“West”即向西。

小贴士 各类实用信息的小贴士

投稿 来自读者朋友们的投稿

■本书特点

本书的制作初衷是为了使读者们可以享受在广阔的美国大陆驾驶的无限乐趣。详细介绍了从机场下飞机到坐进租赁汽车的整个过程，即使是对于第一次在海外租车的朋友也很好理解。此外，当地的交规及自驾技巧也在文中不时穿插提及，经典线路和读者们讲述的旅行游记，乃至可以为旅行起到显著帮助的知识及情报都可以在本书中找到。如果你真的打算计划一次美国自驾游，本书可谓当之无愧的常备书籍。

■关于书中所记载的信息

编辑部尽量收集时下最新鲜准确的信息，但是当地的规则和手续可能会有所变化，而且对于某些条款的具体解释也可能有认识上的分歧。因此，若非本社出现的重大过失，因使用本书而产生的损失或不便，本社将不承担责任，敬请谅解。另外，对于书中所刊登的信息或建议是否符合自身的利益或立场，也请您根据自身情况做出正确的判断。

■当地资料的取材及调查时间

本书中的资料取材于2017年。但是随着时间流转，记载的信息也会有变动的情况，特别是酒店和餐厅的费用，很有可能与你真正在旅行中接触的价格会有出入。另外，书中的信息只是概况，仅供参考，想要了解详细信息最保险的方法还是在当地的旅游咨询处进一步确认。

■关于投稿

读者投稿的文章虽然多少带有一些主观性，但编辑部仍尽可能地忠实于原文。投稿中的数据，编辑部则进行了追踪调查。

目录 

CONTENTS

5 特辑 1

总有一天要去兜个风

横穿美国大陆 Road Trip Guide

72 特辑 2

品味自然！

国家公园的游览方式

21

在美国开开车吧

LIVE FAST
DRIVE

正式国名

美利坚合众国 United States of America，America 这个名字，取自发现美洲的意大利探险家阿美利哥·维斯普奇 Americus Vespucius 的名字。

国旗

Stars and Stripes，13 条条纹代表了美国在 1776 年建国时的 13 个州，50 颗星星则代表着美国当今的 50 个州。

国歌

Star Spangled Banner

面积

约 937 万平方公里。

人口

约 3.233 亿。

首都

华盛顿特别行政区（Washington，District of Columbia）不隶属于全美 50 个州中的任何一州，是联邦政府直属的行政地区。人口约 67 万人。

经济中心则是纽约市。

国家元首

唐纳德·特朗普总统 Donald Trump

国家政体

总统制，联邦制（50 个州）

人种构成

白人 62.1%，拉美裔 17.4%，非洲裔 13.2%，亚洲裔 5.4%，原住民 1.2% 等。

宗教

以基督教为主流，教派分为浸礼教、天主教等，根据城市的不同，分布也有所不同。此外也有少数的犹太教及伊斯兰教信徒。

语言

主要以英语为主，但法律上并没有明文规定。西班牙语在美国也被广泛使用。

货币及汇率

货币为美元（$）及美分（¢）。$1≈6.85 人民币，纸币分为 1、5、10、20、50、100 美元等面额。可能会有不少小商店不接受 50、100 美元等大额纸币，请多加注意。硬币分为 1、5、10、25、50、100 美分（100 美分即 1 美元）共 6 种，不过市面上几乎很难见到 50、100 美分的硬币。

$1

$5

$10

$20

$50

$100

25 ¢（quarter）

10 ¢（dime）

5 ¢（nickel）

1 ¢（penny）

关于旅行携带的货币→ p.228

营业时间

以下为通常的营业时间，可能会因服务内容及地区不同有所差异。超市通常是 24 小时营业或营业到 22:00 左右。城市中写字楼附近的超市有时也会只营业到 19:00 左右。

【银行】 周一～周五 9:00~17:00

【商场及商店】 周一～周五 10:00~19:00、周六 10:00~18:00、周日 12:00~17:00

【餐厅】 通常咖啡馆会从清晨便开始营业。早餐时段为 7:00~10:00、午餐时段为 11:30~14:30、晚餐时段为 17:30~22:00。酒吧会营业到深夜。

节假日（联邦政府的节日）

各州有所差异的节假日标※，请多注意。不少店铺都会标注“年中无休的字样”，但即使如此通常也会在元旦、感恩节、圣诞节当天停业休息。另外，从阵亡将士纪念日 Memorial Day 到劳工节 Labor Day 的暑假期间，商店的营业时间通常也会有所调整。

时间		节日名称
1月	1/1	元旦 New Year's Day
	第三个周一	马丁·路德·金纪念日 Martin Luther King, Jr.'s Birthday
2月	第三个周一	总统日 Presidents' Day
3月	3/17	※圣帕特里克节 St. Patrick's Day
4月	第三个周一	※爱国者日 Patriots' Day
5月	最后一个周一	阵亡将士纪念日 Memorial Day
7月	7/4	独立纪念日 Independence Day
9月	第一个周一	劳工节 Labor Day
10月	第二个周一	※哥伦布纪念日 Columbus Day
11月	11/11	退役军人节 Veteran's Day
	第四个周四	感恩节 Thanksgiving Day
12月	12/25	圣诞节 Christmas Day

用电 & 影像制式

【电压和插座】

电压是 120 伏，三相插座，中国的电器产品要使用转换插头，对于那些电压要求严格或价格比较昂贵的电器还是建议要使用旅游变压器，以免烧毁电器或影响电器的使用寿命。

【录像制式】

与中国的制式不同，是 NTSC 制式，美国购买的 DVD 无法在中国国内播放。

小费

在美国餐厅用餐，乘坐出租车或入住酒店（麻烦门童及客房服务员）时有支付小费的习惯。金额虽然会略有不同，但大致可以参照下方信息。

【餐厅】

占总金额的 15%～20%，若餐费已经包含服务费时，可以把少量零钱留在餐盘上以表示对服务生的感谢。

【出租车】

约为车费的 15%，最少也要给 $1。

打电话的方法

从中国往美国打电话的方法

国际电话识别码 00 ＋ 美国的国家代码 1 ＋ 区号（去掉前面第一个 0）×× ＋ 对方的电话号码 ××××××

从美国往中国打电话的方法

国际电话识别码 011 ＋ 中国的国家代码 86 ＋ 区号（去掉前面第一个 0）×× ＋ 对方的电话号码 ××××××

※ 上述为公共电话拨打方式，若从酒店客房拨打，还需在 011 前加拨酒店连接外线的号码。

关于打电话的方法→ p.235

▶美国国内通话

打市内电话时不需要加拨区号（纽约及芝加哥除外）。打市外电话时要先拨 1，再从区号开始拨号。

▶如何拨打公共电话

① 拿起电话；② 虽然各城市的收费标准不一，但一般先投入 50￠的硬币后即可输入对方号码（使用电话卡时则先拨卡号，随后按照语音提示进行操作）；③ 电话的提示音会告知“最初的 × 分钟收费 × 美元”，投入大于该金额的硬币即可接通电话。

【酒店住宿】

根据门童帮忙拿的行李的大小及数量给予 $2～3。行李很多时还可以再多给一些。

对于客房服务员则可以将 $1～2 的小费留在枕头边上。

小费及礼仪→ p.233

饮用水

虽然自来水管的水也能直接饮用，但最好购买矿泉水。超市、便利店等均有出售。

气候

美国本土的气候根据地域不同变化多样。

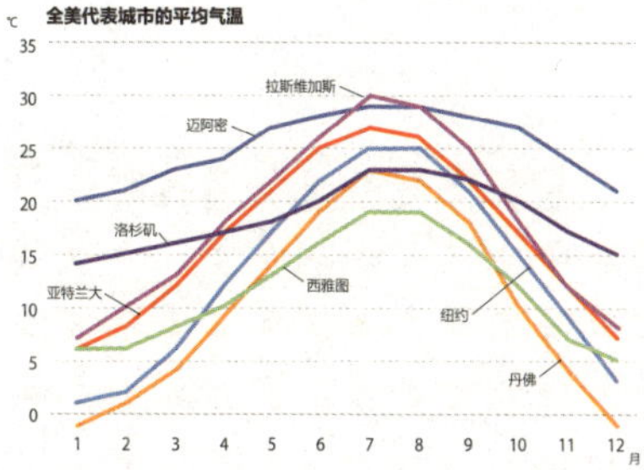

关于气候→ p.22

从中国飞往美国

从北京首都国际机场直飞的情况，前往洛杉矶（西海岸）约 12 小时，前往芝加哥（中西部）约 13 小时，前往纽约（东海岸）约 13.5 小时。

邮政

【邮政费用】

寄往中国的航空信件、明信片为 $1.05，也有定好价的信封和包装箱，价格有明确区分。城市不同邮局的营业时间可能会略有不同，通常工作日的营业时间是 9:00~17:00。

关于邮政内容→ p.234

出入境

【签证】

中国公民前往美国，须提前办理签证。自 2013 年 3 月 16 日起，美国在中国境内开始实施新的签证申请流程。中国公民须通过美国国务院设立的美中签证信息服务网站：www.ustraveldocs.com/cn_zh/cn-main-contactus.asp 进行签证政策咨询、申请和预约面谈。申请人也可参考美国国务院领事事务局和美国驻华大使馆或驻其他城市的总领馆相关网页内容。

【护照】

护照的有效期要在 90 天以上。

关于签证→ p.228

税金

分为购物时的商品税 Sales Tax 及酒店住宿时的住宿税 Hotel Tax，各个州及城市间税率有所差异，另外在餐厅用餐时也会收取与商品税一致的税额或更高的税金。需要了解的是，俄勒冈州的波特兰没有商品税，路易斯安那州及得克萨斯州有对国外游客的税金返还制度。

安全和突发事件

国外经常会有偷窃或抢劫的事件发生，犯罪同伙通常是多人作案，一人分散游客的注意力，与此同时会有扒手行窃。有的还会以同胞身份诱骗财物，总之千万要记住，到了国外就要有“这里已经不是中国”的意识，凡事要多加小心。

警察・救护车・消防局　911

旅行中突发事件的应对方法→ p.236

年龄限制

虽然各州条款不尽一致，但可以饮酒的年龄通常是在 21 岁以上，有时购买酒水还会被要求出示身份证件。Live 现场表演等提供酒水的场所是必须要出示身份证件的。

美国国内因年轻人驾车引发的交通事

故时有发生，除了很少一部分租车公司，大部分车行均只对 25 岁以上的成年人提供车辆。如果是介于 21 ~ 25 岁间的客人，通常会增收费用。

度量衡

距离、长度、面积、容量、速度、重量、温度等很多单位会和中国的度量衡有所不同。

尺寸比较表和度量衡→ p.237

时差及夏令时

美国境内共分为四个时区。太平洋时区 Pacific Standard Time（洛杉矶等地）比中国晚 16 小时，山地时区 Mountain Standard（丹佛等地）比中国晚 15 小时，中部时区 Central Standard Time（芝加哥等地）比中国晚 14 个小时，东部时区 Eastern Standard Time（纽约等地）比中国晚 13 小时。夏天采用夏令时，大多数州会把时间调快 1 小时。但是亚利桑那州、夏威夷州并不使用夏令时，请多加注意。※ 从每年的 3 月第二个周日开始到 11 月的第一个周日即为夏令时期间。如果恰巧在此期间旅行，请格外注意时间安排。

【时差表】

中国时间	0	1	2	3	4	5	6	7	8	9	10	11	12	13	14	15	16	17	18	19	20	21	22	23
东部时区 (ET)	11	12	13	14	15	16	17	18	19	20	21	22	23	0	1	2	3	4	5	6	7	8	9	10
中部时区 (CT)	10	11	12	13	14	15	16	17	18	19	20	21	22	23	0	1	2	3	4	5	6	7	8	9
山地时区 (MT)	9	10	11	12	13	14	15	16	17	18	19	20	21	22	23	0	1	2	3	4	5	6	7	8
太平洋时区 (PC)	8	9	10	11	12	13	14	15	16	17	18	19	20	21	22	23	0	1	2	3	4	5	6	7

※ 从每年 3 月的第二个周日到 11 月的第一个周日实行夏令时，在此期间表会调快 1 小时，红色区域为中国时间前一天的相应时间。

横穿美国大陆 Road Trip Guide

总有一天要去兜个风

GREAT ROUTES FOR DRIVING ACROSS AMERICA

自驾穿越美国的别样浪漫

横穿美国大陆

这个魅力十足的话题单纯只是想想，
就会勾起人无限的好奇心。
大城市的摩天楼，
隐约出现在公路的前方。
印第安土著的圣地，
中西部的牛仔故事发源地，
每片区域都有其独树一帜的别样味道。
只是单在一片区域玩确实不错，
但将几片区域连在一起来段旅行也是个很棒的选择。
就是需要多一些时间而已。
踩下油门吧，
向一望无垠的地平线进发吧！
一不留神迷了路，
今晚该住哪里啊？这是个问题。
人头攒动的市中心，偶遇野生动物的山脚，
宁静的乡村，碰到亲切和蔼的美国大叔，
与同是游客身份的异乡人交流……
所遇之事都是美好的回忆，
让我们在美国大陆这个舞台，
开始这出没有剧本的奇妙旅行吧！

40小时即可横穿美国大陆！够极端

如果全程不眠不休，从西部的洛杉矶到东部的纽约，40小时即可穿越两座城市之间近4450公里的路程。当然，这种做法在现实中几乎很难实现。如果真打算横穿美国大陆，至少需要两个人交替驾驶，并在沿途睡上两晚。必须要提的是，在车内过夜非常危险，若条件允许最好在酒店过夜。

虽说美国土地面积确实很大，但是只要方法找得对，3天2夜横穿美国不是梦。

既然是自驾游，观光也是不可少的

自驾游的目的五花八门，但沿途的景色绝对是最值得回味的。

本书强烈推荐的横穿美国线路便是被美国人亲切地唤作“母亲之路”的66号公路。在高速公路兴建之前，这条横穿美国、连接着芝加哥和洛杉矶的国道大动脉，是为了开拓西部地区而建。而号称美国自然绝景的Grand Circle区域也是公路的一部分，可以说，是只有驾车才可以领略到的美景。沿途内容如此丰富，悠闲地边走边看可谓最理想的自驾状态。

此外，本书还会介绍穿越美国北部及南部，以及中部共3条最适合进行的横穿自驾游的经典线路。搭配书中的地图和照片，开始策划专属于你的美国自驾之旅吧。

How To Plan a Road Trip
计划公路之旅吧

本书将沿途游览景点的时间也考虑进去，每天行驶的距离约 640 公里，现在先请你按照下方的提示初步构思一下自己的美国之旅。

STEP 1 召集一起旅行的小伙伴，最好大家都会开车，而且可以说是人多更好些，这样平摊下来的经费会更划算。

STEP 2 通过三个要素决定起点和终点的城市

❶ 考虑美国四个时区的时差，从东向西驾驶会拥有更多的时间。

❷ 就航班的数量和租车门市的规模来看，西海岸的城市更有优势。

❸ 单就租车费用来看，是由租车并非还车的门市来决定的。

STEP 3 根据可以驾车的人数与行驶总距离，计划每天行驶的大概里程。当然沿途游览景点的时间也要算进去，如果下一段沿途几乎没有什么景点，就可以把它当作加足马力赶路的一天，合理安排时间。

小贴士! 关于租车，推荐提前在中国进行预约。最好挑选包含保险和 GPS 的套餐，如果不提前在中国预约，很有可能会发生到了当地无法及时租车的情况。每家租车公司的预约截止时间不尽相同，通常在中国支付要提前一周，当地支付的话则可以放宽到租车前的 1~2 天。

除了租车费外的花费包括保险、税金、GPS、遥控钥匙发射器、儿童座椅等配套选项。通常租车都是按日收费，但也有长时间包车享受折扣的情况。另外，异地还车（→ p.163~166）时，假如客人在洛杉矶机场租车，在纽约 JFK 机场还车，反而会节省 $500~1000 的费用。有时中途还车，重新再租一辆可能也会比全程都用一辆车价格更划算。

即使是租车的情况，也可以通过公路从美国前往加拿大，但是租车时要提前确认还车的事宜。也就是说客人在租车的时候需要告知车行自己有前往加拿大的打算（一定要随身携带保险卡），与租车公司确认其车辆的保险范围是否覆盖。

美国大陆及高速公路

大城市的立交桥

美国国土面积与我国相差无几，假如在圣弗朗西斯科和洛杉矶区间驾车，则可以选择位于美国西海岸、连接加拿大和墨西哥的5号州际公路 Interstate Highway 5（以下简称 I-5）。全程613公里，如果不休息，7个小时左右即可抵达，可谓最快的公路途径。

州际公路会因路段不同而有速度限制，比如像是在洛杉矶这样交通流量很大的城市，最高时速为55英里（约88公里），郊外及沙漠地区的最高时速是65~70英里（104~112公里），需要留心注意。而在美国内陆被称为 Great Plains 的大平原上，车流稀少的地区则可以按照自己的想法任意驰骋。

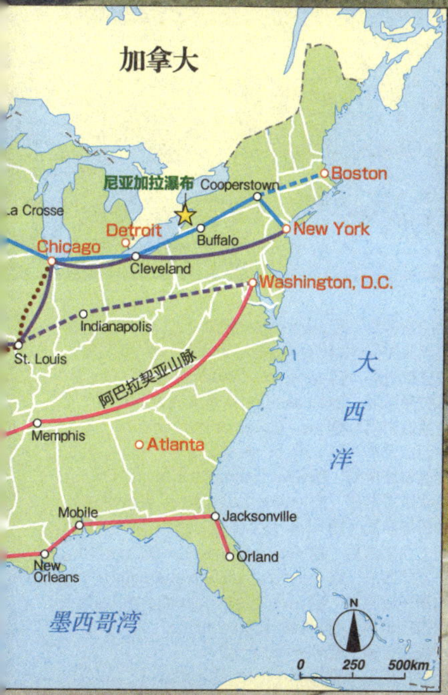

横穿美国大陆北部线路

NORTH ROUTES FOR DRIVING ACROSS AMERICA

南达科他州中有许多出于自然保护目的而建造的公园

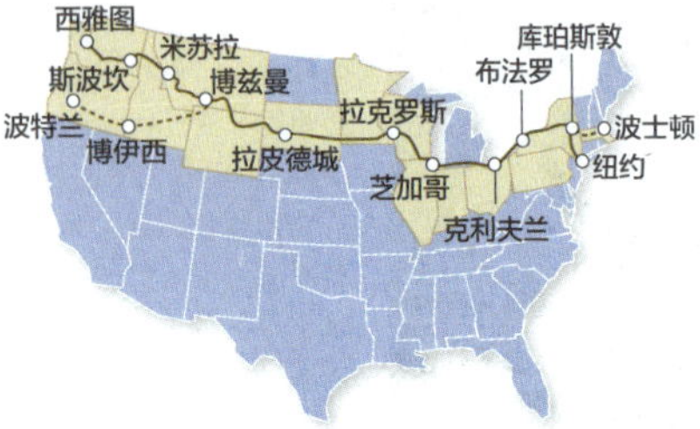

自驾线路　约 **4940** 公里

- **华盛顿州 西雅图**
  - 约 4 小时 50 分钟　I-90E（450 公里）
- **华盛顿州 斯波坎**
  - 约 6 小时 40 分钟　I-90E（640 公里）
- **蒙大拿州 博兹曼**
  - 约 8 小时 30 分钟　I-90E（830 公里）
- **南达科他州 拉皮德城**
  - 约 10 小时 20 分钟　I-90E（1030 公里）
- **南达科他州 拉克罗斯**
  - 约 5 小时　I-90E（450 公里）
- **伊利诺伊州 芝加哥**
  - 约 6 小时 20 分钟　I-90E（560 公里）
- **俄亥俄州 克利夫兰**
  - 约 3 小时 20 分钟　I-90E（300 公里）
- **纽约州 布法罗**
  - 约 3 小时 50 分钟　I-90E&NY-28S（380 公里）
- **纽约州 库珀斯敦**
  - 约 3 小时 40 分钟　I-88E&I-78S（300 公里）
- **纽约州 纽约**

※ 沿途行程请参照地图及汽车导航系统

1

- ▶西雅图旅游局　URL www.visitseattle.org
- ▶斯波坎旅游局　URL www.visitspokane.com
- ▶博兹曼旅游局　URL www.bozemancvb.com
- ▶米苏拉旅游局　URL destinationmissoula.org
- ▶波特兰旅游局　URL www.travelportland.com
- ▶博伊西旅游局　URL www.boise.org
- ▶拉皮德城旅游局　URL www.visitrapidcity.com
- ▶拉克罗斯旅游局　URL www.explorelacrosse.com
- ▶芝加哥旅游局　URL www.choosechicage.com
- ▶克利夫兰旅游局　URL www.positivelycleveland.com
- ▶布法罗旅游局　URL www.visitbuffaloniagara.com
- ▶库珀斯敦旅游局　URL www.thisiscooperstown.com
- ▶纽约市旅游局　URL www.nycgo.com
- ▶美国国家公园　URL www.nps.gov
- ▶波士顿旅游局　URL www.bostonusa.com

以太平洋沿岸城市西雅图、波特兰为起始点。

沿途路过森林湖泊资源丰富的爱达荷州、野生动物的王国蒙大拿州、西部落基山区内的怀俄明州。跨越科罗拉多落基山后则是一望无垠的大平原，此后便踏入了西部味道浓厚、充满原住民文化特色的南达科他州，紧接着便是明尼苏达州、威斯康星州。进入中西部的芝加哥后，路过五大湖的湖畔，不远的前方便是矗立着向我们微笑的自由女神的纽约市，当然，选择古都波士顿来结束旅程也很不错。

1 棒球的殿堂级城市——库珀斯敦
2 不妨以拉皮德城为据点，去拉什莫尔山国家纪念公园走一走
3 在芝加哥可以看到各种个性十足的摩天大楼
4 冰川国家公园中恬静的公路景观 ©Bob Webster

从美国西海岸出发的 10 天公路之旅

横穿美国大陆中部线路

CENTRAL ROUTES FOR DRIVING ACROSS AMERICA

在圣诞节期间华灯初上的盐湖城教堂地区

自驾线路　　约 **5140** 公里

- **加利福尼亚州　圣弗朗西斯科**
  - 约 4 小时 10 分钟　I-80E（350 公里）
- **内华达州　里诺**
  - 约 8 小时 20 分钟　I-80E（820 公里）
- **犹他州　盐湖城**
  - 约 7 小时　I-80E（700 公里）
- **怀俄明州　夏延**
  - 约 2 小时　I-25S（160 公里）
- **科罗拉多州　丹佛**
  - 约 9 小时 40 分钟　I-70E（950 公里）
- **密苏里州　堪萨斯城**
  - 约 4 小时 30 分钟　I-70E（400 公里）
- **密苏里州　圣路易斯**
  - 约 4 小时 20 分钟　I-55N（480 公里）
- **伊利诺伊州　芝加哥**
  - 约 11 小时 50 分钟　I-90E&I-80E（1280 公里）
- **纽约州　纽约**

※ 沿途行程请参照地图及汽车导航系统

1

- ▶圣弗朗西斯科旅游协会　URL www.onlyinsanfrancisco.com
- ▶里诺旅游局　URL www.visitrenotahoe.com
- ▶盐湖城旅游局　URL www.visitsaltlake.com
- ▶洛杉矶旅游局　URL www.hellola.cn/
- ▶拉斯维加斯旅游局　URL www.lasvegas.com
- ▶夏延旅游局　URL www.cheyenne.org
- ▶丹佛旅游局　URL www.denver.org/
- ▶堪萨斯城旅游局　URL www.visitkc.com/
- ▶圣路易斯旅游局　URL www.explorestlouis.com
- ▶芝加哥旅游局　URL www.choosechicago.com
- ▶纽约市旅游局　URL www.nycgo.com
- ▶美国国家公园　URL www.nps.gov
- ▶印第安纳波利斯旅游局　URL www.visitindy.com
- ▶华盛顿 D.C. 旅游局　URL washington.org

从著名的旅游城市圣弗朗西斯科（旧金山）、洛杉矶出发，途中在赌城里诺或拉斯维加斯落脚，随后前往盐湖城。之后便是设有国家公园的犹他州、怀俄明州、科罗拉多州，一路向东进发，沿途可以欣赏美丽的自然景色。在通过美国东西部交界线的密苏里州圣路易斯后，驶入 66 号公路即可前往芝加哥。或者从印第安纳波利斯一路向东，以美国首都华盛顿 D.C. 为终点也是不错的选择。

3

2

1 被誉为摇滚精神发源地的克利夫兰

2 位于华盛顿 D.C. 的林肯纪念堂

3 生活在落基山国家公园的麋鹿，清晨和傍晚都有机会看到它们的身影 ©Matt Inden/Miles

4 丹佛东部艺术氛围很浓的 RiNO 地区

4

横穿美国大陆南部线路

SOUTH ROUTES FOR DRIVING ACROSS AMERICA

圣安东尼奥河流上缓慢行进的游船

自驾线路　　约 **4130** 公里

- **加利福尼亚州　洛杉矶**
- 约 6 小时 10 分钟　I-10E（590 公里）
- **亚利桑那州　菲尼克斯**
- 约 7 小时　I-10E（690 公里）
- **新墨西哥州　埃尔帕索**
- 约 9 小时　I-10E（880 公里）
- **得克萨斯州　圣安东尼奥**
- 约 3 小时 30 分钟　I-10E（310 公里）
- **得克萨斯州　休斯敦**
- 约 6 小时 10 分钟　I-10E（560 公里）
- **路易斯安那州　新奥尔良**
- 约 2 小时 30 分钟　I-10E（230 公里）
- **亚拉巴马州　莫比尔**
- 约 6 小时 40 分钟　I-10E（640 公里）
- **佛罗里达州　杰克逊维尔**
- 约 2 小时　I-95S&I-4W（230 公里）
- **佛罗里达州　奥兰多**

※ 沿途行程请参照地图及汽车导航系统

1

- ▶洛杉矶旅游局　URL www.hellola.cn/
- ▶圣弗朗西斯科旅游局　URL www.onlyinsanfrancisco.com
- ▶圣迭戈旅游局　URL www.sandiego.org
- ▶拉斯维加斯旅游局　URL www.lasvegas.com
- ▶菲尼克斯旅游局　URL www.visitphoenix.com
- ▶图森旅游局　URL www.visittucson.org
- ▶埃尔帕索旅游局　URL www.visitelpaso.com
- ▶圣安东尼奥旅游局　URL www.visitsanantonio.com
- ▶休斯敦旅游局　URL www.visithoustontexas.com
- ▶新奥尔良旅游局　URL www.neworleanscvb.com/
- ▶莫比尔旅游局　URL www.mobile.org
- ▶杰克逊维尔旅游局　URL www.visitjacksonville.com
- ▶奥兰多旅游局　URL www.visitorlando.com
- ▶美国国家公园　URL www.nps.gov

无论是洛杉矶、圣弗朗西斯科（旧金山）还是圣迭戈都是很不错的起始城市。除了从洛杉矶延伸向东的 I-10 州际公路，连接美国南部与美国东南部大西洋沿岸北卡罗来纳州、沿途经过 66 号公路的 I-40 州际公路也是不错的选择。自驾途中会经过美国西部的大峡谷国家公园、纪念碑谷等著名景点，行程可谓十分丰富。穿越荒凉之地得克萨斯州前往新奥尔良，阳光炙热的佛罗里达州几乎也就在眼前了。

2

4

1 位于图森南部的白色传道教堂——圣萨比尔巴克教堂
2 纪念碑谷上方辽阔的星空
3 孕育爵士音乐人的新奥尔良市街角
4 位于奥兰多近郊的椰子树沙滩可谓冲浪者的胜地

3

憧憬中的 66号公路之旅

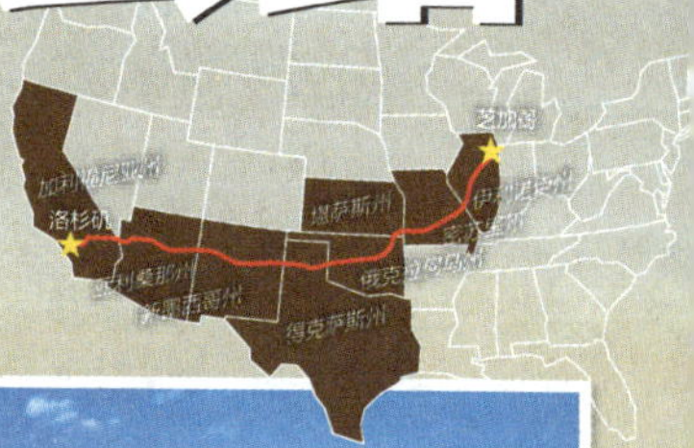

很多人都听说过66号公路的大名吧，无论是20世纪60年代红极一时的美国电视节目《66号公路》，还是由迪士尼和皮克斯制作的动画电影《汽车总动员》，都可以看到66号公路的元素。美国的精神、文化都蕴含在这条公路之中，吸引着世界各国的游客前来一探究竟。

随着州际公路的兴建，66号公路结束了其作为干线道路的使命，20世纪90年代初，66号公路沿线的居民发起了“复活历史之路”的运动。现在你依然可以在沿途探索那些没有记载在地图册上或是已经荒废的场所，与干净整洁的高速公路不同，悠闲地在田野道路中自驾说不定可以更加深刻地体会并感受美国这个国家。这条让众多游客魂牵梦绕的“66号公路”，可谓来美国自驾一定不能错过的经典路段。

位于得克萨斯州阿马里洛郊外的凯迪拉克车群，扎进土壤的凯迪拉克整齐地排成一列，让人过目难忘

位于伊利诺伊州欧德尔的加油站 Standard Oil Gas Station，一直到20世纪60年代，这里仍是售卖汽油的加油站，20世纪70年代后半叶开始作为护肤品商店对外营业 ©National Park Service Route 66 Corridor Preservation Program

66号公路指的是

原名为 U.S.Route 66（66号国道），是1926年美利坚合众国最早修建的国道之一。由伊利诺伊州的芝加哥起始，一路延伸到加利福尼亚州的莫尼卡。全程近4000公里，将8个州贯穿其中。

一直到因州际公路的兴建而于1985年废弃为止，这条公路59年来一直作为横贯美国大陆的物流大动脉活跃在人们的生活中。正如约翰·斯坦贝克在《愤怒的葡萄》中写的：20世纪30年代，俄克拉何马州的农户为了摆脱贫困，通过66号公路一路向西前往加利福尼亚的故事一样，66号公路是被赋予了梦想与希望的“母亲之路”。现在，被保留下来的66号公路历史路段（Historic U.S. Route 66）作为景观道路（National Scenic Byway）供游人去重温这段经典。

俄克拉何马州留存着目前距离最长的66号公路旧道，沿途仍有很多被保存下来的建筑
©National Park Service Route 66 Corridor Preservation Program

位于加利福尼亚莫哈韦沙漠中的安博伊 Amboy，这里的 Roy's Motel 经常作为电影和广告的取景地，但这个城镇其实早已经人迹罕至了
©National Park Service Route 66 Corridor Preservation Program

在堪萨斯州至今仍可以看到保存完好的 Brush Creek 拱桥，20 世纪 20 年代建造而成，优美的弧线造型令人印象深刻
©National Park Service Route 66 Corridor Preservation Program

66 号公路的相关网站

- ▶ 66 号公路官网（国家公园系统）National Park Service，Route 66 Corridor Preservation Program
  URL www.ncptt.nps.gov/rt66
- ▶ 各州自建的 66 号公路协会
  URL www.il66assoc.org（伊利诺伊州） URL www.missouri66.org（密苏里州）
  URL www.kshistoricroute66.com（堪萨斯州） URL www.oklahomaroute66.com（俄克拉何马州）
  URL www.thc.texas.gov（得克萨斯州） URL www.rt66nm.org（新墨西哥州）
  URL www.azrt66.com（亚利桑那州） URL route66ca.org（加利福尼亚州）
- ▶ 66 号公路保护协会 Route 66 Preservation Foundation URL www.cart66pf.org
- ▶ 66 号公路国家历史保护协会 National Historic Route 66 Foundation URL www.national66.com
- ▶ 历史 · 66 号公路 The Mather Road: Historic Route 66 URL www.historic66.com

66 号公路 经典线路

若想走完从芝加哥出发直到莫尼卡为止的 66 号公路全程，最少需要 2 周时间。但通过 2 天 1 夜的亚利桑那州短途自驾线路也可以体会 66 号公路的独到魅力。

自驾的起点选在菲尼克斯国际机场，点燃引擎后沿着 AZ-87 公路向北前行 3 小时即可抵达 66 号公路上的城镇霍尔布鲁克 Holbrook。从霍尔布鲁克前往弗拉格斯塔夫 Flagstaff 的途中，便会逐渐看到巨大的广告牌以及奇特的艺术作品。当然，化石林国家公园（→ p.74）以及亚利桑那陨石坑（→ p.74）也是不容错过的景点。晚上可以选在弗拉格斯塔夫或威廉姆斯 Williams 住宿。第二天游览塞利格曼等城镇，从加利福尼亚州边境的松针镇 Needles 经由 US-95 公路返回菲尼克斯，全程约 1150 公里。

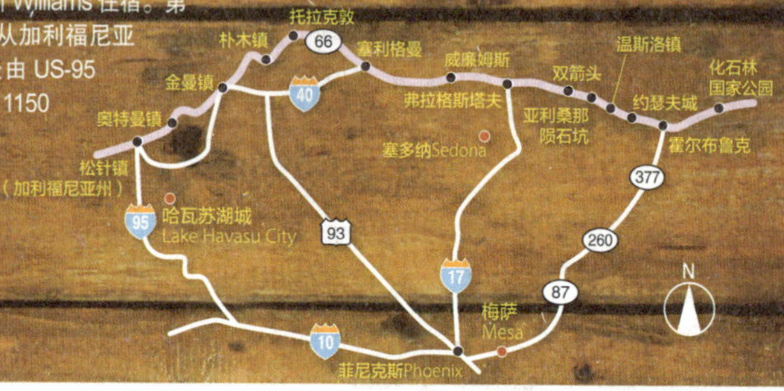

霍尔布鲁克 Holbrook~ 弗拉格斯塔夫 Flagstaff

约 **148** 公里
约 **1** 小时 **30** 分钟

66 号公路在亚利桑那州的起点位于霍尔布鲁克，因电影《汽车总动员》而广为人知的维格瓦姆汽车旅馆 Wigwam Motel 至今仍被完好地保存在这里。从这里前往弗拉格斯塔夫的途中景点颇多，例如约瑟夫城 Joseph City 中的“Jackrabbit”、老鹰乐队名曲 *Take It Easy* 的背景城市、温斯洛镇 Winslow、双箭头斜插入地面的艺术作品 Twin Arrows，都不容错过。

北亚利桑那的核心城市弗拉格斯塔夫海拔 2100 米，是高山运动者们的向往之地。66 号公路途经这里，不妨下车感受一下这里浓厚的时代之感。

▶ Wigwam Motel
住 811W. Hopi Dr.，Holbrook
URL www.galerie-kokopelli.com/wigwam

广告牌上的黑兔子抓人眼球

温斯洛镇的街角

巨大的双箭头地标与 1937 年建造的原住民交易所都是 66 号公路的代表元素
©National Park Service Route 66 Corridor Preservation Program

砖结构建筑为弗拉格斯塔夫增添了一抹别样风姿

现在依然对外营业的维格瓦姆汽车旅馆
©National Park Service Route 66 Corridor Preservation Program

弗拉格斯塔夫 ~ 威廉姆斯 Williams~ 塞利格曼 Seligman

约 148 公里
约 1 小时 30 分钟

作为前往大峡谷国家公园的必经之路，威廉姆斯是个非常热闹的城镇。仅仅只有 1 公里长度的威廉姆斯大街（Bill Williams Ave.）上遍布礼品店、餐厅及汽车旅馆。来到这里的话，Pete’s Route 66 Gas Station 博物馆以及 Cruiser’s Café 66 咖啡馆都不妨去看一看。

参与 66 号公路复兴计划的德尔加迪略 Delgadillo 兄弟的店铺就开设在塞利格曼，复兴 66 号公路的计划就是在这家小店里被酝酿出来的，也正因此，66 号公路现在能够重新出现在世人面前。购买礼品的话推荐 Angel& Vilma’s Route 66 礼品店，在 Delgadillo’s Snow Cap 咖啡馆点菜的话，一定不要错过招牌热狗和奶昔。

Cruisers 是威廉姆斯最知名的美食快餐店

▶ **Pete’s Route 66 Gas Station Museum**
住 101E，Route 66，Williams

▶ **Cruiser’s Café 66**
住 233 Historic Route 66，Williams
URL www.cruisers66.com

▶ **Angel &Vilma’s Route 66 Gift Shop**
住 22265 Historic Route 66，Seligman
URL www.route66giftshop.com

▶ **Delgadillo’s Snow Cap**
住 301 E. Chino Ave.，Seligman

过去曾是理发店的 Angel & Burma Route 66 礼品店

由 Delgadillo 兄弟中弟弟经营的咖啡馆便是这家了！

塞利格曼 ~ 托拉克敦 Truxton~ 金曼镇 Kingman

约 140 公里
约 1 小时 30 分钟

金曼镇中的建筑都非常漂亮，托拉克敦 Truxton 中的 Frontier Motel 汽车旅馆（列为保护建筑）、Hackberry 商店同时作为游客中心对外开放。

金曼镇中的博物馆讲述着 66 号公路的变迁，参观完可以去正对面的 Mr.D’z 餐厅饱餐一顿。

▶ **Frontier Motel**
住 16118E.Hwy 66，Truxton

▶ **Hackberry General Store &Visitor Center**
住 11255E.Route 66，Hackberry

▶ **Historic Route 66 Museum**
住 120W.Andy Devine Blvd.，Kingman
URL www.route66museum.net

▶ **Mr. D’z Route 66Diner**
住 105E.Andy Devine Blvd.，Kingman
URL www.mrdzrt66diner.com

©National Park Service Route 66 Corridor Preservation Program

左 / 于 20 世纪 50 年代起对外营业的 Frontier Motel。现在由收藏家保护起来
右 / 金曼博物馆由 1909 年 ~20 世纪 40 年代期间曾作为发电厂的建筑改建而成

金曼镇 ~ 奥特曼镇 Oatman~ 松针镇 Needles

约 64 公里
约 1 小时 20 分钟

奥特曼镇在 20 世纪初作为掘金热潮的掘金点而一度热闹非凡，随着 66 号公路的废弃，城镇也逐渐变得人烟稀少。现在这座城镇作为观光地而被重新赋予了生命，奥特曼酒店因是影星克拉克·盖博 Clark Gable 夫妇作为新婚旅行的住宿地而知名，依然保留着旧时的风格。

位于加利福尼亚州边境处，科罗拉多河沿岸的松针镇，距离菲尼克斯只有 3 个半小时的车程。而移建有原汁原味伦敦桥的哈瓦苏湖城也值得一去
©National Park Service Route 66 Corridor Preservation Program

▶ **Oatman Hotel（当下仅咖啡馆对外营业）**
住 181 Main St.，Oatman

过去曾是家畜的驴现在被野生化饲养着，不时就可以在奥特曼镇的街道上见到几只

本系列已出版丛书

涵盖世界70个国家和地区

第1章

Driving Around U.S.A.

在美国开开车吧

美国本土区域划分及主要气候

本书将美国本土划分为 6 个区域，并依次介绍相对应的自驾线路，众所周知，同样是在美国，不同区域间还会存在时差，温度气候也截然不同，自驾出行前请对旅游区域多加了解。

着装建议

炎热　温暖　寒冷　极寒

※ 着装建议可能与实际天气变化有出入，仅供参考

※ 参考资料 / 柯本气候分类法 Köppen-Geiger Klassifikation

气候划分 西海岸北部

主要城市▶ 西雅图、波特兰

西雅图、波特兰等太平洋沿岸北部主要城市的纬度比辽宁还要靠北，然而这里并不寒冷。作为旅游旺季的夏天，受到北面的洋流影响，晴天居多，但并不非常炎热。从入秋到来年开春，雨天及多云天气较多，不时还会遇上下雪天。

着装建议

气候划分 西海岸南部

主要城市▶ 洛杉矶、圣弗朗西斯科（旧金山）

温暖是加利福尼亚州靠近太平洋海域的地区的显著特征。虽然每年 1、2 月降雨比较频繁，但全年来看很少有暴雨的情况发生。白天时受阳光影响，大气干燥，温度适宜，入夜后则有明显降温感受，应对夜间寒冷，准备一件薄羽绒服也是不为过的。

着装建议

气候划分 西部内陆

主要城市▶ 拉斯维加斯、菲尼克斯

夏天气温很高，阳光炙热，超过 40℃的高温天气会持续数天，是当之无愧的炎热地区。作为避寒胜地的菲尼克斯，冬天会有很多游客到来，但由于地处内陆，虽然白天体感较为温暖，入夜后仍会有明显降温感受。高温气候也使得这里空气较为干燥，要注意水分的补给。

着装建议

气候划分 落基山脉周边

主要城市▶丹佛

落基山山脚气候较为干燥，随着海拔升高，森林地带逐渐演变为冻原地带，气候和气温也会随之变化，请多加注意。

落基山脉的东侧便是名为 Great Plains 的平原地带，这里属于大陆性干燥气候，降雨很少。堪萨斯州以及俄克拉何马州在 4 ~ 6 月是龙卷风的多发地带，若是听到警报声请前往就近的避难所避难。

着装建议

夏 冬

气候划分 五大湖至东北部

主要城市▶芝加哥、明尼阿波利斯

从大西洋（包括新英格兰地区）到五大湖周边的区域越靠近内陆，冬天就越寒冷，降雪量也会增加。夏天气温则在 30℃上下，较为闷热，无论是冬天还是夏天，早晚温差都比较大，请多加注意。

着装建议

夏 冬

气候划分 从中西部到东部

主要城市▶圣路易斯、纽约

夏天闷热、冬天寒冷、温差大是这里的特点。纽约的夏天通常会超过 30℃，春秋是最适合旅游的季节。中西部越靠近内陆，气候越干燥，同时这里也是暴风雨、龙卷风（主要是 4~6 月）的多发地带，请多加注意。

着装建议

夏 冬

气候划分 东南部及佛罗里达中·北部

主要城市▶休斯敦、亚特兰大、新奥尔良

这里可谓四季最为分明的地区，特别是亚特兰大及新奥尔良等南部城市，夏天的最高温度经常超过 35℃，天气比较闷热。同时这里在夏秋两季也不时会有飓风袭来，请多加注意。入冬后气温虽不像邻近加拿大的五大湖区域那么寒冷，但也需要准备大衣和手套等基础御寒衣物。

着装建议

夏 冬

气候划分 佛罗里达南部

主要城市▶迈阿密、基韦斯特

这里的冬季气候较为温暖，因此是很受人们青睐的避寒胜地。5 ~ 10 月是非常明显的雨季，经常有雷阵雨。出行前最好随身携带雨伞或雨衣。夏秋两季也不时会有飓风袭来，如果在此期间出行，最好多关注天气预报。夏天较为炎热，但因这里气候多变，所以酒店住宿费也相对便宜，算是这里的一个优点。

着装建议

夏 冬

出发前必读！自驾旅游的心得

在陌生环境中驾车，最重要的自然是平安顺利地抵达目的地。下文将介绍安全驾车的技巧以及舒适驾乘的小知识。

1 不要制订强人所难的计划！

洛杉矶市中心的车流，在城市中驾驶最好避开上下班高峰期

长距离自驾很耗费时间，实际操作起来通常无法像计划一样准时走完。这是很正常的，不要慌张。每开2小时就要休息一下，如果一天要驾驶10小时，至少预留2小时的时间进行休息。途中多补充水分，适当活动一下身体。每天的出发时间最好早一些，尽量避免夜间驾驶的情况。如果在城市中驾驶，最好避开上下班高峰期。另外在崎岖的山路上行进，会比实际距离耗费的时间长一些，多留出些富余时间。

夏天最好在车内备上大桶的瓶装水

2 必须携带详细的公路地图

汽车导航搭配地图可谓万无一失

即使汽车有导航功能，也最好备上一份公路地图。如果只是单看导航那一小片地图，很难对环境有整体的了解。备一份公路地图可以增强你对大环境的掌握以及在车载导航不好使或损坏时有备用方案。

3 在餐厅及加油站进行休息

只有洗手间的休息区

虽然美国的高速公路上也设有休息区（Rest Area），但通常只配有洗手间及自动售卖机，非常简单。如果打算用餐或加油，最好是驶出高速路段前往高速公路出口附近的餐厅或加油站。高速公路沿线还会看到州郡设置的旅游咨询处，除了可以从这里获取一些景点信息，还可以顺便上个厕所。

左 / 按照高速公路沿线的路标就可以找到合适的休息场所
右 / 加油站的厕所通常为独立建筑，而且经常会上锁，不过和店员说一声就可以使用

配有空调的休息站。休息区有洗手间、自动售货机、饮水处等配套设施

4 到达目的地后最好先去趟当地的旅游咨询处！

没有比旅游咨询处更适合收集当地信息的地方了。无论是酒店信息还是推荐餐馆，甚至是近郊地区的信息都可以在这里获取。

上 / 备有丰富的旅游资料，配套的洗手间也很完善
左 / 值得信赖的咨询处员工

5 如虎添翼！自驾配件一览

售卖类似于中国 10 元店的各种实用商品

▶驾驶手套，可以有效防止皮肤晒伤。

▶太阳镜，推荐偏光款式。

▶运动鞋，最好是方便穿着、适合驾驶的。

▶振奋精神的口香糖，美国当地有很多独特口味可选择，不妨多试几种。

▶租赁 Wi-Fi，有了网络，途中遇到情况就可以通过智能手机或平板电脑上网查询。

配有 AUX 系统的车辆，无论是充电还是播放手机音乐都很方便

▶车用 USB 充电器，可以为智能手机和租赁 Wi-Fi 随时充电。

▶音响系统，若是想在车内播放智能手机的音乐，根据车种不同使用的设备也有所不同。新型车可以通过 USB 或蓝牙功能与手机连接，AUX 系统的车辆则通过 AUX 线与手机连接。最差的情况如果备有 FM 发射器 FM Transmitters 也可以和车内音响实现连接。

▶公路地图、导游书。如果你非常钟爱电子产品，可以提前将地图下载存好，这样即使周围环境没有网络也可以正常阅览。

▶小型冰箱。特别是在国家公园等不卖饮料的场所，很需要在出发前自备饮用水。冰块可以向酒店索要。
※ 在当地的塔吉特或沃尔玛等超市即可买到，费用 $20 左右

▶前风挡玻璃遮阳布，材质没有特别限制。
※ 在当地的塔吉特或沃尔玛等超市即可买到，费用 $10 左右

▶有趣的话题。长距离自驾可能会有无话可讲的情况出现，另外长时间行驶在高速公路上，面对一成不变的景色注意力也会下降，这时说些有趣的话题可以调节气氛，重新打起精神！

California & Western

加利福尼亚州及西部区域

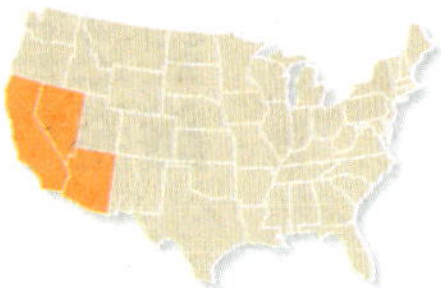

加利福尼亚州可谓全年气候宜人。
不仅有面向太平洋的海岸风景，
内陆起伏的群山以及沙漠地带同样魅力十足。
毗邻以赌城拉斯维加斯而闻名的内华达州，
附近的亚利桑那州则是拥有世界遗产——大峡谷国家公园的代表性观光地。

都市导览

加利福尼亚州

南加利福尼亚→ p.37

◆洛杉矶

洛杉矶是仅次于纽约的美国第二大都市。电影之都好莱坞、高级住宅区的集聚地贝弗利山庄、代表圣莫尼卡的美妙沙滩，每个区域都有其独到的特色。【汽车租赁营业所→ p.28】

洛杉矶近郊

●橘镇

迪士尼乐园、诺氏百乐坊乐园等主题公园以及冲浪爱好者的胜地亨廷顿沙滩都很有名。

●圣迭戈

位于美国与墨西哥的边境交界处，是座气候温暖很有异国情调的城市。建有海洋公园、乐高公园等非常适合家庭出游的游乐设施。【汽车租赁营业所→ p.31】

●棕榈泉

位于圣哈辛托山脚下的城市，在洛杉矶生活的名人通常都把这片位于沙漠中的度假地当作避寒胜地。

●德美古拉

位于距离太平洋沿岸约 35 公里的内陆丘陵地区，是南加利福尼亚代表性的葡萄酒产地。

北加利福尼亚→ p.42

◆圣弗朗西斯科（旧金山）

金门大桥、九曲花街，以及街道上不时可见的小缆车都令圣弗朗西斯科（旧金山）的观光人气高居不下，这里的生活标准很高，治安也相对稳定。【汽车租赁营业所→ p.32】

圣弗朗西斯科（旧金山）近郊

●圣何塞

汇集了半导体产业以及电脑厂家等 IT 企业，可谓高科技产业的一大聚集地。各式主题公园以及旧金山 49 人队新大本营所在的圣克拉拉、建有斯坦福大学的帕罗奥多等都是著名的观光景点。【汽车租赁营业所→ p.34】

●红酒镇

欧洲人将红酒文化带到了这里，使这里成了全美最棒的红酒产地，纳帕谷以及索诺玛县都是红酒的代表产地。

经常可以看见机车族

●北部海岸线及沙斯塔山脉

拥有美丽海岸线的海岸城镇门多西诺、生长着巨大红杉群的尤里卡，以及内陆群山中被印第安土著当作神圣场所的沙斯塔山脉等都是这里的魅力所在。

◆其余区域

●太平洋海岸高速公路→ p.47

连接着洛杉矶及圣弗朗西斯科（旧金山）的美景公路 Scenic Byway，沿途会经过圣巴巴拉、丹麦城（solvang）、大苏尔、蒙特雷等有趣的小城镇。

内华达州

内华达州内最著名的城市当数拉斯维加斯了，除了热闹的赌场，各式演出及音乐会也会令你不虚此行。同时，距离自然资源丰富的亚利桑那州及犹他州也不远，经常被游客当作旅游的临时大本营。【汽车租赁营业所→ p.35】

亚利桑那州

从荒凉的沙漠地带到 2000 米海拔以上的高原地带，地理环境可谓丰富多样。即使是寒冬体感温度也较高的菲尼克斯、斯科茨代尔等避寒胜地都坐落在这里。此外还有被印第安人当作“灵性圣地”的塞多纳，以及作为生长着巨大仙人掌群的仙人掌国家公园旅游大本营的图森，都是这里值得一去的知名城市。【汽车租赁营业所→ p.36】

HOW TO DRIVE IN

LOS ANGELES

洛杉矶

自驾 START 导览

洛杉矶这座城市面积宽广，公路网遍布整座城市，可以说它就是为了驾车出行建造而成。自驾的魅力可以在这里发挥得淋漓尽致。

自驾小贴士

- 通常我们谈到的洛杉矶其实指的是土地面积足有1200余平方公里的大洛杉矶地区（Greater Los Angeles Area），被誉为天使之城的洛杉矶与位于阿纳海姆的迪士尼乐园距离约45公里。
- 在阿纳海姆南部的科斯塔梅萨 Costa Mesa 和尔湾 Irvine 均设有收费公路，如果看到"Toll Road"的字样，意味着前方就要进入收费公路了。支付只可以通过 Fas Trak 进行，请多加注意。（→脚注）
- 免费高速公路在早晚高峰期都比较拥堵，最好留出富余时间。

在机场租车请认准这个标识

租车公司的班车班次很频繁

小贴士 Fas Trak 指的是加利福尼亚州采用的电子收费系统，由于不能用现金，如果车内未安装电子收费器可以在网上支付。URL www.thetollroads.com

洛杉矶国际机场的租车方式

与中国有很多班直飞航班相连的洛杉矶国际机场位于距离市中心西南方 20 公里的地方。

租车的话可以前往洛杉矶国际机场周围的各大汽车租赁营业所。抵达机场后从航站楼（一层）出来，在行驶有出租车和巴士的“Rental Car Shuttles”内环道路上等，不久就会有租车公司的班车带你前往邻近的汽车租赁营业所。

从机场前往主要景点

◆前往洛杉矶市内

通常是从机场南侧的 I-105（East）公路前往 I-110（North）公路。全程 30 公里，不堵车的话约需 25 分钟。或者也可以从对面的 Airport Blvd. 及 Aviation Blvd. 前往北面的 La Cienega Blvd.，最后前往 I-10（East）公路，全程 25 公里，约需 25 分钟。

◆前往好莱坞

从机场南侧的 I-105（East）公路前往 I-110（North）公路、US-101（North）公路，全程 38 公里，约需 30 分钟。或者也可以从汽车租赁营业所前面的 Airport Blvd. 或 Aviation Blvd. 前往北面的 La Cienega Blvd.，之后右拐进入 Rodeo Rd. 后前行，再左拐进入 La Brea Rd. 即可抵达好莱坞地区的 Melrose Ave.。全程 20 公里，约需 30 分钟。

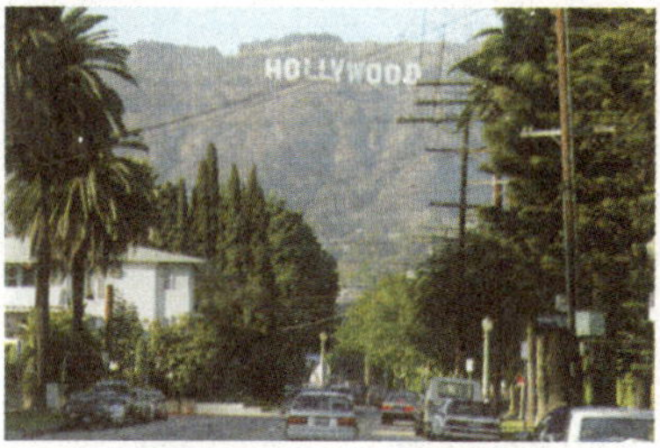

自驾的话可以亲眼去看看著名的 HOLLYWOOD 地标

◆前往圣莫尼卡

从机场东侧的 Sepulveda Blvd. 一路向北前行，左拐进入 Lincoln Blvd.（CA-1），或者从汽车租赁营业所北面的 Manchester Ave. 左拐，此后在 Lincoln Blvd.（CA-1）右拐，全程 18~23 公里，约需 25 分钟。

可以在圣莫尼卡的游乐园小憩一下

◆前往迪士尼乐园

迪士尼乐园位于机场东南部的阿纳海姆 Anaheim，从 I-105（East）一路向东前行，进入 I-605（South）后南下，此后分别途经 CA-91（East）、I-5（South）即可抵达迪士尼。全程 55 公里，约需 40 分钟。

◆前往圣迭戈

从机场、汽车租赁营业所南面的 I-105（East）、I-5（South）即可前往圣迭戈。全程 205 公里，约需 2 小时。

非常适合拍照的城市——圣迭戈

小贴士 洛杉矶国际机场 住 World Way，Los Angeles，CA 90045 Free （1-855）463-5252
URL www.lawa.org/welcomeLAX.aspx

洛杉矶周边的主要免费公路

洛杉矶可谓美国交通网络最发达的城市，公路号码以及公路名称兼备的公路牌是洛杉矶免费高速公路的一大特色。在当地，比起公路号码，公路名称更广为人知，当然将公路号码也一起牢记肯定是锦上添花的。

洛杉矶的高速公路网络比较复杂，尽量不要走错路

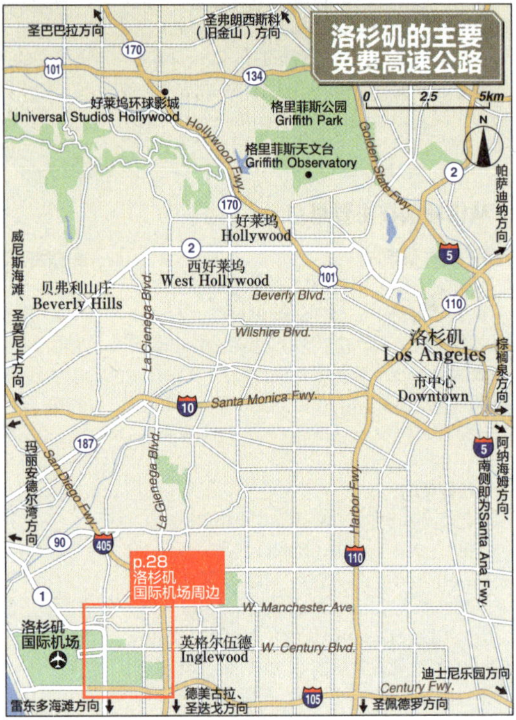

I-10

Santa Monica Fwy./ San Bernardino Fwy.

介于圣莫尼卡～市中心间的 I-10 路段名为圣莫尼卡免费公路，作为交通干道之一，是堵车的多发地带。从市中心前往威尼斯海滩和圣莫尼卡方向时可以利用该公路。从市中心向东的 I-10 路段名为圣博娜迪诺免费公路，前往棕榈泉时可以利用该公路。

I-110

Harbor Fwy.

主干路由市中心一路向南延伸，与洛杉矶港的圣佩德罗相连。从市中心向东北部的延线名为 CA-110（Arroyo Seco Fwy.），可以由此前往帕萨迪纳。

US-101

Hollywood Fwy.

由市中心向西北方向延伸，连接好莱坞东部的 I-5 公路，可以通过该路前往好莱坞环球影城。

I-5

Golden State Fwy./Santa Ana Fwy.

Golden State 免费公路由市中心向北，途经伯班克、六旗魔术山游乐园。Santa Ana 免费公路则是由市中心向南一路延伸到圣迭戈，前往迪士尼乐园时可以利用该公路。

I-105

Century Fwy. 或 Gleen Anderson Fwy.

连接洛杉矶国际机场以及东部 I-710 的便是这条 I-105 公路。从机场前往市中心、好莱坞、迪士尼乐园、德美古拉时都可以利用该公路。

I-405

San Diego Fwy.

作为 I-5 的辅路纵贯洛杉矶，向西可以前往圣莫尼卡及威尼斯海滩，向南则可以直抵圣迭戈。

CA-1

Pacific Coast Hwy.

这条并非免费的公路被当地人简称为 PCH，将橘镇的拉古纳海滩与圣弗朗西斯科（旧金山）相连，毗邻海岸线的公路可谓绝佳的自驾线路。

HOW TO DRIVE IN SAN DIEGO
圣迭戈
自驾 START 导览

毗邻墨西哥国境，异域气息浓厚，拥有出色的沙滩，圣迭戈一直是美国人心中人气不减的宜居城市。自驾的话，前往海滩及主题公园都很方便。

瓦斯等街区是市内很好的用餐场所

自驾小贴士

- 工作日自驾时注意避开上下班的早晚高峰。
- 休息日期间，海滩周围有很多可以停车的地方，傍晚的话车位更多。有的停车场并非计时收费，会有按天计费的情况。

圣迭戈国际机场的租车方式

圣迭戈国际机场位于市中心西北方5公里的位置。租车中心毗邻机场，取完行李出了机场就可以看到巴士站，但是毕竟这里是国际机场，小心不要迷路哦。

上/班车途经两座航站楼后前往租车中心　右/根据指示牌的提示应该就能找到

从机场前往主要景点

◆前往洛杉矶市中心

从租车中心南面I-5（South）的17号出口下，经过Front St.直行进入Broadway后即可。全程5公里，约需10分钟。

◆前往拉由拉

从租车中心南面I-5（North）的26A号出口下，进入W. La Jolla Pkwy.即可，全程20公里，约需20分钟。

拉由拉是个很适合散步的地方

◆前往橘镇

与拉由拉一样，选择租车中心南面的I-5（North）公路，从110号出口下即可。全程150公里，约需1小时30分钟就可以抵达建有迪士尼乐园的阿纳海姆。

小贴士　圣迭戈国际机场　住 3225 N.Harbor Dr., san Diego, CA 92101　☎（619）231-5230　URL www.san.org
●租车中心　住 3355 Admiral Boland Way, San Diego, CA 92101

HOW TO DRIVE IN SAN FRANCISCO
圣弗朗西斯科
自驾 START 导览

圣弗朗西斯科面积不大，但麻雀虽小五脏俱全，非常受各国游客欢迎。市中心的公共交通非常完善，驾车可能没有太多帮助，但前往郊外的红酒镇以及高科技产业云集的硅谷等个性区域还是驾车更为方便。

自驾小贴士

- 走坡路：圣弗朗西斯科市中心多为单行道，不时便会遇到上下坡的情况，是新手熄火频发的城市。上下坡时一定要放慢速度，遇到陡坡时仔细想想"坡起"的技巧，即使熄火了也能及时启动。自动挡车在坡道上停车时记得最后要挂在P挡，手刹也一定不要忘了。
- 注意雾天：圣弗朗西斯科的代表天气便是雾天了，城市西侧（特别是太平洋沿岸地带）以及郊外都是雾天的多发区域。驾车时开启远光灯，速度不要太快，多留心周围的情况。
- 有轨电车：圣弗朗西斯科的有轨电车可谓这个城市不得不提的存在，停车时一定要留神，看看有没有临近的缆车，开车时如果反向车道来了一辆有轨电车，最好也放慢速度前行。

圣弗朗西斯科国际机场的租车方式

中国直飞航班可以抵达的圣弗朗西斯科国际机场位于距离圣弗朗西斯科中心以南 25 公里的地方。

圣弗朗西斯科国际机场内设有云集各大租车公司的租车中心 Rental Car Center。下飞机后搭乘机场快轨 Air Train 的蓝色线路列车 Blue Line，在租车中心 Rental Car Center 下车即可，出车厢就可以看到眼前并排设置的租车公司窗口。

通过机场快轨 Air Train 从航站楼前往租车中心

圣弗朗西斯科国际机场的国际航班航站楼

小贴士 圣弗朗西斯科国际机场 住 Hwy. 101，San Francisco，CA 94128 Free (1-800)435-9736 URL www.flysfo.com
● 租车中心 住 780 N.McDonnell Rd.，San Francisco，CA 94128

圣弗朗西斯科周边建有不少收费大桥（Toll Bridge），其中只有金门大桥不接受现金。如果车内未安有电子收费设备，可以在网上支付（→脚注）

从机场前往主要景点

◆前往圣弗朗西斯科市内

从租车中心沿 N. McDonnell Rd. 向北行驶，随后左拐进入 San Bruno Ave.，最后沿着 US-101（North）公路行驶 19 公里即可抵达圣弗朗西斯科市中心，约需 20 分钟。

上/渔人码头周围有很多收费停车场
右/驾车时不仅要小心一旁行驶的有轨电车，也需要留心行人

◆前往红酒镇

前往纳帕谷依次途经 US-101（North）、I-80（East）、CA-29（North），全程共计 110 公里，约需 1 小时 20 分钟。

前往索诺玛县需经 Airport Blvd. 向北，依次经过 I-380（Wast）、I-280（North）、US-101（North）前往金门大桥方向。再沿 US-101（North）一路向北即可抵达索诺玛县的中心圣罗莎。全程 90 公里，约需 1 小时 20 分钟。

◆前往北海岸线

前半段与前往索诺玛县的线路一致，之后从索诺玛县的中心圣罗莎沿 US-101（North）公路北上，圣罗莎到门多西诺 160 公里，约需 2 小时。圣罗莎到尤里卡 350 公里，约需 3 小时 40 分钟。

◆前往沙斯塔山

前半段与前往纳帕谷的线路一致，从纳帕谷沿 CA-29（North）北上，随后经过 I-5（North），纳帕谷到芒特沙斯塔（沙斯塔山）约 400 公里，约需 4 小时。

◆前往圣何塞（硅谷）

从租车中心出来后沿着 N. McDonnell Rd. 一路向北，随后左转进入 San Bruno Ave，再沿 US-101（South）向南行进，从 CA-87/Guadalupe Pkwy. 的 87 号出口拐出去后就是圣何塞的市中心了。全程 65 公里，约需 50 分钟。

小贴士 **圣弗朗西斯科周围的收费大桥** 从 US-101 向南即可抵达金门大桥，I-80 向西前行通过海湾大桥时也需要支付过桥费。付费详见 URL www.bayareafastrak.org

HOW TO DRIVE IN SAN JOSE

圣何塞

自驾 START 导览

被称作“硅谷”的一带由圣何塞、圣克拉拉、芒廷维尤、森尼韦尔等城市组成。虽然这里给人很强的商业气息，但是圣克鲁斯山脚下的城镇都很有韵味，从这里很方便就可以前往蒙特雷半岛以及有着海滨木板步道的圣克鲁斯镇。

圣何塞市中心

自驾小贴士

前往圣克鲁斯的 CA-17 公路是山间的连环弯路，驾车时要多加小心。在 CA-17 和 CA-1 的分岔点向南前行即可抵达蒙特雷半岛。

圣何塞国际机场的租车方式

圣何塞国际机场位于圣何塞市中心西北方向约 6 公里的地方，位于圣弗朗西斯科的东南方，相距约 75 公里。北京、上海有直飞这里的航班，租车中心位于国际航站楼 B 栋的前面，可以搭乘机场的摆渡车轻松前往。

上/租车中心　左/12 家租车公司在此入驻

从机场前往主要景点

◆前往圣何塞市中心

驶出租车中心后，由 Airport Pkwy.、Technology Dr. 前往 CA-87（South）公路，全程 6 公里，约需 8 分钟。

◆前往圣克拉拉

驶出租车中心后，由 Airport Blvd.、Coleman Ave. 前往 CA-82/Santa Clara 公路，全程 8.5 公里，约需 15 分钟。

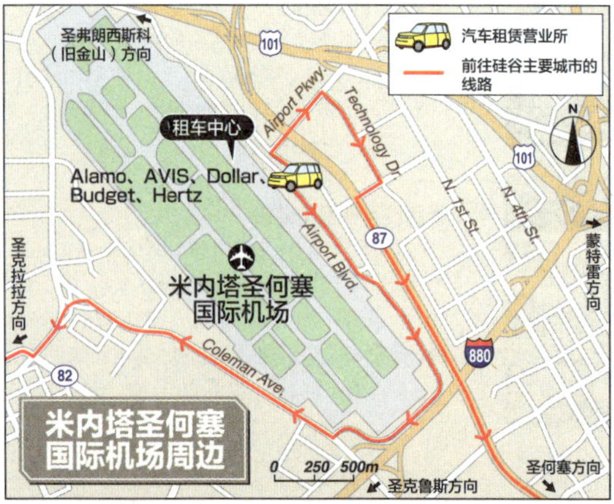

◆前往圣克鲁斯

驶出租车中心后，由 Airport Blvd. 前往 I-880（South）公路，随后在 CA-17（South）与 CA-1 的分岔口向北行驶，全程 54 公里，约需 40 分钟。

◆前往蒙特雷半岛

由机场北面的 US-101（South）前往 Monterey/Peninsula 方向，途经 CA-156（West）、CA-1（South），全程 120 公里，约需 1 小时 20 分钟。

小贴士　圣何塞国际机场　住 1701 Airport Blvd.，San Jose，CA 95110　☎（408）392-3600　URL www.flysanjose.com/fl
●租车中心　住 2210 Airport Blvd.，San Jose，CA 95110　☎（408）277-3661

HOW TO DRIVE IN LAS VEGAS
拉斯维加斯
自驾 START 导览

内华达州拉斯维加斯附近坐落着包括大峡谷国家公园在内的众多自然景观，自驾旅行可以自由前往你感兴趣的景点。

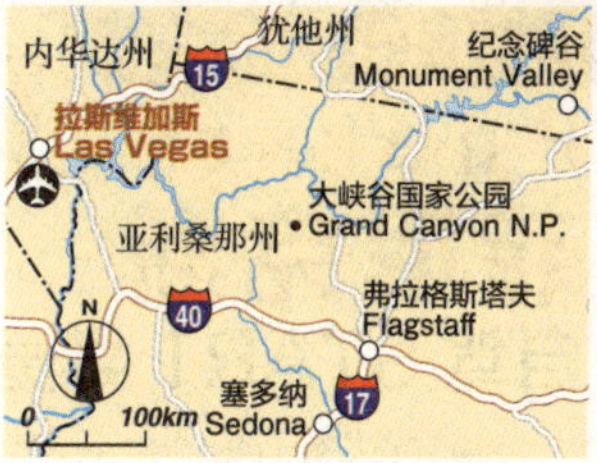

自驾小贴士

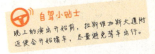

晚上的演出开始前，拉斯维加斯大道附近便会开始堵车，尽量避免驾车出行。

麦卡伦国际机场的租车方式

麦卡伦国际机场位于拉斯维加斯 Las Vegas Blvd. 大道南端 1.6 公里的地方，租车公司集中开在机场外的租车中心。虽然各航站楼与租车中心的距离稍有差异，但一般从行李提取处乘坐巴士前往租车中心约需 7 分钟。

租车中心 ©CCDOA

从机场前往主要景点

◆前往拉斯维加斯大道（The Strip）

驶出租车中心后，在 Gilespie St. 左转向北前行，随后左转进入 Hidden Well Rd. 后一路直行，出现 I-15（North）的入口后驶入该道。如果你打算前往 MGM Grand，从 37 号出口驶出即可；若目的地是 Caesars Palace，则从 38 号出口驶出。全程 7.5~8.5 公里，需 10~15 分钟。

◆前往老城区

前半段与前往拉斯维加斯大道（The Strip）的线路一致，在 I-15（North）的 42B 号出口前往 I-515（South），随后从 75B 号出口驶出即可看到老城区的黑帮博物馆 The Mob Museum。全程 16 公里，约需 15 分钟。

HOW TO DRIVE IN PHOENIX

菲尼克斯 自驾 START 导览

亚利桑那州的菲尼克斯冬季温暖宜人，是很有人气的避寒度假地。自驾的话很方便就可以前往近郊的塞多纳、图森等独具魅力的城镇，丰富你的自驾之旅。

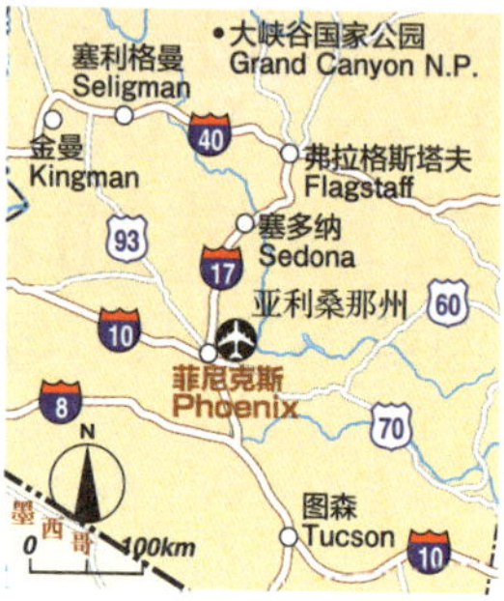

前往塞多纳的179号州际公路沿途美景令人心旷神怡，是条非常适合自驾的线路

自驾小贴士

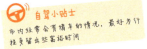

市内经常会有堵车的情况，最好为行程多留出些富裕时间

菲尼克斯天空港国际机场的租车方式

菲尼克斯天空港国际机场位于市中心以东7公里的地方，虽然这里没有从中国直飞的航班，但这里是美国当地航班频繁起降的重要机场。

租车公司集中在机场外的租车中心，从航站楼乘坐巴士前往租车中心约需10分钟。

左 / 入驻有14家租车公司的租车中心　上 / 跟着指示牌即可前往巴士站

从机场前往主要景点

◆前往市中心

驶出租车中心后沿着 E.Sky Harbor Cir. 一路向北，随后左拐进入 Buckeye Rd. 前行3公里后，在 Central Ave. 右转后直行即可抵达菲尼克斯的市中心，全程5.5公里，约需12分钟。

◆前往塞多纳

驶出租车中心后沿着 E.Sky Harbor Cir. 一路向北，从 Buckeye Rd. 右拐进入 I-10（East），随后沿着 I-17（North）一路北上，从298号出口前往 AZ-179（North），全程193公里，约需2小时。

◆前往图森

驶出租车中心后沿着 E.Sky Harbor Cir. 一路向东进发，从24th St. 右拐进入 I-10（East），从258号出口驶出后便是图森市中心，全程180公里，约需1小时40分钟。

小贴士 菲尼克斯天空港国际机场 住 3400 E.Sky Harbor Blvd., Phoenix, AZ 85034 ☎（602）273-3300 网 skyharbor.com ●租车中心 住 1805E. Sky Harbor Cir.S., Phoenix, AZ 85034

周游加利福尼亚州之推荐线路 1

洛杉矶出发 ▶ 南加利福尼亚州 4 日游

有山有海有沙漠

Mountain, Sea and The Desert Resorts

现代都市与自然风光并存是南加利福尼亚的特色之一，美丽的海滩、荒凉沙漠中忽然出现的宛如绿洲般的小城镇……即使只是简单驱车 2~3 小时，身旁的景致也会变换好几种色彩，来一段加利福尼亚自驾游吧。

自驾线路◆总里程约 750 公里

起点 洛杉矶国际机场

第1天
- 沙漠奥特莱斯 ①
- 棕榈泉空中缆车 ②
- 印第安维尔斯（住宿） ③

第2天
- 阿瓜卡连特印第安峡谷 ④
- 棕榈泉市中心 ⑤
- 约书亚树国家公园 ⑥
- 印第安维尔斯（住宿） ③

第3天
- 救赎山 Ⓐ
- 安沙波列哥沙漠州立公园 Ⓑ
- 朱利安 ⑦
- 德美古拉（住宿） ⑧

第4天
- 恩西尼塔斯 ⑨
- 拉由拉 ⑩
- 使命湾（住宿） ⑪
- 科罗纳多 ⑫

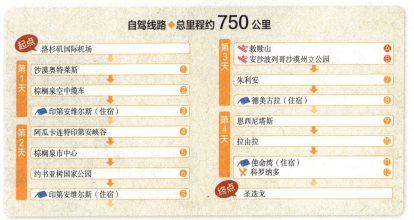

终点 圣迭戈

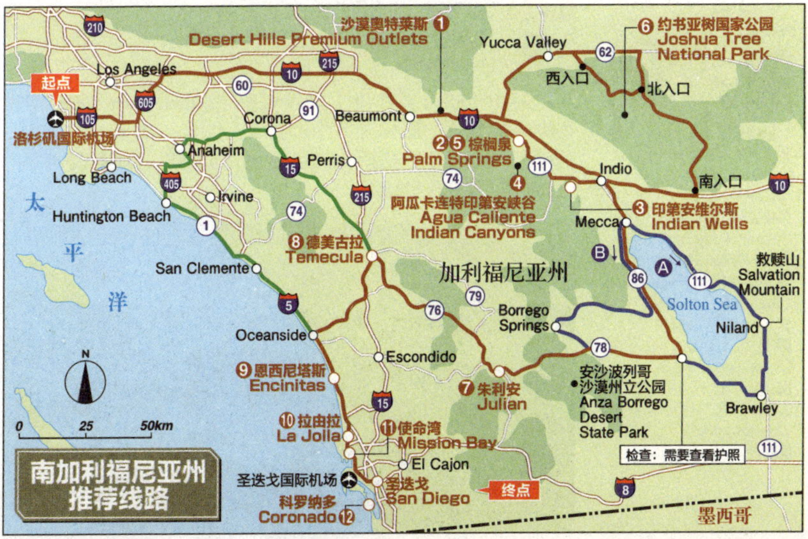

—— +橘镇1日游线路　—— 有两种线路（A、B）

参照地图 p.37

沙漠奥特莱斯
住 48400 Seminole Dr., Cabazon, CA
☎（951）849-6641
URL www.premiumoutlets.com/outlet/desert-hills
營 每天 10:00~21:00（周日 ~20:00）

折扣率通常会在 8~3.5 折，很是划算

棕榈泉空中缆车
住 1 Tram Way., Palm Springs CA
☎（760）325-1449
Free（1-888）515-8726
URL www.pstramway.com
營 始发：周一～周四 10:00~、周五～周日·节假日 8:00~
末班：周日～下周四~20:00（上行）、21:45（下行）、周五·周六 21:00（上行）、22:30（下行）
※ 季节不同会有所调整
费 成人 $25.95、3~12 岁儿童 $16.95

Greater Palm Springs CVB
住 70-100 Hwy. 111, Rancho Mirage, CA92270
☎（760）770-9000
Free（1-800）967-3767
URL visitgreaterpalmsprings.com
營 周一～周五 8:30~17:00

提供棕榈泉区域内的各种观光资讯

印第安维尔斯的酒店
● Hyatt Regency Indian Wells Resort&Spa
住 44600 Indian Wells Ln., Indian Wells, CA92210
☎（760）776-1234
FAX（760）568-2236
URL indianwells.regency.hyatt.com
费 Ⓢ Ⓣ Ⓓ $139~314、Ⓢⓤ $439~919、住宿服务费 $25、530 间客房
信用卡 A D J M V

第 1 天

1　165 公里、约 2 小时
沙漠奥特莱斯
Desert Hills Premium Outlets

从洛杉矶机场沿 I-105（East）前往 I-10（East），于 103 号出口驶出后就可以看到位于棕榈泉的巨大奥特莱斯购物中心。这里汇集了 180 个品牌，在美国的重大节日时还会有更疯狂的降价活动！

I-10 沿线逐渐出现的巨大风车 Windmill，再前行不久便可以抵达棕榈泉市了

2　33 公里、约 25 分钟
棕榈泉空中缆车
Palm Springs Aerial Tramway

从奥特莱斯途经 I-10（East）、CA-111 后在 Tram Way Rd. 右拐，此后沿着山间的唯一一条公路一路前行就可以抵达拥有世界最大回转式缆车的圣哈辛托州立公园。你可以从山脚搭乘缆车一气登上海拔 1800 米的山顶。

右 / 在山间小路散散步，从展望台眺望美丽的景色，美妙的时间转瞬即逝　左 / 在观景台纵览美景的同时享用美食，可谓潇洒似神仙

3　58 公里、约 35 分钟
印第安维尔斯（住宿）
Indian Wells

沿 I-10（East）或 CA-111 向西行驶即可。Greater Palm Springs 是由棕榈泉市、印第安维尔斯市等九座城市共同组成的度假地区域。高尔夫冠军巡回赛也不时在这里举行，住宿价格并非天价，比较亲民，冬季的房费略高，夏季更为实惠。

印第安维尔斯凯悦酒店度假村 Hyatt Regency Indian Wells Resort&Spa

第 2 天

4 16 公里、约 20 分钟
阿瓜卡连特印第安峡谷
Agua Caliente Indian Canyons

从印第安维尔斯依次经过 CA-111（North）、Palm Canyon Dr. 便可以抵达这个被印第安土著以及阿瓜卡连特族人当作圣地的峡谷。峡谷内分为几个区域，庞大的椰子树群给人很强的震撼感。

名为华盛顿葵的巨大椰子树

阿瓜卡连特印第安峡谷
住 38520 S. Palm Canyon Dr. Palm Springs，CA
☎（760）323-6018
URL www.indian-canyons.com
营 每天 8:00~17:00（16:00 停止入场）、7~9 月只有周五 ~ 周日对外开放
费 成人 $9，6~12 岁儿童 $5

5 10 公里、约 10 分钟
棕榈泉市中心
Downtown Palm Springs

从 Palm Canyon Dr. 北上即可前往市中心，市内中心区域包括 Palm Canyon Dr.（南向公路）及其东面的 Indian Canyon Dr.（北向公路），商店和咖啡厅随处可见，很适合步行游览。公共停车场也有很多，不用为找不到停车场而发愁。

上 / 市内仍可以看到保存完好的中世纪建筑
右 / 在主干道上休闲自驾

Palm Springs Visitors Center
住 2901 N. Palm Canyon Dr.，Palm Springs，CA92262
☎（760）778-8418
Free（1-800）347-7746
URL www.visitpalmsprings.com
营 每天 9:00~17:00

来一杯美国奶昔休息一会儿吧

6 54 公里、约 40 分钟
约书亚树国家公园
Joshua Tree National Park

从市中心沿着 Indian Canyon Dr. 一路北上，随后驶入 CA-62（East）前往 Joshua Tree Visitor Center 或 Oasis of Mara Visitor Center 这两个旅游咨询处的方向。抵达后先去旅游咨询处搜集一下各种资料，随后即可进入公园游览。开车前往南面的 Cottonwood Visitor Center 最少需要 1 小时 30 分钟，值得一提的是，园内并未设加油站及任何商店。

上 / 约书亚树国家公园的自然风光　右 / 名为 Scale Rock 的巨大岩石，园内随处可见各种奇形怪状的岩石，非常有趣

约书亚树国家公园
URL www.nps.gov/jotr/index.htm
费 1 辆车 $20

Joshua Tree Visitor Center（西面）
住 6554 Park Blvd.，Joshua Tree，CA92252
☎（760）366-1855
营 每天 8:00~17:00

Oasis of Mara Visitor Center（北面）
住 74485 National Park Dr.Twentynine Palms，CA92277
☎（760）367-5500
营 每天 8:30~17:00

Cottonwood Visitor Center（南面）
住 6554 Park Blvd.，Joshua Tree，CA92252
营 每天 8:30~16:00

参照地图 p.37

第 3 天

A.B 135~140 公里、约 1 小时 30 分钟

A. 救赎山 Salvation Mountain

B. 安沙波列哥沙漠州立公园 Anza-Borrego Desert State Park

贯穿安沙波列哥沙漠的 78 号州道，春天这里繁花盛开，春意盎然

从 I-10（East）的 145 号出口驶出后，从 Indio 进入 CA-86（South）。

索尔顿湖 Salton Sea 东西分出两条路，东侧的 CA-111（South）通往坐落着救赎山的松针市。位于沙漠之中的救赎山由美国老人 Leonard Knight 耗费 30 年时间打造而成，五颜六色的山丘雕塑上随处可见“God is Love”的字样，现在这里已经作为文化财产被妥善管理。如果你对救赎山感兴趣，推荐白天前往参观。棕榈泉市周边到这里约 135 公里，约需 1 小时 30 分钟。

如果你急于赶路，可以直接驱车前往安沙波列哥沙漠州立公园方向，从索尔顿湖西侧的 CA-86、Borrego Salton Seaway 一路向西进发即可抵达安沙波列哥沙漠州立公园的旅游咨询处。距离棕榈泉 140 公里，约需 1 小时 30 分钟。

7 182 公里、约 2 小时

朱利安
Julian

由老房子改建而成的餐厅

从棕榈泉依次途经 I-10（East）、CA-86（South）、CA-78（West）即可抵达圣迭戈的朱利安市。这座位于山间的小城盛产苹果，一到周末便可以见到众多购买苹果派的客人，非常热闹。

左 / Julian Pie Company 的香草冰激凌口味绝妙　右 / Mom's Pie House 的把一整个苹果当馅料的人气商品

带苹果派的午餐也很受欢迎

8 85 公里、约 1 小时 10 分钟

德美古拉古镇（住宿）
Old Town Temecula

由朱利安出发沿着 CA-76（West）的山路即可到达这里。古镇由以 Old Town Front St. 为中心的 6 个街区构成，商店和餐厅走几步就可以看到一家，德美古拉峡谷也盛产红酒，沿着古镇北面的 Rancho California 一路前行可以看到 30 余家酒庄。

当地有许多售卖红酒以及橄榄油的店铺

救赎山

URL www.salvationmountain.us

Anza Borrego Desert State Park Visitor Center

住 200 Palm Canyon Dr., Borrego Springs, CA92004-5005
☎（760）767-4205
URL www.parks.ca.gov
营 10 月下旬～次年 5 月上旬每天 9:00~17:00；5 月中旬～10 月中旬仅周六·周日·节假日对外营业

盐分浓度极高的索尔顿湖，人迹罕见，湖岸较为荒凉

Julian Chamber of Commerce

住 2129 Main St., Julian, CA92036
☎（760）765-1857
URL visitjulian.com
营 每天 10:00~16:00

人气苹果派店

- Julian Café& Bakery
  住 2112 Main St., Julian, CA
  URL www.juliancafe.com
- Apple Alley Bakery
  住 2122 Main St., Julian, CA
  ☎（760）765-2532
- Mom's Pie House
  住 2119 Main St., Julian, CA
  ☎（760）765-2472
  URL www.momspiesjulian.com
- Julian Pie Company
  住 2225 Main St., Julian, CA
  ☎（760）765-2449
  URL www.julianpie.com

Temecula Valley CVB

住 28690 Mercedes St., Suite A, Temecula, CA92590
☎（951）491-6085
URL www.visittemeculavalley.com
营 周一～周六 9:00~17:00（周日、节假日休息）

摄影点　近路　美食　散步　购物　住宿

第 4 天

9.10 68~115 公里、50 分钟 ~1 小时 20 分钟

9. 恩西尼塔斯 Enchnitas~
10. 拉由拉 La Jolla

恩西尼塔斯的斯瓦米塔斯海滩

距离德美古拉古镇 68 公里，约需 50 分钟，依次途经 I-15（South）、CA-76（West）前往沿海的 I-5（South）公路。南加州的美丽海滩从橘镇的亨廷顿海滩一直延伸到圣迭戈。沿途有很多冲浪点。恩西尼塔斯便是其中著名的冲浪及瑜伽胜地，深受当地人喜爱。继续向南行进 30 分钟，就可以抵达很受潜水者欢迎的拉由拉，这里水域透明度很高，非常适合潜水。

11 15 公里、约 15 分钟

使命湾（住宿）
Mission Bay

使命湾旁的使命海滩还建有一个小游乐园

从拉由拉驶入 I-5（South）即可抵达海洋动物众多、被誉为海洋世界的使命湾，湾内建有许多度假型酒店，水上运动也很丰富。夏季的房费普遍较高，冬天则更为亲民。

12 20 公里、约 25 分钟

科罗纳多
Coronado

圣迭戈湾的迷人小岛科罗纳多位于市中心的对岸。从海滨地带可以搭乘游船，或驾车从科罗纳多桥驶向小岛。作为小岛地标的 Hotel del Coronado 是于 1888 年建造的维多利亚式建筑。房客以外的游客也可以自由参观酒店，单是在这座历史感十足的建筑里走一走心情就会不由得平静下来。傍晚享受着度假地的轻松气氛，在露台来一顿晚餐可谓不错的享受。

上 / 招待来自世界各地 VIP 客人的著名酒店
下 / 吹着海风在露台享用晚餐

San Diego Visitor Information Center
住 996-B N.Harbor Dr., SanDiego，CA92101
☎（619）236-1242
URL www.sandiego.org
营 每天 9:00~17:00、节假日（10 月 ~ 次年 5 月 ~16:00）

Encinitas Chamber of Commerce
住 535 Encinitas Blvd.，CA 92024
☎（760）753-6041
URL encinitaschamber.com
营 周一 ~ 周五 10:00~16:00、周六 · 周日休息

使命湾的酒店
● Bahia Resort Hotel
住 988 W.Mission Bay Dr.，San Diego，CA92109
☎（858）488-0551
URL www.bahiahotel.com
费 ⓈⓉⓓ $99~399、Ⓢⓤ $179~569、320 间客房
信用卡 A D J M V

上 / 宽敞的客房　下 / Bahia Resort Hotel 的别墅

Hotel del Coronado
住 1500 Orange Ave.，CA92118
☎（619）435-6611
URL hoteldel.com
● 1500 Ocean Restaurant
☎（619）552-8490
营 周二 ~ 周日 17:30~22:00（周一休息）

周游加利福尼亚州之推荐线路 2

圣弗朗西斯科出发 ▶ 北加利福尼亚州 4 日游

品味当地美食 · 深入大自然宝库

Great Food and Wildlife Experience

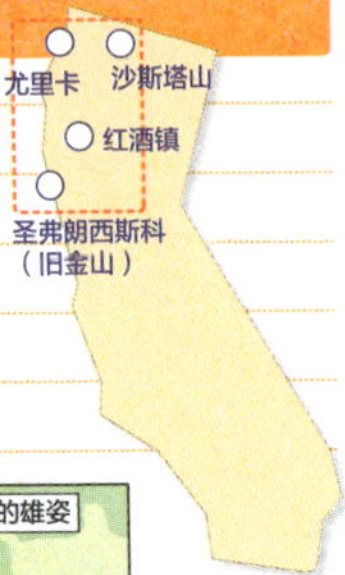

北加利福尼亚受寒冷的加利福尼亚海流和温暖的空气影响，在春夏两季的早晚经常会起雾，而正是这浓雾，哺育了森林，让农作物变得更加美味。让我们开一路车，吃一路美食吧。

+沙斯塔山1日游线路　有两种线路（A•B）

自驾线路◆总里程约 680 公里

起点 圣弗朗西斯科国际机场

第1天
- 纳帕谷 1
- 查尔斯·舒尔茨博物馆 2
- 圣罗莎（住宿）3

第2天
- 安德森谷 A
- CA-1 北海岸 B
- 门多西诺（住宿）4

第3天
- CA-1&US-101 北海岸线 C
- 尤里卡（住宿）5

第4天
- 终点 红杉树国家公园 6

第 1 天

1 120 公里、约 1 小时 30 分钟
纳帕谷
Napa Valley

从圣弗朗西斯科国际机场驶入 US-101（North），前往 Bay Bridge 方向的 I-80（East），途中会路过几座收费大桥。随后从 33 号出口进入纳帕方向的 CA-37（West），前往 CA-29（North）。这条 CA-29（圣赫勒拿西北方的公路为 CA-128）作为纳帕谷的主要道路，从东南方向一路贯穿纳帕 Napa、圣赫勒拿 St.Helena、卡利斯托加 Calistoga 等几座城市。虽然这里作为红酒的盛产地，品味红酒是来这里的主要目的，但沿途的美景却也是不容忽视的一大亮点。途中你还可以在野餐区及各式餐厅用餐，享受旅行的美妙滋味。

自驾时可以先前往圣赫勒拿的 V Sattui，周围有不少食品店，因此什么都不带也能享受野餐的乐趣。

左／在野餐区享用美食
右／在食品店选购心仪的野餐食物

2 47 公里、约 45 分钟
查尔斯·舒尔茨博物馆
Charles M.Schulz Museum

由圣赫勒拿经 CA-128/（West）前往卡利斯托加方向，在 Petrified Forest Rd. 左转，进入通向博物馆的圣罗莎主干道 I-101。

史努比的创作者查尔斯·舒尔茨的博物馆建于索诺玛县。虽然舒尔茨出生于明尼苏达州，但博物馆还是选择在其晚年生活的地方建造，馆内除了画廊以及商店，还建造了一座滑冰场，因为舒尔茨是个体育迷。

上／画廊入口处展示着巨大的画作
下／温馨的中庭

V Sattui
住 111 White Ln.，St.Helena，CA
☎（707）963-7774
URL vsattui.com
营 每天 9:00~18:00
费 红酒试饮 $15~，野餐区使用免费

纳帕谷娱乐项目
从纳帕市中心可以搭乘 Wine Train 美食专列前往以天然温泉地而闻名的卡利斯托加体验泥浴以及各式风格独特的 SPA 项目。

Napa Valley Welcome Center
住 600 Main St.，Napa，CA
☎（707）251-5895
URL www.visitnapavalley.com
营 每天 9:00~17:00

Calistoga Visitors Center
住 1133 Washington St.，Calistoga，CA
☎（707）942-6333
URL visitcalistoga.com
营 每天 9:00~17:00

查尔斯·舒尔茨博物馆
住 2301 Hardies Ln.，Santa Rosa，CA
☎（707）579-4452
URL schulzmuseum.org
营 周一·周三～周五 11:00~17:00、周六·周日 10:00~，周二·节假日休息（夏季时周二正常对外营业）
费 成人 $12，4~18 岁 $5

参照地图 p.42

索诺玛县
Sonoma County Tourism
URL www.sonomacounty.com

Healdsburg Chamber of Commerce & Visitors Bureau
住 217 Healdsburg Ave., Healdsburg, CA
☎ (707) 433-6935
URL www.healdsburg.com
营 每天 10:00~16:00(周六·周日 ~15:00)

圣罗莎的酒店
● Fountaingrove Inn
住 101 Fountaingrove Pkwy., Santa Rosa, CA 95403
☎ (707) 578-6101
URL www.fountaingroveinn.com
费 ⓈⓉⒹ $119~304
Ⓢ $229~424、124 间客房
信用卡 A D J M V

塞瓦斯托波尔的用餐点
从圣罗莎驾车沿着 CA-12 西行约十分钟即可抵达 The Barlow，在这里的餐厅可以品尝到索诺玛县的各式当地美食。
● The Barlow
URL thebarlow.net

推荐酒庄
● Scharffenberger Cellars
住 8501 Hwy.128, Philo, CA
URL www.scharffenbergercellars.com
● Navarro Vineyards
住 5601 Hwy.128, Philo, CA
URL www.navarrowine.com
● Handley Cellars
住 3151 Hwy.128, Philo, CA
URL www.handleycellars.com

阿姆斯特朗红杉州立自然保护区
住 17000 Armstrong Woods Rd., Guerneville, CA
☎ (707) 869-2015
URL www.parks.ca.gov
营 每天 8:00~日落后的 1 小时
费 步行免费，普通车一辆 $8

3 4 公里、约 5 分钟
圣罗莎（住宿） Santa Rosa

希尔兹堡很适合散步

圣罗莎可谓北加利福尼亚的交通要冲，连接南部的圣弗朗西斯科和北部的尤里卡的 US-101 公路，与贯穿索诺玛县及其东侧纳帕谷的 CA-12 公路的交叉点便位于圣罗莎。你可以在连锁酒店、汽车旅馆、个人经营的 B&B 民宿住宿。这里除了酒庄观光以外，还推荐去希尔兹堡 Healdsburg 以及塞瓦斯托波尔 Sebastopol 小城转一转。

第 2 天

A 160 公里、约 2 小时　经 CA-128 前往门多西诺
安德森谷 Anderson Valley

从圣罗莎沿 US-101（North）一路北上，经过克洛弗代尔 Cloverdale 后，走前往 Fort Bragg/Mendocino 方向的 CA-128 公路。全程 95 公里，约需 1 小时。

纳瓦罗葡萄园 Navarro Vineyards 的野餐区

CA-128 通往被称为安德森谷 Anderson Valley 的地区，这里便是门多西诺红酒的产地。大部分酒庄无须提前预约即可到访，还能免费试喝。菲罗 Phillo 周边有许多小酒庄。

左 / Handlery Sellars 经营的家族餐厅
右 / 香槟厂商 SCHARFFEN BERGER

B 187 公里、约 3 小时　经 CA-1 前往门多西诺
北海岸线① North Coast

1 号州路的美丽景色

从圣罗莎沿着 US-101（North）一路向北行驶 7 公里，前往 Guerneville 方向，随后沿着 River Rd. 向西行进 25 公里。可以顺路去到的最近的观光点便是阿姆斯特朗红杉州立自然保护区 Armstrong Redwoods State Natural Reserve。这里是红杉品种之一的海岸红杉的生长群。

树龄已有 1300 余年的海岸红杉古树

从州立自然保护区沿 River Rd. 右转，走 CA-116（West）一路向西。从 Jenner 到门多西诺 Mendochino 的 CA-1 公路，是山海交错的野性之路，几乎不会堵车，边欣赏沿途美景，边一路向北畅享自驾之旅吧。

4 160~187 公里、2~3 小时

门多西诺 Mendochino

面向太平洋的港城门多西诺在 19 世纪 50 年代因林业而繁荣起来。经常出入这里的来自新英格兰地区的船员逐渐在这里定居下来，现在依然可以在这里看到许多新英格兰风格的民居。在由古老民宅改建而成的民宿住上一晚，再品尝几道当地的美味佳肴，一定会为你的旅途留下美好的回忆。

被晨雾包围着的门多西诺海岸

第 3 天

C 210 公里、约 2 小时 40 分钟　经 CA-1&US101 前往芬代尔

北海岸线② North Coast

一天的旅程从丰富的早餐开始

在 B&B 民宿悠闲享用早餐后沿着 CA-1 驱车北上，约 10 分钟就能到达门多西诺海岸植物园 Mendocino Coast Botanical Gardens。这座坐落在海角的植物园，仿佛与森林共生，每年由约 350 名志愿者支持，将它打理得生机勃勃。

从 Fort Bragg 到尤里卡 Eureka 是段耗时 3 小时的漫漫长路，先沿 CA-1 北行约 38 公里，逐渐向深林山道中进发，随后从 Leggett 进入 US-101（North），从 691 号出口出来后走 CA-211（South）前往芬代尔 Ferndale。至今仍可以在芬代尔看到建于 20 世纪 90 年代初的维多利亚风格建筑，是座很适合惬意散步的城市。

牡丹花庭院生机盎然

从北海岸线前往沙斯塔山

作为北加利福尼亚著名景点的沙斯塔山 Mt.Shasta，与北海岸线之间通过一条州道相连。从尤里卡出发后，由位于其北面的 Arcata 进入 CA-299（East）后前行 225 公里，全程约需 2 小时 50 分钟，即可到达沙斯塔山下的雷丁市 Redding。从雷丁市走 I-5（North）前行 95 公里即可到达 Mt. Shasta City，用时约 1 小时。

● Shasta Cascade URL www.shastacascade.com

● Mt. Shasta URL visitmtshasta.com

i Visit Mendocino County

住 345N.Franklin St., Fort Bragg, CA 95437
☎（707）964-9010
Free（1-866）466-3636
URL www.visitmendocino.com
营 周一～周六 8:30~17:00

门多西诺的酒店

● MacCallum House
住 45020 Albion St., Mendocino, CA95460
☎（707）937-0289
URL www.maccallumhouse.com
费 ⓈⓉⒹ、Ⓢⓤ $149~359
30 间客房、含早餐
信用卡 A M V

推荐餐厅

● Café Beaujolais
住 961 Ukiah St., Mendocino, CA 95460
☎（707）937-5614
URL www.cafebeaujolais.com
营 午餐 周三～周日 11:30~14:30、晚餐每天 17:30~21:00

门多西诺海岸植物园

住 18220 N. Hwy. 1, Fort Bragg, CA
☎（707）964-4352
URL www.gardenbythesea.org
营 每天 9:00~17:00（11 月～次年 2 月 ~16:00）
费 成人 $14、5~17 岁 $5

芬代尔

i Ferndale Chamber of Commerce
URL www.victorianferndale.com

小贴士 Willow Creek　传说曾出现过大脚怪的山间城镇。小镇中建有大脚怪博物馆，每年一度的庆典中还会举行大脚怪游行。URL www.willowcreekchamber.com

参照地图 p.42

Eureka-Humboldt Visitors Bureau

住 322 1st St，Eureka，CA95501
Free (1-800) 346-3482
URL redwoods.info
营 周一～周五 9:00~17:00

尤里卡的酒店

● The Daly Inn
住 1125H St.，Eureka，CA95501
☎ (707) 445-3638
URL www.dalyinn.com
费 Ⓢ Ⓣ Ⓓ Ⓢu $130~185、5 间客房、含早餐
信用卡 A M V

古城区

● Humboldt Bay Tourism Center Inc.
住 205 G St. Old Town Eureka，CA
☎ (707) 672-3850
URL humboldtbaytourismcenter.com

开展牡蛎游船等当地特色旅游，并设的牡蛎餐吧 Taste 可以品尝新鲜的牡蛎以及周边区域酿造的红酒、啤酒和奶酪等。

● Taste
URL www.taste-local.com
营 每天 12:00~21:00

红杉树国家 & 州立公园

URL www.nps.gov/redw

Prairie Creek Visitor Center

住 US Hwy.101，CA 95555
☎ (707) 488-2039
营 夏季每天 9:00~17:00、淡季的周四～下周一～16:00
费 免费
※ 除该旅游咨询处外还有 4 处咨询处

特立尼达岛 Trinidad

沿 US-101 前往红杉树国家 & 州立公园途中会路过的风景观光地，这里的海鲜餐厅以及咖啡馆中用鲜牛奶制作的冰激凌非常美味。

● Seascape Restaurant
住 1 Bay St，Trinidad，CA
● The Lighthouse Grill
住 355 Main St，Trinidad，CA

5 30 公里、约 25 分钟

尤里卡（住宿）Eureka

古城区的城镇景色

在牡蛎餐吧享受美味

从芬达尔沿 US-101（North）公路前往尤里卡。US-101（4th St.）的西侧是历史悠久的古城区，19 世纪 50 年代造型精致的维多利亚建筑依然留存至今（特别是 2nd St. 沿路的 C St. 到 H St. 区间），商店、餐厅、画廊等设施也分散在其中。

尤里卡所在的洪堡县 Humboldt County 因红杉木材加工业而繁荣起来。此外牡蛎养殖业也是这里的一大特色，全年无论你什么时候到访此地都可以吃到新鲜美味的牡蛎料理。另外在洪堡湾开展的牡蛎游船旅游活动也很受欢迎。

第 4 天

6 80 公里、约 1 小时

红杉树国家 & 州立公园 Redwood National and State Park

从尤里卡出发沿着 US-101（North）北上前行 75 公里，从 753 号出口前往 Newton B Drury Scenic Pkwy，前行 2 公里在 Prairie Creek Visitor Center 停车，即可前往红杉树森林探索。

红杉树森林沿着海岸线一直延伸到俄勒冈州境内。1980 年被收入世界遗产名录。包括国家公园及 3 个州立公园，共同经营。

护林员作为导游带领游览时效率很高

左 / 高达 100 米左右的红杉树非常震撼人心
下 / 妥善保护州内仅有 15 头的稀有动物罗斯福马鹿的麋鹿草场 Elk Meadow

游览各色小镇！

太平洋海岸高速公路

Pacific Coast Highway

连接圣弗朗西斯科及洛杉矶的 CA-1 及 US-101 公路被当地人爱称为“太平洋海岸高速公路”，是条景色绝佳的自驾线路。沿途会经过很多美妙的小镇，悠闲驾乘 3 天以上慢慢享受自驾过程再好不过了。

圣克鲁斯的海滩上建有拥有 100 年历史的游乐园。
URL www.santacruzca.org

连接蒙特雷与卡梅尔的 17 英里海岸线（17 miles drives）。
URL www.seemonterey.com

拥有森林与大海的大苏尔。
URL www.bigsurcalifornia.org

魅力小镇卡梅尔。
URL www.carmelchamber.org

圣路易斯 - 奥比斯波县是 California Mission 中第五个建造的城镇，至今这里仍充满着浓厚的复古气息。
URL www.visitsanluisobispo county.com

位于圣西蒙，传媒大亨威廉·兰道夫·赫斯特的赫氏古堡 Hearst Castle。
URL hearstcastle.org

被 Santa Inés 山脉及太平洋包围的度假地圣巴巴拉。
URL santabarbaraca.com

20 世纪初由斯堪的纳维亚系移民建造而成的丹麦城。
URL www.solvangusa.com

自驾线路

圣弗朗西斯科
↓ CA-1 S（126 公里 / 约 1 小时 40 分钟）
圣克鲁斯
↓ CA-1S（67 公里 / 约 50 分钟）
蒙特雷
↓ CA-1 S（6 公里 / 约 15 分钟）
卡梅尔
↓ CA-1 S（40 公里 / 约 50 分钟）
大苏尔
↓ CA-1 S（102 公里 / 约 1 小时 40 分钟）
圣西蒙
↓ CA-1 S（67 公里 / 约 50 分钟）
圣路易斯 – 奥比斯波
↓ CA-1 S（183 公里 / 约 2 小时 40 分钟）
丹麦城
↓ US-101 S（105 公里 / 约 1 小时 10 分钟）
圣巴巴拉
↓ US-101 S（75 公里 / 约 50 分钟）
圣莫尼卡
↓ US-101 S 及 CA-1 S（135 公里 / 约 1 小时 40 分钟）
洛杉矶国际机场

推荐线路

菲尼克斯出发
纵览亚利桑那 7 日游

亚利桑那州
自然景观探索之旅

国家公园作为这趟旅行的核心，切忌走马观花。亚利桑那州内拥有各种魅力十足的城镇以及景色壮美的国家公园。来美国旅行，可一定不要错过亚利桑那州这个区域。美国最大规模的幽灵镇、能量圣地以及西部大开发时期遗留的古老城镇都是旅行中不容错过的精彩亮点。

号称美国最具能量的圣地——塞多纳。旺盛地释放大地之力的能量涡（vortex）使这里人杰地灵

自驾线路

总里程
约 700 公里

第 1 天

中国
↓
菲尼克斯（住宿）

第 2 天 I-10E
（190 公里 / 约 2 小时）
↓
图森（住宿）

第 3 天

↓
图森（住宿）

第 4 天 I-10W~AZ-202E~AZ-101N
（190 公里 / 约 2 小时）
↓
斯科特斯戴尔（住宿）

第 5 天 AZ-101N~I-17N~AZ-69N
（170 公里，约 2 小时）
↓
普雷斯科特
↓
杰罗姆 AZ-89N~AZ 89A N（55 公里，约 50 分钟）
↓
塞多纳（住宿）

第 6 天 ~AZ-89A N
（45 公里，约 40 分钟）
↓
塞多纳（住宿）

第 7 天 AZ-89A N~I-17 N
（48 公里 / 约 50 分钟）
↓
弗拉格斯塔夫

景区信息

- 菲尼克斯旅游局
  URL www.visitphoenix.com
- Heard 美术馆
  URL heard.org
- 图森旅游局
  URL www.visittucson.org
- 图森古镇乐园（Old Tucson Studio）
  URL oldtucson.com
- 仙人掌国家公园
  URL www.nps.gov/sagu
- 斯科特斯戴尔旅游局
  URL www.experiencescottsdale.com
- 西塔里埃森
  URL www.frankllloydwright.org
- 普雷斯科特旅游局
  URL www.visit-prescott.com
- 杰罗姆旅游局
  URL www.azjerome.com
- 塞多纳旅游局
  URL visitsedona.com
- 弗拉格斯塔夫旅游局
  URL www.flagstaffarizona.org
- 洛厄尔天文台
  URL www.lowell.edu

在图森古镇乐园可以体验西部世界的独特魅力。进行绳子表演的牛仔很酷

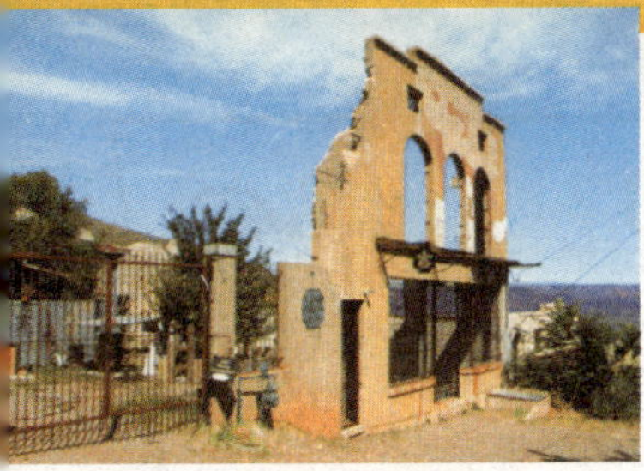

美国最大规模的幽灵镇，镇如其名，人迹罕至，据说甚至真可能会看到灵异事件。灵性比较强的人请多加注意

紧闭双眼，深呼吸。用心灵感受大自然

亚利桑那州海拔最高的弗拉格斯塔夫，从洛厄尔天文台四季都可以观测到迥然不同的美丽夜空

亚利桑那州最初的首府普雷斯科特，市中心依然建有许多西部开发时代风格的酒吧

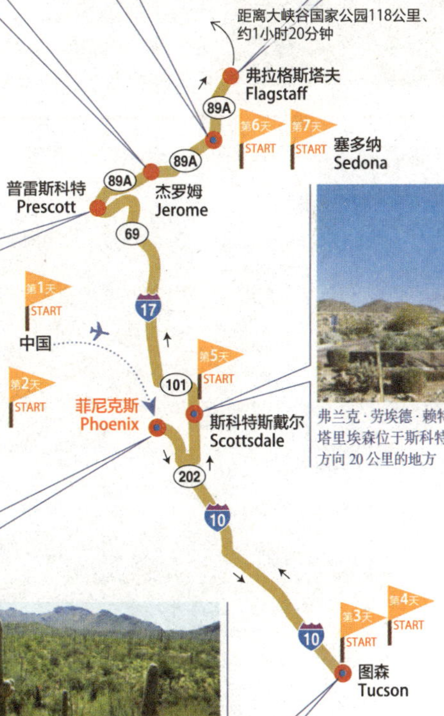

弗兰克·劳埃德·赖特的名建筑西塔里埃森位于斯科特斯戴尔东北方向 20 公里的地方

位于菲尼克斯的 Heard 美术馆展示各种丰富的印第安土著资料，精灵人偶是美术馆的代表物

一眼望去全是仙人掌的仙人掌国家公园，高度高于游客身高的仙人掌到处都是，最高的仙人掌甚至达 18 米

住宿地建议以及 Driving Tips

- 亚利桑那州面积宽广，每座城市的气候也截然不同。位于亚利桑那州南部的图森属于沙漠气候，夏季炎热，但早晚温差很大，请多加注意。位于州北部的弗拉格斯塔夫海拔超过 2000 米，冬季还会在这里看到积雪。
- 菲尼克斯市内车流量较大，会有堵车现象，自驾时请多加注意，尽量错开高峰。
- 杰罗姆的 Main St. 上有很多家酒店，不用担心住宿问题。
- 塞多纳在旅游旺季（3~5 月、9 月、10 月）酒店会很紧张，行程计划好后请尽早预订酒店。

Washington & Oregon

西北部区域
（华盛顿州 & 俄勒冈州）

俄勒冈州和华盛顿州位于太平洋北部的沿岸地区，这里虽然纬度较高但并不十分寒冷，气候比较宜人。从中心城市西雅图以及波特兰驾车不到 1 小时就可以进入大自然的怀抱，很适合开展户外活动。

城市导览

倒映在湖中的雷尼尔山 Mount Rainier

华盛顿州

◆西雅图

作为美国职业棒球大联盟（MLB）西雅图水手队的大本营被许多体育迷所熟知，同时这里也是波音、微软、亚马逊、星巴克等企业的起源地。【汽车租赁营业所→ p.52】

西雅图近郊

●奥林匹克国家公园

1981 年登录世界遗产名录的国家公园，太平洋吹来的湿润季风使得奥林匹克半岛经常降雨，孕育了这里的温带雨林。

●雷尼尔山国家公园

作为华盛顿州代表景观的雷尼尔山也是卡斯卡德山脉的最高峰。

●卡斯卡德环线

华盛顿州首屈一指的卡斯卡德环线横贯北卡斯卡德国家公园，沿途有德国风格村落莱文沃斯以及西部风格浓厚的温思罗普等多处景点。

俄勒冈州

◆波特兰

作为孕育第三次咖啡文化浪潮以及盛产啤酒的城市，这里浸透着的 DIY（Do It Yourself）精神，守护着当地的各色企业，使城市蓬勃发展。【汽车租赁营业所→ p.53】

波特兰近郊

●哥伦比亚峡谷

流经俄勒冈州及华盛顿州的哥伦比亚河，宽广雄伟的河道被悬崖峭壁环绕，多处瀑布的水流最终倾涌汇入大河。

●胡德山

作为俄勒冈州最高峰的胡德山，山顶被万年积雪所覆盖，全年都是滑雪游客的热衷地。

●尤金

俄勒冈州的第二大城市，以体育项目闻名的俄勒冈大学非常有名。电影 *Stand By Me* 也是在尤金周边取景拍摄的。

在电影 *Stand By Me* 中曾经出现过的铁桥

●俄勒冈海岸线

太平洋沿岸可以看到鹈鹕和海雀飞舞的掠影，鲸鱼和海豹则在远处的海洋中自由遨游，巨浪拍打着海岸边巨大的岩石，令人心潮澎湃。

HOW TO DRIVE IN SEATTLE

西雅图 自驾 START 导览

西雅图风格的咖啡（星巴克）以及户外用品使得人们对这里略知一二。如果前往波音公司对外公开的埃弗里特工厂以及登录在世界遗产名录上的奥林匹克公园，驾车可谓最棒的交通方式。

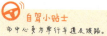

自驾小贴士

市中心多为单行车道及坡路。

西雅图·塔科马国际机场（西塔科机场）的租车方式

西雅图·塔科马国际机场位于西雅图市内南面 20 公里处。中国有飞往这里的直飞航班。所有租车公司的柜台都聚集在机场旁边的租车中心。从行李提取处的 #02、#26 号出口附近的 Rental Car Facility Shuttle Pick-Up 区域搭乘摆渡车即可前往租车中心。

乘坐摆渡车前往租车中心吧

从机场前往主要景点

◆前往西雅图市中心

驶出租车中心后沿着 160th St. 公路前往 WA-518（East）。随后进入连接西雅图的 I-5（North）公路，从 164A 号出口驶出后便是市中心了。全程 20 公里，约需 25 分钟。

◆前往波音公司埃弗里特工厂

驶出租车中心后沿着 160th St. 公路前往 WA-518（East）。随后进入连接西雅图的 I-5（North）公路前行 54 公里，从 Exit 189 前往 WA-526 W/Boeing Fwy.。全程 64 公里，约需 1 小时 10 分钟。

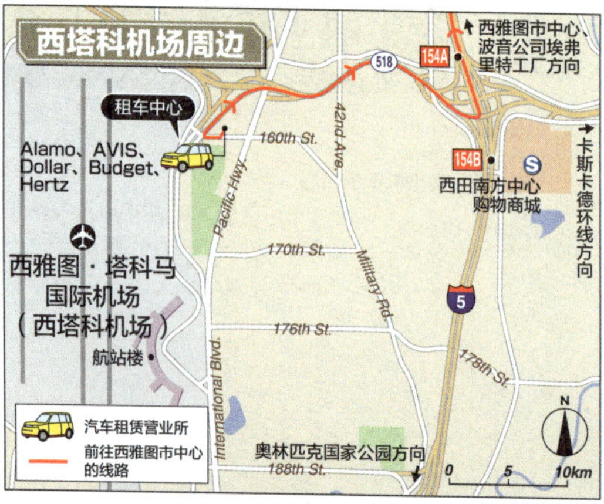

◆前往奥林匹克国家公园

驶出租车中心后沿着 160th St. 公路前往 WA-518（East）。随后进入连接西雅图的 I-5（North）公路向南前行 33 公里，在塔科马附近进入 WA-16（West），随后途经 WA-3（North）、WA-104（West）、US-101（North），在 Mt.Angeles Rd. 左转即可。全程 215 公里，约需 2 小时 50 分钟。

◆前往卡斯卡德环线

驶出租车中心后沿着 160th St. 公路前往 WA-518（East）。随后沿 I-405(North)、WA-522(East)、WA-2（East）前行即可。全程 65 公里，约需 1 小时 10 分钟。

小贴士 西雅图·塔科马国际机场 住 17801 International Blvd., SeaTac ☎（206）787-5388 URL www.portseattle.org/Sea-Tac ●租车中心 住 3150 S.160th St., Seatac

HOW TO DRIVE IN PORTLAND
波特兰
自驾 START 导览

非常有名的环保城市，近郊的哥伦比亚峡谷以及俄勒冈州最高峰胡德山都可以自驾前往。围绕城市有几条远足线路，让人可以近距离感受俄勒冈州的大自然气息。

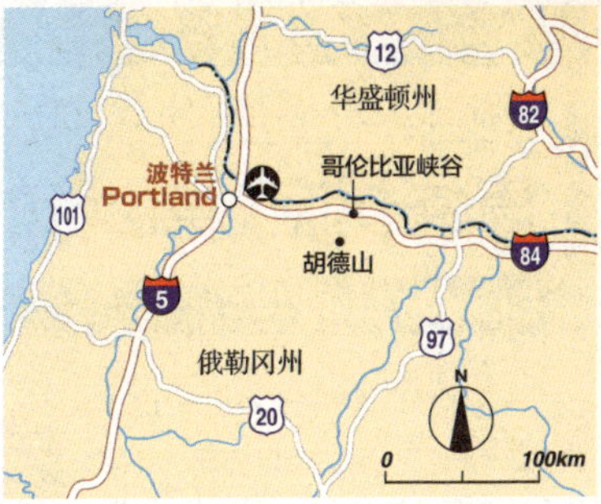

租车公司柜台位于航站楼对面的停车场里

自驾小贴士

- 波特兰可谓全美治安非常好的城市，但在市内活动时还是尽量避免靠近灰狗长途汽车 greyhound bus 等的巴士站台，最好也不要在夜间停车。
- 轻轨和有轨电车都在市内通行，交通很是方便，但大多都是单行线，要仔细认清标识再上车。
- 由波特兰出发前往哥伦比亚峡谷的 Columbia River Highway 是条景观道路，特别是在红叶季节会给自驾带来更强烈的视觉享受。

波特兰国际机场的租车方式

从中国到这里没有直飞航班，但可以换乘后前往。波特兰国际机场位于市区东北方向 14 公里处。

AVIS、Dollar、Hertz 等租车公司的柜台位于航站楼对面的停车场大楼中。Alamo、Budget 的营业所则开在机场外面，航站楼外标有“Courtesy Shuttles”的地方是租车公司班车的停车站，你可以从这里乘车前往各家营业所。

未在停车场大楼开设柜台的租车公司开通班车接驳客人前往汽车租赁营业所

从机场前往主要景点

◆前往波特兰市内

驶出停车场大楼后前往 I-205（South），随后从 Exit 21B 进入 I-84 W/US-30 W，前进 8 公里，由 Beaverton/Salem/City Center 方向的 I-5（South）的出口驶出，跨过莫里森桥 Morison Bridge 后就到了，全程 18 公里，约需 25 分钟。

◆前往哥伦比亚峡谷

驶出停车场大楼后，进入 I-205（South），从 Exit 22 进入 I-84/US-30（East）。随后由 Exit28 下行前往 Columbia River Hwy.，前进 5 公里即可在右侧看到哥伦比亚峡谷的中心马尔特诺马瀑布。全程 40 公里，约需 40 分钟。

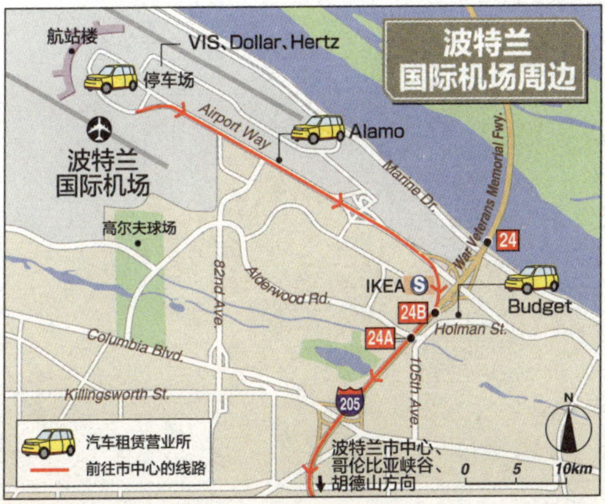

◆前往胡德山

驶出停车场大楼后，进入 I-25（South），从 Exit 22 进入 I-84/US-30（East）。随后由 Exit 16 南下依次经过 238th Dr.、242nd Dr. 公路，沿 US-26（East）东行 62 公里即可。全程 91 公里，约需 1 小时 20 分钟。

周游西北部推荐线路

西雅图出发 ▶ 华盛顿州 3 日游

周游卡斯卡德山脉的卡斯卡德环线

Cascade Loop

卡斯卡德环线横跨西雅图东北方向的卡斯卡德国家公园，卡斯卡德山脉周围坐落着德国风格村落莱文沃斯以及西部风格浓厚的温思罗普等充满个性的小镇。

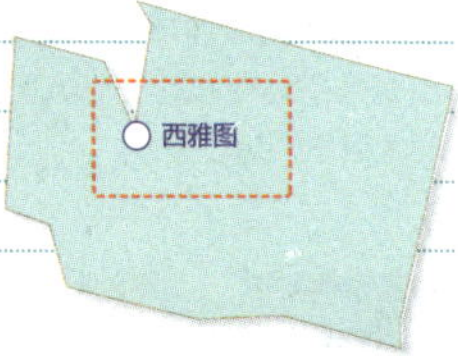

自驾线路◆总里程 790 公里

起点　西雅图塔科马国际机场（西塔科机场）

第1天
- 斯凯科米什护林站 ①
- 欺骗瀑布 ②
- 史蒂文斯滑雪度假村 ③
- 莱文沃斯（住宿）④

第2天
- 韦纳奇 ⑤
- 奇兰 ⑥
- 温思罗普（住宿）⑦

第3天
- 华盛顿山展望台 ⑧
- 恶魔湖展望台 ⑨
- 拉康纳 ⑩

终点　西雅图塔科马国际机场（西塔科机场）

摄影点　近路　美食　散步　购物　住宿

第 1 天

1 130 公里、约 1 小时 45 分钟
斯凯科米什护林站
Skykomish Ranger Station

从西雅图塔科马机场经 WA-518（East）、I-405（North）、WA-522（East），进入 US-2 公路。此后在 Mile Post 50 里程标的位置会路过该地区的旅游咨询处，地图、宣传册、州立公园的入场券 Discover Pass 都可以从这里获取。

从旅游咨询处获取卡斯卡德环线的最新信息

2 16 公里、约 25 分钟
欺骗瀑布
Deception Falls

沿着 US-2 向东前进，经过里程标 Mile Post 56 后在左手边停车即可。从停车场步行 800 米穿过茂密的森林就可以看到瀑布的身影。

从停车场沿着小径一路下行，就可以在跨越州道的地方看到瀑布

3 13 公里、约 15 分钟
史蒂文斯滑雪度假村
Stevens Pass Ski Resort

沿着 US-2 向东前进就可以在右手边看到度假村，夏天这里很适合郊游，冬天则是滑雪胜地。

夏天不妨在这里来场郊游

4 56 公里、约 60 分钟
莱文沃斯
Leavenworth

于 20 世纪 60 年代模仿德国南部城市拜仁风格修建的村庄。沿着 US-2 南面的 Front Street 前行即可看到路边经营德国料理的餐厅、礼物店、酿酒厂、酒店等各种设施。

上 / 拥有戴尔·奇胡利雕塑作品的 Sleeping Lady Resort 酒店　左 / 可爱的德国建筑随处可见

斯凯科米什护林站
住 74920 N.E. Stevens Pass Hwy., Skykomish
US-2 Mile Post 50
☎（360）677-2414
营 周一～周五 8:00~16:30（不同时期可能会有所调整）

Discover Pass
费 单日票 $10、年票 $30

欺骗瀑布
住 US-2 Mile Post 56

史蒂文斯滑雪度假村
住 93001 Stevens Pass Hwy., Skykomish
☎（206）812-4510

ⓘ Leavenworth Chamber of Commerce
住 940 WA-2, Suite B, Leavenworth
☎（509）548-5807
URL www.leavenworth.org

推荐餐厅
● Bavarian Bistro & Bar
住 801 Front St., Leavenworth
☎（509）548-5074
URL bavarianbistrobar.com
营 周一～周四 11:00~23:00、周五～周日 11:00~24:00（不同时期可能会有所调整）

在德国风格村落点一盘香肠，搭配着德式腌白菜和啤酒饱餐一顿

莱文沃斯的酒店
● Sleeping Lady Resort
住 7375 Icicle Rd., Leavenworth, WA 98826
☎（509）548-6344
Free（1-800）574-2123
FAX（509）548-6312
URL www.sleepinglady.com
费 ⓈⒹⓉ $215~320、58 间客房
信用卡 A D M V

参照地图 p.54

The Wenatchee Valley Chamber of Commerce
住 1 S. Wenatchee Ave., Wenatchee
☎ (509)-662-2116
URL wenatchee.org

派巴斯公共市场
住 3N. Worthen St. Wenatchee
☎ (509) 888-3900
URL www.pybuspublicmarket.org
营 每天 8:00~21:00

奥默花园
住 3327 Ohme Rd., Wenatchee
☎ (509) 662-5785
URL www.ohmegardens.com
营〈春·秋季〉每天 9:00~18:00 〈夏季〉每天 9:00~19:00 费 $8

Bountiful Fruit
住 3615 US-97Alt, Wenatchee
☎ (509) 663-7848
营 周一～周五 8:30~19:00、周六 9:30~17:00、周日 10:00~17:00
信用卡 M V

售卖附近田野收获的各种水果的 Bountiful Fruit

Lake Chelan Chamber of Commerce
住 216 E. Woodin Ave., Chelan
☎ (509) 682-3503
URL www.lakechelan.com
营 周一～周六 9:00~17:00、周日 10:00~16:00（不同时期可能会有所调整）

Benson Vineyards Estate Winery
住 754 Winesap Ave., Manson
☎ (509) 687-0313
URL www.bensonvineyards.com
营 每天 11:00~17:00（不同时期可能会有所调整）
信用卡 A M V

Winthrop Chamber of Commerce
住 202 Riverside Ave., Winthrop
☎ (509) 996-2125
URL winthropwashington.com

温思罗普的酒店
● Sun Mountain Lodge
住 604 Patterson Lake Rd., Winthrop, WA 98862
☎ (509) 996-2211
Free (1-800) 572-0493
FAX (509) 996-3133
URL www.sunmountainlodge.com
费 Ⓢ Ⓣ Ⓓ $205~345
信用卡 A D M V

推荐餐厅
● Arrowleaf Bistro
住 207 White Ave., Winthrop
☎ (509) 996-3919
营 周三～周日 16:00~21:00

第 2 天

5 38 公里、约 40 分钟

韦纳奇 Wenatchee

从莱文沃斯沿 US-2 向东南方向前进，在哥伦比亚河及韦纳奇河的交界处就可以看到这片苹果种植地了。市中心坐落着汇集商铺与餐厅的派巴斯公共市场 Pybus Public Market。继续向北驱车 10 分钟即可抵达在崖地上修建的奥默花园 Ohme Gardens。

左 / 餐厅、水果店、咖啡馆等都可以在派巴斯公共市场找到　上 / 树木丛生的奥默花园

6 66 公里、约 1 小时 10 分钟

奇兰 Chelan

沿着 US-97 向北前行就可以看到全美深度排行第三的奇兰湖 Lake Chelan，水上冲浪、飞艇牵引冲浪以及皮划艇等各式水上项目都可以在这里进行体验。

奇兰的郊外建有多处酒庄

可以在奇兰湖挑战一下皮划艇和飞艇牵引冲浪等水上项目

7 93 公里、约 1 小时 30 分钟

温思罗普 Winthrop

自从 1972 年开通卡斯卡德环线后，城镇的建筑受西部牛仔文化影响较深，现在在主干路沿线仍能看到许多木质建筑，包括餐厅、商店、加油站等各种设施。

上 / 可以享受骑马乐趣的 Sun Mountain Lodge　右 / 骑着机车、穿着皮靴在温思罗普市内周游可谓算是半个当地人了

第 3 天

8 50 公里、约 50 分钟
华盛顿山展望台
Washington Pass Overlook

从温思罗普向西沿着 WA-20 公路行进，主要是山路路段。再从 Washington Pass Overlook Rd. 向北行进，就可以抵达纵览卡斯卡德山脉的展望台。从这里甚至可以越过森林看到山脚下的 WA-20 公路。

从展望台可以眺望到之前驾车经过的山路

9 55 公里、约 55 分钟
恶魔湖展望台
Diablo Lake Overlook

从华盛顿山展望台出发跨过雷尼尔山，沿着 WA-20 西行，右手边就可以看到休息区。从停车场可以眺望到在国家公共休闲区建造的水坝湖——恶魔湖。

左 / 蓝绿色的恶魔湖美景
上 / 薰衣草口味的冰激凌美味可口
Cascadian Farm Organic

10 130 公里、约 2 小时 20 分钟
拉康纳
La Conner

由恶魔湖展望台向西沿着 WA-20 进发，经过伯灵顿后就会来到这个人口仅有 900 余人的小城镇。在斯维诺米什运河沿岸可以看到西北美术馆 The Museum of Northwest Art、拉康纳纺织博物馆 La Conner Quilt & Textile Museum 及各种餐厅。

镇中心六个街区大小的面积内开着各种餐厅及商店

华盛顿山展望台
住 US-20 Mile Post 162

从停车场眺望到的景色

恶魔湖展望台
住 US-20 Mile Post 132

推荐商店

● Cascadian Farm Organic
住 55931 WA-20，Rockport
☎（360）853-8173
URL www.cascadianfarm.com
营〈5 月、10 月〉每天 10:00~18:00、〈6~9 月〉每天 9:00~19:00

i La Conner Chamber of Commerce
住 511 Morris St.，La Connner
☎（360）466-4778
URL www.lovelaconner.com
〈春·夏季〉
周一～周五 10:00~16:00
周六·周日 12:00~15:00
〈秋·冬季〉
周一～周五 10:00~14:00
周六 10:00~13:00

西北美术馆
住 121 S.1st St.，La Conner
☎（360）466-4446
URL www.monamuseum.org
营 周日·周一 12:00~17:00、周二～周六 10:00~17:00
费 免费

拉康纳纺织博物馆
住 703 S.2nd St.，La Conner
☎（360）466-4288
URL www.laconnerquilts.org
营 周二～周日 11:00~17:00
费 $7

推荐餐厅

● La Conner Seafood& Prime Rib House
住 614S.1st St.，La Conner
☎（360）466-4014
URL www.laconnerseafood.com
营 周日～下周四 11:30~20:00、周五·周六 11:30~21:00
信用卡 A M V

在拉康纳享用海鲜料理

Rocky Mountains & Southwest

落基山脉及西南部区域

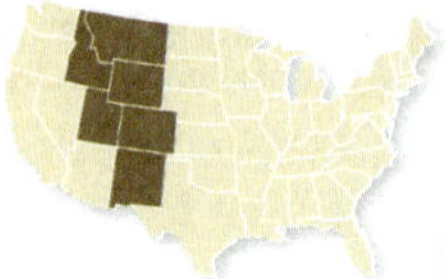

落基山脉北起加拿大的不列颠哥伦比亚省，
南至新墨西哥州的圣菲周边，群山蜿蜒连绵。
北部的科罗拉多州及犹他州拥有许多国家公园，自然环境优美。
南部的新墨西哥州则土著文化浓厚，很有异域风情的别样魅力。

都市导览

科罗拉多州

◆丹佛

开有许多餐厅及商铺的 Larimer Square

丹佛位于落基山脚下，也是科罗拉多州的首府。海拔 1 英里（约 1609 米），所以也被称为“里高城（The Mile-High City）”。周边建有许多滑雪场，可谓户外运动的绝佳场所，全年都是热门的旅游目的地。当然这里也是前往落基山国家公园观光的大本营城市。【汽车租赁营业所→ p.60】

新墨西哥州

位于落基山脉的南端，到州东部的 Taos 附近都是山岳地区。作为首府的圣菲将印第安土著及墨西哥文化完美融合。州内的交通枢纽城市则是与热气球历史渊源颇深的阿尔伯克基。【汽车租赁营业所→ p.61】

圣菲的街道

犹他州

首府盐湖城，位于落基山脉分支的瓦萨奇山脉脚下，也是摩门教的大本营。南部与亚利桑那州接壤的一带（大环线 Grand Circle → p.74）则坐落着锡安国家公园、拱门国家公园等美国代表性的国家公园。【汽车租赁营业所→ p.62】

怀俄明州

首府夏延，黄石国家公园、大峡谷国家公园都位于州内，可谓是大自然与野生动物的王国。

南达科他州 ※ 属于中西部地区

对于美国本地人来说这里是“人生中一定要去一次的地方”。从丹佛出发，途经怀俄明州、南达科他州，游览黑山及黄石的行程很不错。→推荐 p.70 的自驾行程。

蒙大拿州

与怀俄明州共同拥有黄石国家公园，同时这里也是可以观赏冰河景观的冰川国家公园的所在地。

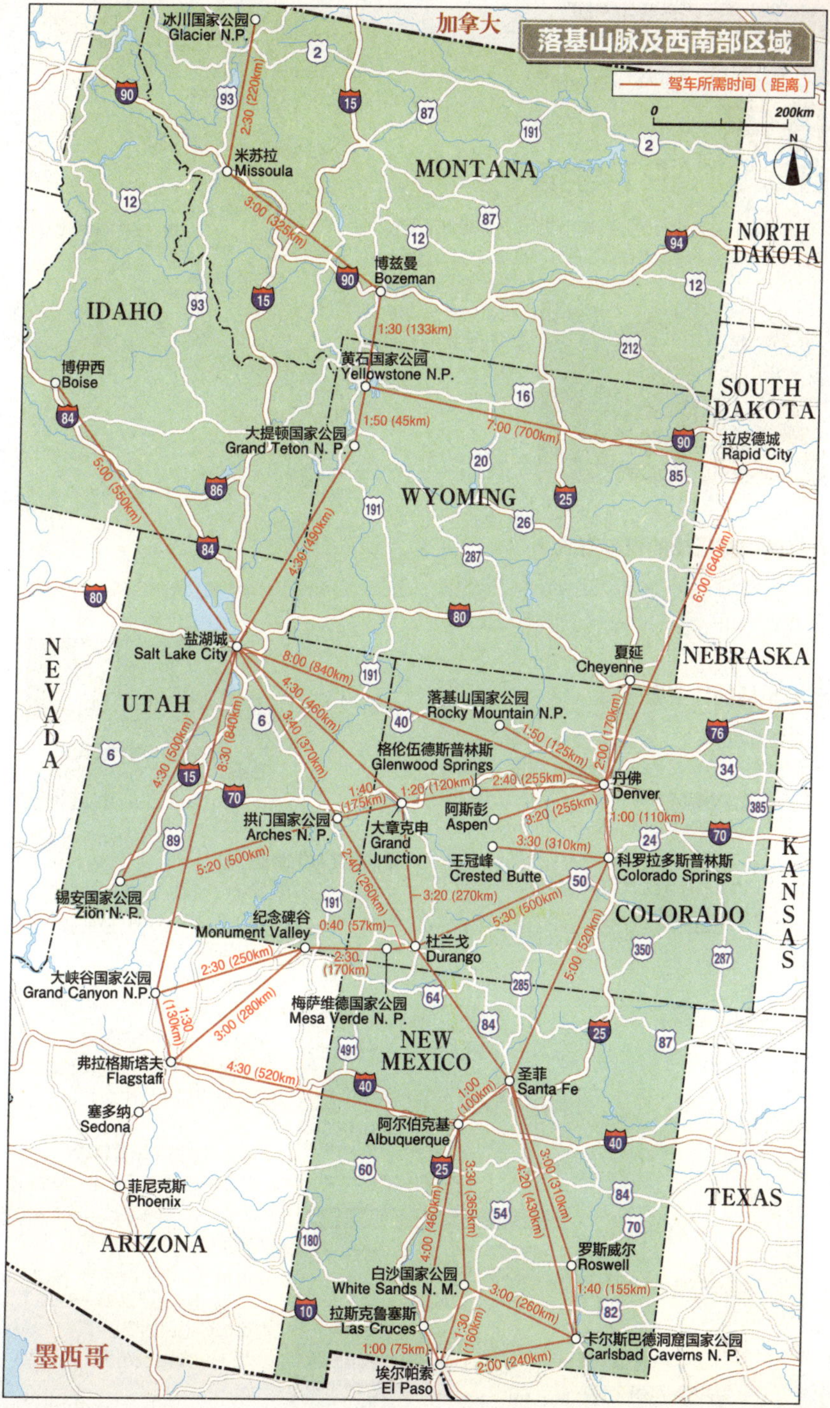
落基山脉及西南部区域
驾车所需时间（距离）
0 200km
N
加拿大
墨西哥
MONTANA
IDAHO
WYOMING
NORTH DAKOTA
SOUTH DAKOTA
NEBRASKA
NEVADA
UTAH
COLORADO
KANSAS
ARIZONA
NEW MEXICO
TEXAS
冰川国家公园 Glacier N.P.
米苏拉 Missoula
博兹曼 Bozeman
黄石国家公园 Yellowstone N.P.
大提顿国家公园 Grand Teton N. P.
博伊西 Boise
拉皮德城 Rapid City
盐湖城 Salt Lake City
夏延 Cheyenne
落基山国家公园 Rocky Mountain N.P.
格伦伍德斯普林斯 Glenwood Springs
丹佛 Denver
阿斯彭 Aspen
拱门国家公园 Arches N. P.
大章克申 Grand Junction
王冠峰 Crested Butte
科罗拉多斯普林斯 Colorado Springs
锡安国家公园 Zion N. P.
纪念碑谷 Monument Valley
杜兰戈 Durango
大峡谷国家公园 Grand Canyon N.P.
梅萨维德国家公园 Mesa Verde N. P.
弗拉格斯塔夫 Flagstaff
圣菲 Santa Fe
塞多纳 Sedona
阿尔伯克基 Albuquerque
菲尼克斯 Phoenix
罗斯威尔 Roswell
白沙国家公园 White Sands N. M.
拉斯克鲁塞斯 Las Cruces
卡尔斯巴德洞窟国家公园 Carlsbad Caverns N. P.
埃尔帕索 El Paso
2:30 (220km)
3:00 (325km)
1:30 (133km)
1:50 (45km)
7:00 (700km)
5:00 (550km)
4:30 (490km)
6:00 (640km)
8:00 (840km)
4:30 (460km)
3:40 (370km)
8:30 (840km)
4:30 (500km)
1:50 (125km)
2:00 (170km)
1:40 (175km)
1:20 (120km)
2:40 (255km)
3:20 (255km)
1:00 (110km)
3:30 (310km)
5:20 (500km)
2:40 (260km)
3:20 (270km)
0:40 (57km)
5:30 (500km)
5:00 (520km)
2:30 (250km)
2:30 (170km)
1:30 (130km)
3:00 (280km)
4:30 (520km)
1:00 (100km)
4:00 (460km)
3:30 (365km)
4:20 (430km)
3:00 (310km)
1:40 (155km)
3:00 (260km)
1:30 (160km)
1:00 (75km)
2:00 (240km)

How To Drive In Denver

丹佛

自驾 START 导览

丹佛是很适合步行游览的城市，无论是徒步还是搭乘公共交通工具都非常方便。但是前往郊外时自驾方式还是首选，可以驾车体验郊游或前往郊外泡泡温泉，一年四季郊外活动都很充实。

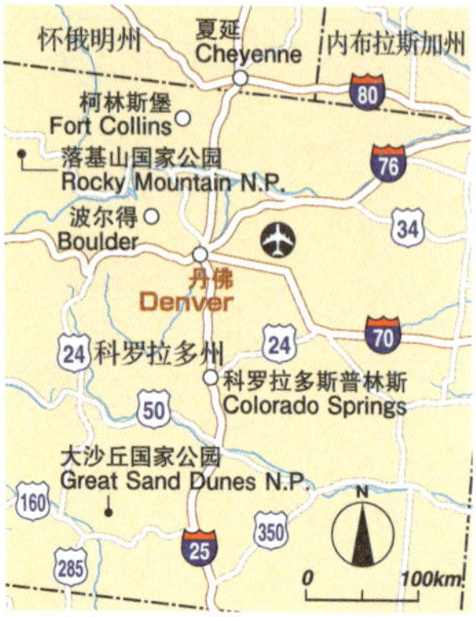

位于科罗拉多斯普林斯的众神花园

自驾小贴示

由于丹佛市中心经常出现堵车的情况，E-470等环路采取收费措施。使用电子设备收费，租车公司会在之后几天对车主进行收费。

丹佛国际机场的租车方式

位于丹佛东北方向 40 公里的位置，汽车租赁营业所集中分布在机场之外的区域。走出抵达大厅后可以在 Island 4 找到前往各营业所的巴士站台。

搭乘租车公司的班车

从机场前往主要景点

◆前往市中心

沿着机场南面的 Pena Blvd. 向西前行 23 公里，进入 I-70（West）后由 274 号出口前往科罗拉多斯普林斯 Colorado Springs 方向，进入 I-25（South），随后由 210 号出口沿着 US-40（East）向西进发即可。全程 40 公里，约 40 分钟。

◆前往落基山国家公园

首先要前往国家公园的门户埃斯蒂斯帕克 Estes Park。沿着机场南面的 Pena Blvd. 向西前行，从 6B 出口前往 E-470（North），随后从 47 号出口进入 I-25(North)，再由 243 号出口前往 CO-66（West），最后进入 US-36（West）公路。沿途部分道路收费，请多注意。全程 120 公里，约需 1 小时 20 分钟。

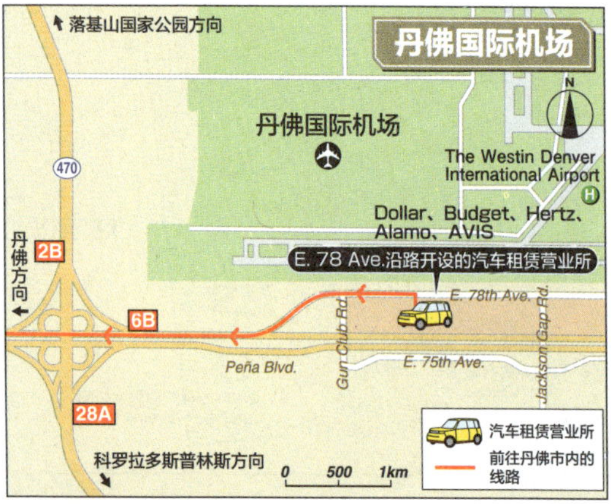

◆前往科罗拉多斯普林斯

沿着机场南面的 Pena Blvd. 向西前行，从 6A 出口前往 E-470（South），前行 43 公里后，在分岔口向 I-25S/Colorado Springs 方向前进，进入 I-25（South）。沿途部分道路收费，请多注意。全程 140 公里，约需 1 小时 20 分钟。

小贴示 丹佛国际机场 住 8500 Pena Blvd., Denver CO 80249-6340 ☎（303）342-2000 URL www.flydenver.com
●收费公路信息详见 URL www.expresstoll.com

HOW TO DRIVE IN

ALBUQUEQUE 阿尔伯克基

自驾 START 导览

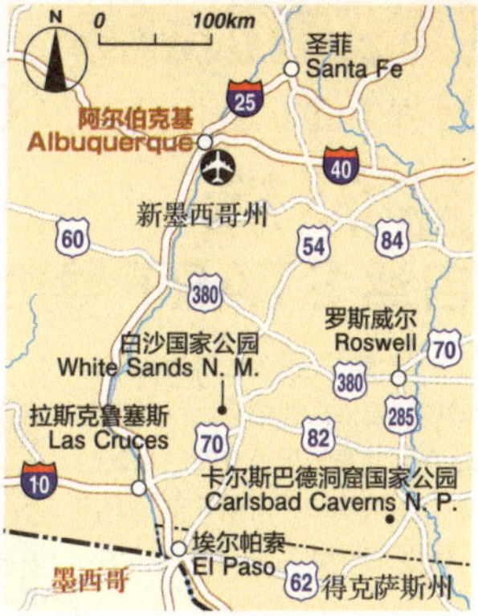

阿尔伯克基位于新墨西哥州的中心，也是州内最大的城市。也是东西向的 I-40、南北向的 I-25 通过的交通要冲。从这里很方便地就可以前往美国西南部的人气景点圣菲、白沙国家公园以及卡尔斯巴德洞窟国家公园等。阿尔伯克基市内则遗存着浓厚的西班牙文化，古城很有韵味。

自驾小贴示

驾车不用担心迷路，几乎没有分岔路。夏季自驾时要注意高温防暑。

阿尔伯克基国际机场（Sunport）的租车方式

中国没有前往这里的直飞航班，但可以进入美国后转机前往。共有 10 家租车公司入驻这里的租车中心。在航站楼一层外面可以找到前往租车中心的巴士站台。

左/位于机场不远处的租车中心
下/圣菲市内的当代艺术博物馆

从机场前往主要景点

◆前往市中心

沿机场西面的 I-25（North）北上，由 224A 出口驶出后在 Lead Ave. 左转。全程 8 公里，约需 12 分钟。

◆前往圣菲

沿着机场西面的 I-25（North）北上前行 95 公里，由 284 号出口驶出后进入 NM-466（North）。全程 108 公里，约需 1 小时 10 分钟。

◆前往卡尔斯巴德洞窟国家公园

从阿尔伯克基市中心的 I-40（East）行驶到 US-285（South），然后南下，全程 490 公里，约需 4 小时 50 分钟。

◆前往白沙国家公园

经 I-25（South）、US-380（East）、US-54（West），全程 355 公里，约需 3 小时 30 分钟。如果从卡尔斯巴德洞窟国家公园出发，则沿 US-285（North）公路前行 18 公里，随后进入 US-82（West）向西前行即可。全程 290 公里，约需 3 小时 20 分钟。

How To Drive In
Salt Lake City
盐湖城
自驾 START 导览

这座位于落基山脉山脚下的城市，街道形如棋盘状，各条道路横平竖直地相互交错，地址的表示也很简单，可谓非常适合自驾新手的城市。

上／从太空中也可以看到这座巨大的矿山——宾汉峡谷铜矿，从盐湖城驱车1小时即可抵达　左／位于城市西北面的大盐湖 Great Salt Lake

自驾小贴示

- 市中心的地址很好找，以中心位置的摩门教总部 Temple Square 为起点，向外辐射的门牌号逐渐增大。比如位于 Temple Square 南面1个街区的门牌号便是 100 South。
- 盐湖城所在的犹他州坐落着拱门及布莱斯峡谷等多处国家公园，如果已经适应了自驾模式，不妨开车去城外转转。

盐湖城国际机场的租车方式

位于市中心以西约 8 公里处，中国没有前往这里的直飞航班，最少需要进行一次转机。主要租车公司的营业所位于航站楼对面的停车场建筑中（Ground Floor），可以直接步行前往。

从机场前往主要景点

◆前往市中心

租车后驶出停车场，沿着机场的内环道路前往 I-80（East），继续向东前行 6 公里后，从 121 号出口驶出便是市中心了。全程 12 公里，约需 15 分钟。

横平竖直宛如棋盘状的市中心公路

小贴示　盐湖城国际机场　住 776 N. Terminal Dr.，Salt Lake City，UT 84122　☎（801）575-2400
URL www.slcairport.com

周游科罗拉多州推荐线路

丹佛出发 ▶ 科罗拉多州 10 日游

山间度假及户外娱乐

The Mountain Resorts & Activity

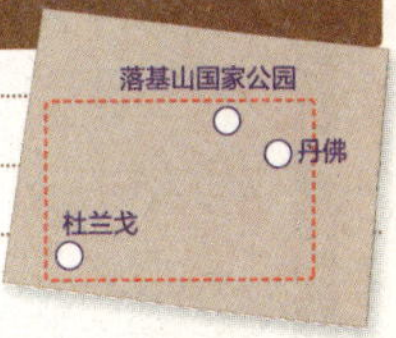

夏天的科罗拉多州可谓户外运动的绝佳场所。漫步大自然，会获得很多截然不同的领悟。在古时可以帮原住民治疗伤势的古老温泉泡汤则可提神解乏。

小贴示 **高山病患者请注意!** 丹佛的海拔约 1600 米，相较低海拔的城市，这里含氧量仅为正常海拔的 80%，如果你在这里感到头疼或呼吸困难，请尽可能地多补充水分。登山时也不要行动过快，慢慢攀登不要着急。

自驾线路◆总里程约 1926 公里

第1天
- 起点 丹佛国际机场
- 科罗拉多斯普林斯（住宿）❶

第2天
- 王冠峰（住宿）❷

第3天
- 特柳赖德（住宿）❸

第4天
- 杜兰戈（住宿）❹

第5天
- 百万美元公路 ❺
- 大章克申（住宿）❻

第6天
- 格伦伍德斯普林斯（住宿）❼

第7天
- 褐铃山 ❽
- 斯诺马斯村（住宿）❾

第8天
- 落基山国家公园（住宿）❿

第9天
- 柯林斯堡（住宿）⓫
- 终点 丹佛国际机场

第 1 天

1　135 公里、约 1 小时 30 分钟
科罗拉多斯普林斯（住宿）
Colorado Springs

由丹佛机场经 E-470（South）、走 I-25（South）南下，就可以到达仅次于首府丹佛的科罗拉多第二城市科罗拉多斯普林斯。主要景点都分布在市中心方圆 10 公里的范围内。其中最著名的当数众神花园 Garden of the Gods 和马尼图斯普林斯 Manitou Springs。马尼图斯普林斯是落基山脉分支之一的派克斯峰山脚下的城镇。登山缆车也是以这里作为始发站的。

派克斯峰高速公路 Pikes Peak Highway 是适合驾车的景观大道。由海拔 2255 米的位置向山顶（海拔 4302 米）进发，单程 30 公里。欣赏着沿途的景观往返一圈大概需要 2~3 小时。

下 / 奇石矗立的众神花园，园内设有整洁的步行道路，可以悠闲散步　右上 / 派克斯峰山顶　右下 / 即将出发的登山火车

参照地图 p.63

● Colorado Springs CVB
URL www.visitcos.com

ⓘ Colorado Springs Visitor Center
住 515 S. Cascade Ave., Colorado Springs, 80903
☎（719）635-7506
营 周一～周五 8:30~17:00、周六·周日 10:00~14:00（仅限夏季）

众神花园
住 1805 N. 30th St., Colorado Springs（游客中心）
URL www.gardenofgods.com
☎（719）634-6666
营 每天 5:00~23:00（11 月～次年 4 月营业 ~21:00）游客中心每天 8:00~19:00（冬季营业 ~17:00）
费 免费

ⓘ Manitou Springs Visitor Center
住 354 Manitou Ave., Manitoh Springs, CO80829
☎（719）685-5089
URL www.manitousprings.org
营 周一～周五 8:30~17:00、周六·周日 9:00~16:00

派克斯峰高速公路
住 沿 US-24（West）向东前行，经过 Fountain Ave. 即可进入 Pikes Peak Hwy.
营 5 月下旬 ~9 月 7:30（山顶营业 ~19:00；9 月营业 ~18:00）10 月～次年 5 月中旬 9:00（山顶营业 ~16:00）。感恩节、圣诞节休息
费 5~11 月每人 $12（冬季 $10）

科罗拉多斯普林斯住宿
● Crescent Lily Inn
住 6 Boulder Crescent St., Colorado Springs, CO 80903-3318
☎（719）442-2331
URL www.crescentlilyinn.com
费 ⓈⒹ $95~140
信用卡 A M V　5 间客房

第 2 天

2 310 公里、约 4 小时
王冠峰（住宿）
Crested Butte

从科罗拉多斯普林斯经 CO-115（South），沿 US-50（West）向东前行约 165 公里便可抵达 US-50 和 US-285 相交的查菲郡，即落基山脉的心脏地区。以普林斯顿山为首的海拔 4000 余米的高山连绵不绝。想小憩的话推荐前往萨利达 Salida。沿穿过王冠峰的门户 Gunnison 中心的 CO-135（North）北上，前行 45 公里即可到达王冠峰。这里可谓山地车爱好者的胜地，漫山遍野的野花看得人眼花缭乱。夏天在这里租一辆山地车去郊游是绝佳的选择。

左 / 新手最好先接受山地车骑行培训
右 / 王冠峰的主干道 Elk Avenue

第 3 天

3 250 公里、约 3 小时 20 分钟
特柳赖德（住宿）
Telluride

沿着 US-50（West）向东前行，随后由蒙特罗斯 Montrose 进入 US-550（South）即可抵达圣胡安山脉溪谷中的小城镇特柳赖德。从这个被指定为历史遗迹的城镇出发，可以搭乘免费的游船前往山顶的村落。当然你也可以驾驶吉普车巡游这片海拔 4000 米的群山。傍晚在这里的度假村休息。在特柳赖德的一天绝对会让你感觉非常充实。

上 / 过瘾的吉普车自驾
右 / 历史感强烈的市中心

- Visit Gunnison-Crested Butte
  URL www.visitcrestedbutte.com

Crested Butte Visitor Center
住 601 Elk Ave., Crested Butte, CO 81224
☎（970）349-6438
营 每天 9:00~17:00（春季周日休息）

山地车租赁
- The Alpineer
  住 419 6th St, Crested Butte
  ☎（970）349-5210
  URL alpineer.com
  营 每天 9:00~18:00

王冠峰的住宿
- Old Town Inn
  住 708 6th St, Crested Butte, CO81224
  Free（1-888）349-6184
  URL www.oldtowninn.net
  费 ⓈⓉⒹ$119~179
  信用卡 AMV　33 间客房

- Telluride Tourism Board
  URL www.visittelluride.com

Telluride Visitors Center
住 236 W. Colorad Ave., Telluride, CO 81435
Free（1-888）605-2578
营 每天 10:00~19:00

在特柳赖德可以选购很多当地特色的商品，先来一杯当地的啤酒尝尝鲜吧

4-WD 一日游
- Telluride Outside
  住 121 W. Colorado Ave., Telluride
  ☎（970）728-3895
  URL www.tellurideoutside.com
  费 半天 $90~

特柳赖德的住宿
- Camel's Garden
  住 250W.San Juan Ave., Telluride, CO 81435
  ☎（970）728-9300
  URL www.camelsgarden.com
  费 ⓈⓉⒹ$200~ Ⓢᵤ$395~
  信用卡 AMV　35 间客房

小贴示 **体验山地车** 来到特柳赖德一定不要错过山地车的体验项目。简单授课后就可以挑选一条适合你骑乘技术的山路开始自由骑行了。Colorado Backcountry LLC URL www.coloradobc.com

参照地图 p.63

● Durango Tourism Office
URL www.durango.org
ⓘ Durango Welcome Center
住 802 Main Ave., Durango, CO81301
☎ (970) 247-3500
URL www.durangotrain.com
营 每天 9:00~18:00

窄轨铁路

● Durango & Silverton Narrow Gauge Railroad
住 479 Main Ave., Durango
☎ (970) 247-2733
URL www.durangotrain.com
营 本书调查时 11 月下旬~次年 5 月上旬（冬季运营）9:45 发车，5 月中旬~10 月下旬（常规）8:00、8:45、9:30 发车
费 普通座席 $104~（冬季 $62~）

杜兰戈的住宿

● General Palmer Hotel
住 567 Main Ave, Durango, CO 81301
☎ (970) 247-4747
URL www.generalpalmer.com/
费 ⓈⓉⒹ $185~
信用卡 A D M V　39 间客房

ⓘ Silverton Visitor's Center
住 414 Greene St., Silverton, CO81433
☎ (970) 387-5654
URL www.silvertoncolorado.com
营 5~9 月 每天 9:00~16:00（7·8 月 ~17:00）、10 月~次年 4 月每天 10:00~15:00，感恩节、12/25、1/1、复活节休息

ⓘ Ouray Visitor's Center
住 1230 Main St., Ouray, CO 81427
☎ (970) 325-4746
URL www.ouraycolorado.com
营 夏季每天 9:00~18:00（周日 10:00~16:00），秋季每天 9:00~17:00（周日 10:00~15:00），冬季每天 10:00~16:00（周日 10:00~15:00）

● Grand Junction CVB
URL www.visitgrandjunction.com

ⓘ Grand Junction Vistitor Center
住 740 Horizon Dr., Grand Junction, CO81506
☎ (970) 244-1480
营 5 月下旬~9 月上旬每天 8:30~18:00、周六·周日 9:00~，其余时间的周一~周五 8:30~17:00、周六·周日 10:00~16:00，感恩节、12/25、1/1 休息

第 4 天

4　178 公里、约 2 小时 20 分钟
杜兰戈（住宿）
Durango

街景宛如电影片场

由特柳赖德沿 CO-145（South）南下，途经 CO-184（East）、US-160（East）即可抵达杜兰戈市内。如果想中途路过梅萨维德国家公园（→ p.74）则从 CO-145（South）前往科特斯 Cortez，进入 US-160（East）后沿着 Mesa Verde National Park 的指示牌前行即可。

杜兰戈因矿山而繁荣起来，连接其与锡尔弗顿 Silverton 之间的铁道就是为了搬运矿石而设立的。现在作为观光用途的蒸汽火车行驶在这条铁道上，很受游客喜爱。城市内有浓厚的老西部氛围，主干路 Main Avenue 上坐落着商店、餐厅、酒店等各种设施。其中最为瞩目的便是建立于 1898 年的维多利亚式建筑泽内拉帕尔默酒店 General Palmer Hotel 以及于 1887 年开业的施特拉特尔酒店 Strater Hotel。踏入酒店大堂的瞬间，仿佛有一种穿越回到 100 年前的错觉。

从杜兰戈出发的蒸汽火车，约 3 小时即可抵达锡尔弗顿

第 5 天

5　112 公里、约 2 小时
百万美元公路
Million Dollar Highway

从杜兰戈出发前往锡尔弗顿、温泉之乡乌雷 Ouray 的山路 US-550(North) 横穿圣胡安山脉，这条道路被人们俗称为百万美元公路。这条于 19 世纪 80 年代后期修建的高速公路途经 Coal Bank Pass（海拔 3243 米）、Molas Pass（海拔 3325 米）、Red Mountain Pass（海拔 3358 米）3 座小山。沿途路过的科罗拉多最高峰虽然路面铺设完备，但没有防护栏，驾车时一定要多加注意。10 月左右道路会因积雪封路，夏天时气候也较为多变，也要多加注意。

6　180 公里、约 2 小时 30 分钟
大章克申（住宿）
Driving Around U.S.A

从乌雷前往大章克申需要途经 US-550（North）及 US-50（West），全程约 155 公里。经过科罗拉多州西部时可以观察到地形景观的变化。从大章克申市中心沿着 CO-340（West）向西行驶 25 公里便可进入广阔的犹他州大地。科罗拉多国家纪念地 Colorado National Monument 保有

历史悠久且可供学术研究的岩层，1906 年 John Otto 造访这里时便提出了保护这里的想法。当时他独自一人住在这里，以一人之力获得了世人的认可，人们被他的真诚所感动，纷纷邮寄善款助其完成梦想。经过了 20年的时间，这座国家纪念地逐渐成形，当你在Rim Rock Drive自驾时，想必仍能感受到当时他的热情与浪漫。

自然景观震撼的 Rim Rock Drive 公路

大章克申是科罗拉多红酒的盛产地

第 6 天

7 166 公里、约 1 小时 30 分钟

格伦伍德斯普林斯（住宿）
Glenwood Springs

格伦伍德斯普林斯可谓科罗拉多首屈一指的温泉度假场所。格伦伍德温泉 Glenwood Hot Springs 以其每分钟 9200 升的出水量成为世界最大的温泉池，此外设有 16 个矿物温泉池的矿山温泉 Iron Mountain Hot Springs 也很有人气。温泉对面的山坡上还有一个游乐园，追求刺激的游人使得这里活力四射。

于 1888 年开业的格伦伍德温泉

上/建在悬崖边的惊险游乐设施巨型秋千 左/从矿山温泉可以眺望到科罗拉多河的美景

科罗拉多国家纪念地
URL www.nps.gov/colm
费 每辆车 $10
营 除 Rim Rock Drive 路段外为 24 小时营业，12/25 休息

Saddlehorn Visitor Center
住 1750 Rim Rock Dr., Fruita, CO81521
☎ (970) 858-3617
营 8:00~18:00（冬季需要再次确认）

大章克申的住宿
● Holiday Inn Hotel& Suites Grand Junction-Airport
住 2751 Crossroads Blvd., Grand Junction, CO 81506
☎ (970) 424-5888
URL www.ihg.com/holidayinn/hotels
费 Ⓢ Ⓣ Ⓓ $94~119 间客房
信用卡 A D J M V

● Glenwood Springs Visitor Center
住 802 Grand Ave., Glenwood Springs, CO81601
☎ (970) 945-6580
营 周一～周五 8:00~18:00、周六·周日 10:00~16:00（夏天只在周日营业）

格伦伍德温泉浴场
住 415 E.6th St., Glenwood Springs
☎ (970) 947-2955
URL www.hotspringspool.com
营 5月下旬~9月下旬每天 7:30~22:00（其他时期从 9:00~）
费 $10.25~23.25（根据时间及季节不同有所调整）

矿山温泉
住 281 Centennial St., Glenwood Springs, CO81601
☎ (970) 945-4766
URL www.ironmountainhotsprings.com
营 每天 9:00~22:00（节假日有所调整） 费 $20

游乐园
● Glenwood Caverns Adventure Park
住 51000 Two Rivers Plaza Rd., Glenwood Springs
☎ (970) 945-4228
URL glenwoodcaverns.com
营 每天 10:00~17:00（周六~21:00、周日~18:00）
费 入场费 $15、入场及洞窟游览 $27、一日周游券（入场、洞窟游览、娱乐设施）$50

格伦伍德斯普林斯的住宿
● Hotel Colorado
住 526 Pine St., Glenwood Springs, CO 81601
☎ (970) 945-6511
URL www.hotelcolorado.com
费 Ⓢ Ⓣ Ⓓ $109~
信用卡 A M V 130 间客房

小贴示 **科罗拉多红酒** 大章克申出产品质优良的水果，这里也是红酒的名产地，红酒品牌 High Country Orchards 经营着多家果园，除了红酒外还售卖果酱等延伸产品。 URL www.highcountryorchards.com

参照地图 p.63

第 7 天

8　70 公里、约 1 小时

褐铃山
Maroon Bells

褐铃山作为阿斯蓬斯诺马斯地区的绝佳景区，根据到访的时间会有不同的交通限制。有的区域可能无法自驾前往。首先从格伦伍德斯普林斯进入 CO-82（East），以阿斯蓬高地滑雪度假地 Aspen Highland Sky Resort 作为目的地，在停车场停好车后，搭乘巴士前往褐湖 Maroon Lake 即可。

褐湖 Maroon Lake

褐湖周边设有几条散步路，时间充裕的话可以沿着小路前往 Crater Lake。单程 3 公里的小路往返约 3 小时。沿途上坡较多，但穿越阿斯蓬及斯普鲁斯丛林后，只要听到了潺潺溪流的声音，就意味着要到终点了。

连接 Crater Lake 的蜿蜒小路

9　18 公里、约 30 分钟

斯诺马斯村（住宿）
Snowmass Village

斯诺马斯村是海拔 2500 米的滑雪度假地，夏天可以在这里体验热气球、钓鱼、远足等各种户外活动。热气球是春夏两季的限定项目，在平和的清晨升空，从 300~760 米的高空俯瞰整个景区，运气好的时候甚至还会看到活跃的野生动物。如果打算品尝当地的特色菜肴，可以前往斯诺马斯山顶的 Elk Camp 餐厅。不少散步小路和山地车公园也散布在山间，一定可以让你在这里享受充实的一天。在斯诺马斯村内有商场、各式店铺及餐厅，以及展有从落基山脉发现的猛犸象骨骼复制品的博物馆等，可谓老少皆宜。

上 / 村内欧洲气氛浓厚
右 / 热气球可谓科罗拉多的特色项目

©Matt Inden/Miles

● Snowmass Tourism
URL www.gosnowmass.com

● Aspen Chamber Resort Association
URL www.aspenchamber.org

褐铃山
住 199 Prospector Rd., Aspen, CO 81611（阿斯蓬高地滑雪度假地）
☎（970）923-1227（停车场），（970）925-8484（巴士站）
URL www.fs.usda.gov/detail/whiteriver/specialplaces
费 停车费 $10，班车 $8
营 班车：6 月上旬 ~10 月上旬每天 8:00~17:00；20 分钟一班。车票从阿斯蓬高地滑雪场的 Four Mountain Sports 购买

热气球
● Above It All Balloon Company
住 热气球每早从 Snowmass Recreation Center（2835 Brush Creek Rd., Snowmass Village）升空，酒店有前往这里的班车
☎（970）963-6148
费 $295

博物馆
● Ice Age Discovery Center
住 54B Snowmass Village Mall, Snowmass Village
☎（970）922-2277
营 6 月上旬 ~9 月 每天 10:00~17:00
费 免费

● Elk Camp Restaurant
住 从斯诺马斯村搭乘缆车前往山顶即可（夏天 10:00~16:00）
☎（970）923-0450
营 每天 9:30~16:00（仅 12 月中旬 ~ 次年 4 月上旬的周五 17:00~21:00 经营晚餐）

斯诺马斯村的住宿
● The Westin Snowmass Resort
住 100 Elbert Ln., Snowmass Village, CO81615
☎（970）923-8200
URL www.westinsnowmass.com
费 ⓈⓉⒹ$169~
信用卡 A M V　254 间客房

小贴士 **精致巧克力的生厂商** 从可可豆产地甄选原材料，绝不添加人工香料和防腐剂，由做事一丝不苟的手艺人制作而成。NUANC Chocolate 住 214 Pine St., Fort Colins URL www.nuancechocolate.com

第8天

10 335公里、约5小时

格兰德莱克 @ 落基山国家公园
Grand Lake @ Rocky Mountain National Park

从斯诺马斯村经 CO-82（West）返回格伦伍德斯普林斯，随后沿 I-70（East）向东前行，途经 US-40（East）、US-34（East），约行进 300 公里后即可抵达位于落基山国家公园东面的格兰德莱克。园内除了落基山脉积雪形成的湖泊外还有不少漫步小道，早晚时间段有不低的概率可以看到野生动物。山脊小路 Trail Ridge Road 将格兰德莱克和埃斯蒂斯公园 Estes Park 连接在一起，这里也是全美海拔最高的公路（3713 米），途中会遇到几个展望台，驾车疲累了的话可以在这里歇一歇，欣赏一下美景有利于缓解疲劳。园内的住宿设施很少，尽量在 Estes Park 周围寻找住处。

格兰德莱克

Estes Park 的中心地
©Osamu Hoshino US WETS.TV

第9天

11 65公里、约1小时10分钟

柯林斯堡（住宿）
Fort Collins

从 Estes Park 沿着 US-34（East）向东行驶，随后从 Loveland 沿着 US-287（North）北上。科罗拉多州立大学的校区便位于柯林斯堡，所以这里的年轻人居多。当然本地的商店和特色餐厅也是柯林斯堡的一大特色，当地酿造的啤酒也很美味。在市内游览时顺路去趟酿酒厂也很有趣。

街头可以看到壁画及各种艺术作品

遍布古老建筑的 Old Town 是市内很棒的景点。据说迪士尼乐园中的美国小镇场景就是以柯林斯堡的 Old Town 为原型的。这里的建筑有 100 年以上的历史，现在许多建筑被改造为古董店、商店或餐厅对外营业。

潮流感十足的酿酒厂比比皆是

落基山国家公园
URL www.nps.gov/romo
费 每辆车 $20
营 几乎是全年 24 小时

Beaver Meadow Visitor Center
住 1000 US Hwy.，36E，Estes Park，CO80517-6346
☎（970）586-1206
营 每天 8:00~17:00（冬季 ~16:00、感恩节及 12/25 休息）

Alpine Visitor Center
营 春·秋季 10:30~16:30
夏季 9:00~17:00
位于 Trail Ridge Road 的中央，海拔 3595 米，气温较低，需要多穿一件上衣。
※Trail Ridge Road 在 5 月下旬 ~10 月中旬对外开放
※ 园内没有加油站，需要加油的话可以前往埃斯蒂斯公园或格兰德莱克

Fort Collins CVB
住 19 Old Town Square，Ste.137，Fort Collins，CO 80524
☎（970）232-3840
URL www.visitftcollins.com
营 每天 8:30~18:00（周六 9:30~、周日 11:00~17:00）

柯林斯堡中有不少制作创新物件的小店

新比利时酒庄
● New Belgium Brewery
住 500 Linder St.，Fort Collins，CO
☎（970）221-0524
URL www.newbelgium.com

生产在全美都备受好评的啤酒，参观啤酒工厂外加可以试喝的一日游值得参加

柯林斯堡的酒店
● Armstrong Hotel
住 259S. College Ave.，Fort Collins，CO80524
☎（970）484-3883
URL www.thearmstronghotel.com
费 ⓈⓉⒹ$129~179、Ⓢⓤ$159~209、45 间客房
信用卡 A M V

小贴示 **Beer & Bike Tours** 柯林斯堡当地酿造的啤酒非常出名，租一辆科罗拉多山地车造访各个酒厂可谓这里独具一格的一日游活动。 URL www.beerandbiketours.com

推荐线路

科罗拉多州丹佛出发
南达科他州 & 怀俄明 9 日游
贯穿黑山到黄石的自驾线路

从南达科他州的恶地国家公园前往州西部的黑山。拉什莫尔山、疯马纪念雕像（Crazy Horse Memorial）以及这片区域的国家公园都保留着西部大开发时的样子。随后继续向西前行就会到达魔鬼塔。这段路程可谓横切落基山脉、尽情享受黄石公园以及大提顿国家公园美景的自然之旅。

魔鬼塔的奇特外观，宛如 UFO 缓缓降落的样子

自驾线路

总里程
约 1530 公里

第 1 天
中国
↓
抵达科罗拉多州丹佛国际机场
↓ I-76E~US-385N（390 公里 / 约 4 小时）
内布拉斯加州 Alliance（住宿）

第 2 天 NE87N~BIA Hwy.27~SD-44W
（300 公里 / 约 3 小时 30 分钟）
↓
恶地国家公园（拉皮德城住宿）

第 3 天 US16W~US-385S~US-385N
（130 公里 / 约 2 小时）
↓
拉什莫尔山国家纪念公园
↓
疯马纪念雕像
↓
风洞国家公园（卡斯特住宿）

第 4 天 US-16AE~US-385E
（35 公里 / 约 30 分钟）
↓
卡斯特州立公园（希尔城住宿）

第 5 天 US-16W/US-385S~WY-585N~I-90W
（550 公里 / 约 6 小时）
↓
黑山国家森林公园
↓
魔鬼塔国家保护景观（沃兰住宿）

第 6-7 天 US-W20
（300 公里 / 约 4 小时）
↓
黄石国家公园（大峡谷住宿）

第 8 天 US-W20
（185 公里 /2 小时 40 分钟）
↓
大提顿国家公园（杰克逊住宿）

第 9 天 ID-34W~I-15S
（450 公里 /5 小时）
↓
抵达盐湖城后观光（盐湖城住宿）

景区信息

- 丹佛国际机场（→ p.60）
URL www.flydenver.com
- 阿莱恩斯
URL www.cityofalliance.net
- 恶地国家公园
URL www.nps.gov/badl
- 拉皮德城旅游局
URL www.visitrapidcity.com
- 拉什莫尔山国家纪念公园
URL www.nps.gov/moru
- 疯马纪念雕像
URL crazyhorsememorial.org
- 风洞国家公园
URL www.nps.gov/wica
- 卡斯特旅游局
URL visitcuster.com
- 卡斯特州立公园
URL www.gfp.sd.gov/state-parks/directory/custer
- 希尔城旅游局
URL www.hillcitysd.com
- 黑山森林国家公园
URL www.fs.usda.gov/blackhills
- 魔鬼塔国家保护景观
URL www.nps.gov/deto
- 沃兰旅游局
URL worlandmy.govoffice3.com
- 黄石国家公园
URL www.nps.gov/yell
- 大提顿国家公园
URL www.nps.gov/grte
- 杰克逊旅游局
URL townofjackson.com
- 盐湖城旅游局
URL www.visitsaltlake.com
- 盐湖城国际机场（→ p.62）
URL www.slcairport.com

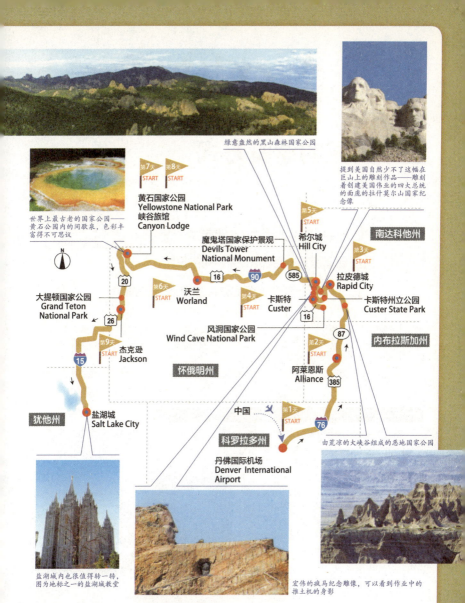

绿意盎然的黑山森林国家公园

提到美国自然少不了这幅在巨山上的雕刻作品——雕刻着创建美国伟业的四大总统的面庞的拉什莫尔山国家纪念像

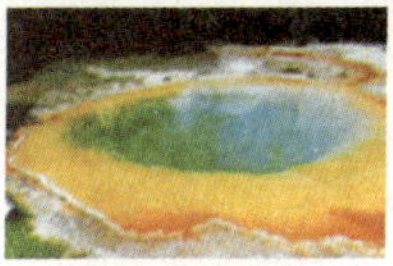

世界上最古老的国家公园——黄石公园内的间歇泉，色彩丰富得不可思议

由荒凉的大峡谷组成的恶地国家公园

盐湖城内也很值得转一转，图为地标之一的盐湖城教堂

宏伟的疯马纪念雕像，可以看到作业中的推土机的身影

住宿地建议 &Driving Tips

现在非常流行以自驾形式游览国家公园，但公园内的住宿设施数量有限，甚至会出现几个月前就已经满员的情况，所以决定好行程后请尽快预约酒店。如果园内确实已经没有酒店可以住宿的话，不妨前往周围城镇内的汽车旅馆住宿。当然，旅游旺季时几乎所有酒店都很难预订，还是要提前下手。

天气也是不可忽视的旅游元素。虽然包括恶地公园在内的黑山森林国家公园周边，几乎全年都对游客开放，但是冬季怀俄明州落基山脉周边地区经常会出现积雪现象，一定要多加注意。11月~次年4月期间，黄石国家公园会有几个入口封闭，也要额外留意。当然，其余时期也会有下雪的情况，开车时一定要小心。下雨同样会给开车造成困扰，切记不要超速驾驶。

国家公园周边很少会出现加油站，出发之前最好多加些油，有备无患。

品味自然！

国家公园的游览方式

作为世界最早提出修建国家公园想法的国家，即使是现在，美国对于国家公园的要求依然非常严苛。总体分为三个方面：

1. 维护、保持原生态的自然景观
2. 修建运营人们可以公平使用的设施
3. 希望能让到访这里的游客加深对自然的理解

为了实现这三个目标，约有 2 万公园护林员以及每年约 22 万的志愿者夜以继日地为这里奉献自己的光和热。同时为了保护游客的安全，分布在公园各个区域的护林员还身兼警察的身份，使得游客可以安心游览。

希望前往国家公园游览的你，也可以理解国家公园的基础理念，在遵守规则的前提下畅享大自然的无穷魅力。

了解国家公园的庞大规模

美国国家公园局共管理着 401 片区域，总面积多达 34 万平方公里，其中 97% 属于国有土地，公园内的餐厅、教堂等一切设施都处于相关部门的严格管理之中。

畅游大提顿公园

因为严禁通过兴建建筑破坏自然景观、影响生态的行为，所以在公园内几乎没有任何商店，面积较小的公园除了饮水点及厕所外几乎不见任何建筑物。淡季期间闭园的情况少之又少，以保护自然为最优先的方针，便民的思路也要在保护自然的前提下加以实施。

在公园内修建交通设施的几乎只有大峡谷、黄石、约塞米蒂、冰川国家公园这几处，其余的国家公园几乎没有公共交通设施。除了自驾方式外只能参加当地组织的旅游团进行游览。而且淡季的时候即使是上述的四家国家公园也几乎只能通过自驾方式游览观光。

没有一处美国的国家公园可以一天就游览完毕，即使是近在咫尺的观景台，通常开车也至少需要 15 分钟才能抵达。所以多为旅行留出富余的时间，时间充裕了，游览才会变得更轻松。

自驾可以前往的地方俗称“Front Country”，必须步行前往的地方则称作“Back Country”，而丝毫不见人为元素的原生态地区则名为“Wilderness”。在国家公园里，即使是 Front Country 地区也经常会遇到道路狭窄、悬崖峭壁、急转弯等多种地形，如果你不善于在山路上驾驶，还是要仔细考虑最终的游览地点。

入园费

美国的国家公园均设有出入口，入园需要支付门票费。驾车入园的情况下，与乘车人数无关，每辆车收取 $10~50 的费用（根据公园不同费用不一，15 岁以下的游客入园免费）。门票自购买后 7 天有效，凭门票可以自由出入国家公园。如果你打算游览多处国家公园，可以提前购买国家公园通票 Annual Pass（America The Beautiful Pass）。$80 可以在 12 个月内自由进出国家公园局、森林局下属的 2000 余处国家公园，团体旅游时一辆车的人都可以共用这张通票。

信息收集

美国作为互联网最先进的国家之一，信息资料极其丰富，如果条件允许的话一定要提前前往国家公园的相关网站浏览信息。

国家公园管理局

URL www.nps.gov

从各大国家公园的官网可以获取园内地图、交通设施等详细信息，甚至可以网上预约酒店及露营地。还可以通过邮件和官方沟通。当然，出发前最好是在官网上获取之后的天气情况和道路信息（是否有因施工或积雪导致公路封闭的情况发生）。

在园内住宿

人气较高的国家公园内都会搭建可供住宿的旅馆。为了融入当地的自然环境，建筑材料选自当地的岩石和木材，单是旅馆本身就很有看点。从附带淋浴设施及厕所的小木屋到简易的露营帐篷，形式多样，大都分布在森林之中，可以让你在休息的时候也能近距离接触大自然。

小木屋与帐篷的费用有很大差别，相同位置的旅馆也会因房型不同产生价格的差异。比如可以观赏群山或湖泊的房间房费较贵，预约也相对困难。费用以房间为单位，单人住宿或双人住宿，价格是一样的。几乎没有单人间，房间内通常会有 2 张床，如果三个人的话可以通过追加费用的方式额外添一张床铺。

出于保护自然的目的，园内的旅馆数量有限，旅游旺季的房间即使是提前半年预订也很难订到。特别是三大公园（大峡谷、黄石、约塞米蒂）提前 1 年预订也绝不过分。驾车游览的话更为灵活。可以看看当天是否有人取消酒店预约或是前往园外的汽车旅馆住宿。

预订酒店的话非常推荐网络预约，从网上可以很清晰地了解是否有空房。同时上网也不用像打电话咨询那样担心时差的关系，但是如果你真的非常想入住很受欢迎的公园小木屋，还是打电话直接沟通更为妥当（更能方便了解有没有临时退房的情况）。当然，无论是通过哪种方式预约，提供自己的姓名、地址、电话、入住日、退房日、入住天数、人数、小木屋名称、信用卡公司名、信用卡号及有效日期都是必不可少的。

自驾游览国家公园

周游国家公园的推荐线路 1

菲尼克斯出发

大环线 7 日游

大环线 南部周游线路

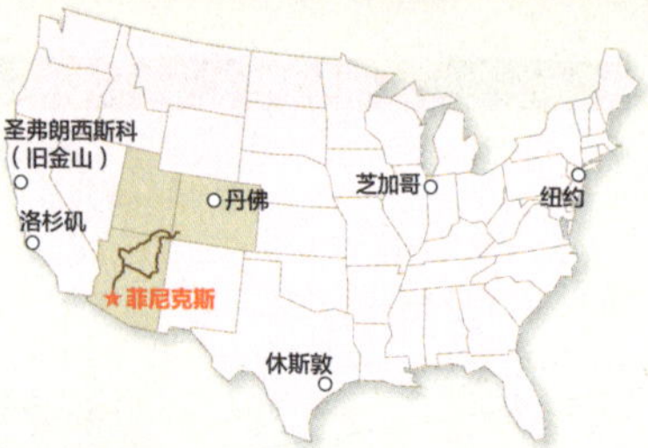

周游大环线（Grand Circle）南部的线路以菲尼克斯为起点，距离拉斯维加斯不远，沿途还可以欣赏富有当地特色的仙人掌、奇妙的自然风景以及在断崖上保存的原住民生活遗迹，在旅行的最后还可以在大峡谷及塞多纳吸取一下自然之力，感受土地上蕴含的力量。

登录在世界遗产名录上的梅萨维德国家公园，众多悬崖遗址都可以进入观光

自驾线路

总里程 约 1670 公里

第 1 天

中国
↓
亚利桑那州（住宿）

第 2 天 I-17N~I-40E~US-191N（600 公里 / 约 7 公里）

↓
亚利桑那陨石坑
↓
化石林国家公园
↓
笛箫谷国家公园（住宿）

第 3 天 US-191N~US-160E（250 公里 / 约 3 小时）

↓
四角纪念碑
↓
梅萨维德国家公园（住宿）

第 4 天 US-160W~CO-41N~US-163S（220 公里 / 约 2 小时 30 分钟）

↓
纪念碑谷（住宿）

第 5 天 US-163S~US-160W~AZ-64W（250 公里 / 约 3 小时）

↓
大峡谷国家公园南缘（住宿）

第 6 天

↓
大峡谷国家公园南缘（住宿）

第 7 天 US-350S~I-17S~AZ-89AS~AZ-179S~I-17S（350 公里 / 约 4 小时）

↓
亚利桑那州塞多纳
↓
菲尼克斯（住宿）

※ 上述时间轴不包含观光计划

景区信息

- 菲尼克斯旅游局
URL www.visitphoenix.com
- 亚利桑那陨石坑
URL meteorcrater.com
- 化石林国家公园
URL www.nps.gov/pefo
- 笛箫谷国家公园
URL www.nps.gov/cach
- 纳瓦霍人公园（四角纪念碑 & 纪念碑谷）& 相关娱乐
URL navajonationparks.org
- 梅萨维德国家公园
URL www.nps.gov/meve
- 大峡谷国家公园
URL www.nps.gov/grca
- 塞多纳旅游局
URL visitsedona.com

距今 5 万年前从外太空落下的直径 45 米的陨石形成了现在我们看到的亚利桑那陨石坑

位于公园东口的展望台 Desert View。夏天从纪念碑谷来这里的话不要忘了夏令时的存在，记得把手表往回拨 1 小时！

位于纳瓦霍人居住地的四角纪念碑，是全美唯一一处 4 州交会的地方，游客可以在这里购买纳瓦霍工艺品

从展望台可以眺望到蜘蛛岩的美景，参加越野观光活动时可以驾驶吉普接近岩石

洋溢着大自然之力的神奇城市塞多纳，赤红的岩石象征着这里旺盛的生命力

变为化石的树木组成别样的森林，造就了国内不可思议的奇妙景象。I-40 公路横穿公园腹地

住宿地建议及 Driving Tips

这条线路沿途的酒店在夏季尤为火爆，特别是笛箫谷国家公园，园内仅有 1 家住宿设施，园外也只有 2 家。附近的城镇也鲜有酒店，如果没有订到房，在化石林国家公园前的霍尔布鲁克 Holbrook 住上一晚也可以。

大峡谷国家公园南缘地区从春季开始一直到秋季都很难订到酒店，实在没有酒店的情况下可以返回 I-40 公路入住沿途的公路酒店。如果打算在公园内住宿，最好提前半年就开始预约。

I-40 的部分道路与 US-66 重合，沿途会看到不少售卖 66 号公路周边商品的礼品店以及怀旧气息浓厚的餐厅，如果驾驶疲劳的话不妨下车去店里转一转。

周游国家公园的推荐线路 2

盐湖城出发
大环线 9 日游

大环线周游线路

大环线（Grand Circle）以横跨亚利桑那州及犹他州的鲍威尔湖为中心，区域内汇集了多处国家公园、州立公园。旅途中会看到宏伟且线条感十足的大峡谷、奇形怪状的各式岩石群，可谓深度十足的自驾线路，一定会令你留下珍贵的旅行记忆。

大峡谷北部悬崖处的北缘地区，坐落着一家木屋旅馆以及露营地，安静恬适，岁月静好

自驾线路

总里程 约 1780 公里

第1天
中国
↓
犹他州盐湖城（住宿）

第2天 I-15S~US-6E~US-191S（390 公里 / 约 4 小时）
↓
峡谷地国家公园（犹他州莫阿布住宿）

第3天 UT-313E~US-191（42 公里 / 约 30 分钟）
↓
拱门国家公园（莫阿布住宿）

第4天 US-191S~UT-95N~UT-261S~US-163S（295 公里 / 约 4 小时）
↓
天然桥国家保护区
↓
纪念碑谷（住宿）

第5天 US-163S~US-160W~AZ-98W（200 公里 / 约 2 小时）
↓
鲍威尔湖 & 羚羊峡谷（亚利桑那州佩吉住宿）

第6天 US-89S~-US-89AN~AZ-67S（180 公里 / 约 2 小时）
↓
大峡谷国家公园北缘（住宿）

第7天 AZ-67N~US-89AN~UT-9W（180 公里 / 约 2 小时 30 分钟）
↓
锡安国家公园（住宿）

第8天 UT-9E~US-89N~UT-12E（135 公里 / 约 2 小时）
↓
布莱斯峡谷国家公园（住宿）

第9天 UT-12E~UT-24E~UT-24W~US-50W~I-15N（530 公里 / 约 6 小时）
↓
圆顶礁国家公园
↓
盐湖城（住宿）

※ 上述时间轴不包含观光计划

景区信息

- 盐湖城旅游局
  URL www.visitsaltlake.com
- 莫阿布旅游局
  URL www.discovermoab.com
- 峡谷地国家公园
  URL www.nps.gov/cany
- 拱门国家公园
  URL www.nps.gov/arch
- 天然桥国家保护区
  URL www.nps.gov/nabr
- 纳瓦霍人公园（纪念碑谷 & 羚羊峡谷）& 相关娱乐
  URL navajonationparks.org
- 佩吉旅游局
  URL www.cityofpage.org
- 大峡谷国家公园
  URL www.nps.gov/grca
- 锡安国家公园
  URL www.nps.gov/zion
- 布莱斯峡谷国家公园
  URL www.nps.gov/brca
- 圆顶礁国家公园
  URL www.nps.gov/care

圆顶礁国家公园内有许多造型奇特的岩石群

旅行途中海拔最高的布莱斯峡谷国家公园，冬天前往这里时最好提前确认下雪对路况的影响

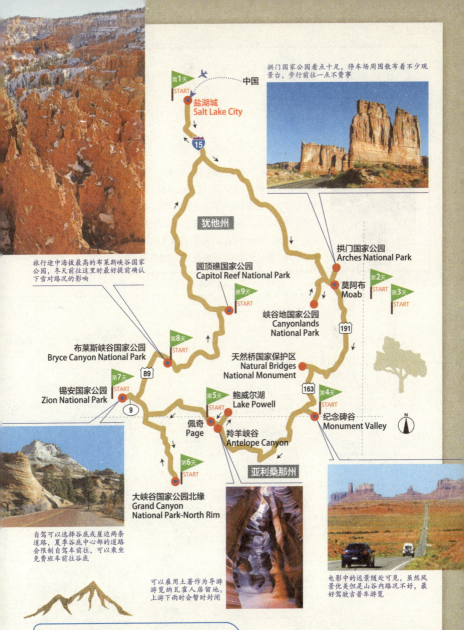

拱门国家公园看点十足，停车场周围散布着不少观景台，步行前往一点不费事

自驾可以选择谷底或崖边两条道路，夏季谷底中心部的道路会限制自驾车前往，可以乘坐免费班车前往谷底

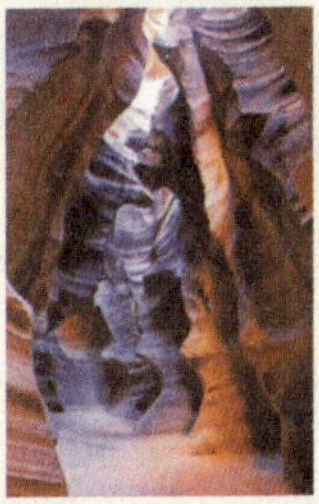

可以雇用土著作为导游游览纳瓦霍人居留地。上游下雨时会暂时封闭

电影中的远景随处可见，虽然风景优美但是山谷内路况不好，最好驾驶吉普车游览

住宿地建议及 Driving Tips

大环线中的国家公园人气极高，本着保护大自然的目的，园内的住宿设施非常有限，如果你打算在夏季前往一定要提前预约。同时，例如莫阿布、佩吉等公园外城镇内的酒店也比较紧张，夏天的客房最好提前半年进行预订。

冬季即使下雪沿途的道路或公园也很少出现封闭的情况，小雪的话即使是普通轮胎也可以正常驾驶。但是 UT-12 山路的积雪较多，出行前还是提前确认一下路况较为保险。

沿途很难看到加油站，最好提前多加些油。

Teras, South & Florida

得克萨斯州及南部区域

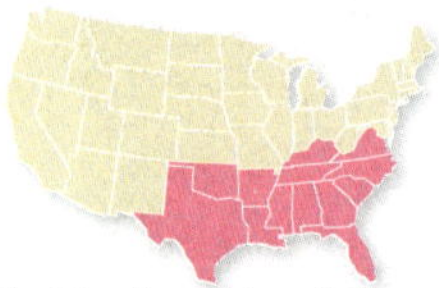

美国南部人民向来热情好客，从英文“Southern Hospitality（南方盛情）”就可以看出这里的风土人情。这片土地上的美国人对于陌生人也热情洋溢，即使是初来乍到，游客心里的不安感也会很快消散。无论是全美面积第二的得克萨斯州、菜品美味精良的南方腹地（Deep South），还是度假地和游乐设施丰富的佛罗里达州，都是此次行程的亮点，请慢慢品味。

城市导览

得克萨斯州

◆达拉斯 / 沃思堡

达拉斯是位于得克萨斯州北部的商业城市，沃思堡则位于达拉斯的西面，它们与 MLB 球队得克萨斯巡游者队的大本营阿灵顿共同组成达拉斯—沃斯堡（DFW）大都会。【汽车租赁营业所→ p.80】

◆休斯敦

位于得克萨斯州的东南部，人口数量可谓得克萨斯州最多的城市。因为 NASA 的约翰逊宇宙中心坐落在这里，所以这里也有“太空城”的别称。【汽车租赁营业所→ p.81】

路易斯安那州

州内最大的观光城市也是爵士音乐诞生地的新奥尔良是旅行的重点。

田纳西州

乡村音乐之都纳什维尔、猫王埃尔维斯·普雷斯利的故乡孟菲斯都让这里的音乐气息异常浓厚。

街上有很多 Live House

佐治亚州

亚特兰大是该州的首府，可口可乐、CNN 等大企业的总部都设在这里，使这里成为了一座商业都市。全美首屈一指的历史地区萨凡纳、大师赛 The Masters Tournament 的举办地奥古斯塔等也都位于佐治亚州。【汽车租赁营业所→ p.82】

可以去 CNN 的演播室进行参观

佛罗里达州

◆奥兰多

在坐落着迪士尼公园的奥兰多，即使是成年人也可以重拾童心。【汽车租赁营业所→ p.83】

◆迈阿密

全美首屈一指的避寒胜地。位于迈阿密南面的南海滩 South Beach 深受年轻人欢迎，还可以自驾前往美国最南端的基韦斯特 Key West 一探究竟。【汽车租赁营业所→ p.84】

位于南海滩的装饰艺术区

HOW TO DRIVE IN

DALLAS/FORT WORTH
达拉斯/沃思堡
自驾 START 导览

达拉斯和沃思堡是得克萨斯州中人口较多的城市。因石油产业而繁荣的达拉斯是商业中心。沃思堡则因保有众多历史区域而成为美国位居前列的重要景点。此外建有机场的格雷普韦恩的市中心也是散步旅行的好地方。

格雷普韦恩的市中心

自驾小贴示

达拉斯、沃思堡周边的环路有一部分是收费公路，有时无法使用现金支付，租车时最好提前和租车公司确认。

达拉斯·沃思堡国际机场的租车方式

机场位于达拉斯西北方向约 30 公里、沃思堡东北方向约 45 公里的位置，中国有前往这里的直飞航班，机场外的租车中心共入驻了 10 家租车公司，从各个航站楼的行李提取处出来后都设有前往租车中心的班车站点。

乘坐蓝色班车前往租车中心

从机场前往主要景点

◆前往达拉斯市中心

从机场南面的 TX-183（East）向东，再沿 I-35E（East）前行 33 公里，约需 25 分钟，部分公路收费。

◆前往沃思堡市内

从机场南面的 TX-183（West）向西，再经 I-820（South）、I-30（West），全程 38 公里，约需 30 分钟。

沃思堡的著名景点 Sundance Square

◆前往格雷普韦恩

由位于机场中央的 Tx-97 Spur 北上的公路会途经收费路段。而从 Tx-360（North）北上的路段则为免费公路，两条线路的距离和用时几乎相同，约 13 公里，约需 15 分钟。

小贴示 达拉斯·沃思堡国际机场 住 2400 Aviation Dr., DFW Airport, TX75261 ☎（972）973-3112 URL www.dfwairport.com ●租车中心 住 2424E.38th St, Irving, DFW Airport, TX75261

HOW TO DRIVE IN HOUSTON
休斯敦
自驾 START 导览

休斯敦面积宽广，作为商业中心及观光景区的市中心、聚集了文化设施的赫曼公园、拥有大型购物商场的上城区，以及最受瞩目的约翰逊宇宙中心（NASA）都是来到这里不容错过的地方。如果时间充裕，推荐自驾前往面向墨西哥湾的港城加尔维斯顿 Galveston。

乔治 · 布什洲际机场的租车方式

机场位于市中心以北 35 公里的位置，中国有前往这里的直飞航班，从航站楼搭乘班车约 5 分钟即可抵达租车中心。走出航站楼就可以看到班车站台。

自驾小贴示

I-60（部分收费）环路编织了休斯敦中心的交通网，连接达拉斯的 I-45，连接奥斯汀的 US-290 也在这里会合。连接圣安东尼奥与新奥尔良的 I-10 公路则横穿市中心。市中心的早晚高峰分别是 7:00~9:00、16:00~18:00。收费公路在城内分布很多，自驾时最好多准备些 ¢25 的零钱。电子收费模式需要租车时提前和租车公司进行确认。

从机场前往主要景点

◆前往休斯敦市中心

从机场南面租车中心前的 John F. Kennedy Blvd.，驶入 Hardy Toll Rd.（收费公路），之后再前往 I-45（South）。全程 32 公里，约需 25 分钟，如果不打算走收费公路，可以前往 I-69，全程约 25 分钟。

左 / 从行李提取处沿着指示牌就可以找到班车站台　下 / 前往租车中心的班车

◆前往休斯敦航天中心

从机场南面的 TX-8 Beltway（East）向东前行，中途道路会变为 Sam Houston Pkwy.（South），沿着指向 Galveston 的路标即可驶入 I-45（South），随后从 24 号出口驶出后前往 NASA1 方向即可。途中有部分收费路段，全程 75 公里，约需 50 分钟。

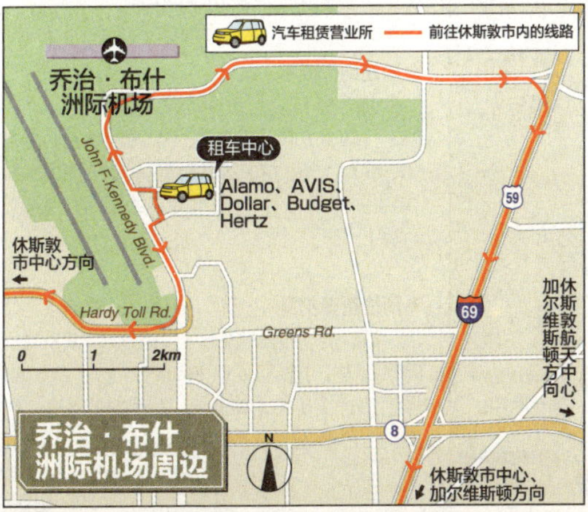

◆前往加尔维斯顿

几乎与上述前往休斯敦太空中心的线路一致，最后从 I-45(South) 一路向南前行即可。全程 115 公里，约需 1 小时 10 分钟。

小贴示　乔治 · 布什洲际机场　住 2800 N.Terminal Rd. Houston. TX 77032　☎（281）230-3100　URL www.fly2houston.com/iah　●各汽车租赁营业所　URL www.fly2houston.com/iah/rental-cars

HOW TO DRIVE IN ATLANTA

亚特兰大 自驾 START 导览

连接航站楼与租车中心的 Sky Tram 列车

作为南部最大城市的亚特兰大，虽然公交网络完善，但旅游景点分布比较分散，自驾旅游更为方便。世界最大的可口可乐博物馆与 CNN 中心位于市中心，中城区则是商业中心地区，郊外同样也有不少值得一去的景点。

自驾小贴示

I-75、I-85、I-20 等州际公路都汇集在亚特兰大，所以市内经常会有堵车的现象。但是绝大部分地区都设有 10 条车道，不用太过担心。

亚特兰大哈兹菲尔德 - 杰克逊国际机场的租车方式

共有 13 家租车公司入驻的租车中心

位于亚特兰大西南方向约 17 公里的世界最大级别国际机场。可以乘坐 Sky Tram 从航站楼前往位于机场外的租车中心。

从机场前往主要景点

◆前往亚特兰大市中心

沿着机场西面租车中心东侧的 I-85（North）向北行驶，从 248B 号出口出来后即可，全程 17 公里，约需 15 分钟。

◆前往中城区

中城区位于市中心的北侧，沿着 I-85（North）继续向北前行，从 250 号出口驶出即可。全程 20 公里，约需 20 分钟。

◆前往纳什维尔

前半段与前往市中心的线路相同，沿着 I-85（North）向北前行经过中城区后驶入 I-75（North），行驶 140 公里后从分岔口进入 I-24（West）即可前往纳什维尔。全程 415 公里，约需 4 小时。

◆前往新奥尔良

沿着机场西面租车中心东侧的 I-85（South）向南行驶，途经 I-65（South），之后由 238B 号出口进入 I-10（West），全程 740 公里，约需 6 小时 40 分钟。

小贴示 亚特兰大哈兹菲尔德 - 杰克逊国际机场 住 6000N.Terminal Pkwy.，Atlanta，GA 30320 Free（1-800）897-1910 网 www.atl.com ●租车中心 住 2200 Rental Car Center Pkwy.，Atlanta，GA 30337

HOW TO DRIVE IN ORLANDO
奥兰多
自驾 START 导览

汇集迪士尼乐园、环球影城、海洋公园等多处娱乐设施，可谓世界第一的乐园之地。各个乐园分布较分散，自驾旅行更为便捷。

付费公路的收费站

自驾小贴示

佛罗里达州内分布着几条付费公路，标有“SUNPASS”和“EPASS”的车道为电子扣费，现金支付时请走“CASH”车道。

奥兰多国际机场的租车方式

奥兰多国际机场位于市中心以南15公里、迪士尼以东30公里的位置。

机场A、B号航站楼的一层都设有租车公司开设的服务柜台。客人可以在航站楼中完成租车的相关手续，拿到钥匙后就可以前往对面的停车场驾车离去。

机场内指示还车场所的标识

从机场前往主要景点

◆前往迪士尼乐园

从奥兰多国际机场向西前往FL-528(West)(收费公路)。之后沿着I-4(West)前往“Tampa”方向就可以看到Walt Disney World的指示牌。沿着指示牌前行即可抵达。全程30公里，约20分钟。

◆前往环球影城

从奥兰多国际机场向西前往FL-528(West)(收费公路)。之后沿着I-4(West)前行，在分岔口向Downtown/Orlando方向行驶，沿I-4(East)行进约5公里，在Universal Blvd.左转即可。全程26公里，约需20分钟。

上/以电影元素为中心的巨大主题公园
左/驱车1小时20分钟即可前往著名的赛车城镇代托纳比奇

小贴示 奥兰多国际机场 住 1 Jeff Fuqua Blvd., Orlando, FL 32827 ☎ (407) 825-2001 URL www.orlandoairports.net
●收费公路详见 URL www.cfxway.com

HOW TO DRIVE IN

MIAMI 迈阿密

自驾 START 导览

位于佛罗里达南部的大都市迈阿密，除了充满魅力的白色沙滩，美国最南部的风景线也分外诱惑。自驾时可以通过架在佛罗里达半岛海面上的一座座大桥前往最南面的基韦斯特，体验一把海上自驾。

不要走错前往市中心的高速公路出口

自驾小贴示

●迈阿密这座城市的犯罪率较高，请多加注意。即使是市中心，如果发现气氛不对的地方，即使是开车也不建议前往。夜晚驾车最好选择高速公路，尽量不要在加油站停留。可以的话，最好选择在白天租车和还车。

●如果乘坐飞机抵达迈阿密时已经是傍晚，安全起见，最好从航站楼直接搭乘免费班车前往机场附近的汽车酒店住宿一晚。

迈阿密国际机场的租车方式

距离市中心以西 11 公里的迈阿密国际机场是中南美的重要关口。租车中心位于航站楼东面 1 公里的位置，走出航站楼后从内环道路搭乘班车前往租车中心即可，约 3 分钟。

©Miami-Dade Aviation Department/ Miami International Airport

从机场前往主要景点

◆前往市中心、迈阿密海滩

沿 NW37th Ave. 向南行驶，看到 FL-836（仅向东行驶情况下收费）的入口后左拐进入东向公路，此后一直沿着标有 Downtown 的路牌前行即可。前往迈阿密海滩时则沿着“Miami Beach”的标识。距离市中心 12 公里，约 15 分钟；距离迈阿密海滩 20 公里，约 20 分钟。

◆前往基韦斯特

沿 NW37th Ave. 向南行驶，从 NW12th Dr. 进入 FL-836（West）后沿着公路前行即可。随后进入收费公路 FL-821 Toll S/Florida Turnpike S，再经过 US-1 公路。全程 250 公里，约需 3 小时 30 分钟。

小贴示 迈阿密国际机场 住2100NW 42nd Ave., Miami, FL33142 ☎（305）876-7000 URL www.miami-airport.com

●租车中心 住3900 NW 25th St., Miami, FL 33142

周游得克萨斯州推荐线路

休斯敦出发 ▶ 得克萨斯州 5 日游

体验文化的自驾之旅

To Experience the Traditional Culture

得克萨斯州是全美面积第二大的州，自驾时可以真实体会到这片土地的宽广。沿途的公路都很完善，墨西哥湾的度假村、丘陵地带 Hill Country 的本地牛仔、研究太空宇宙的现代都市，只是在州内游览就有一种穿越时空的感觉。来得克萨斯体验一个城市一个样的别样旅行吧！

自驾线路◆总里程约1200公里

起点 乔治·布什洲际机场

第1天
- 休斯敦航天中心 ①
- 加尔维斯顿 ②
- 休斯敦·上城区地区（住宿） ③

第2天
- 赫曼公园地区 ④
- 圣安东尼奥（住宿） ⑤

第3天
- 丘陵地带（住宿） ⑥

第4天
- 奥斯汀 ⑦
- 沃思堡市中心（住宿） ⑧

第5天
- 文化地区 ⑨
- 格雷普韦恩 ⑩

终点 达拉斯市中心（住宿） ⑪

参照地图 p.85

● Greater Houston CVB
URL www.visithoustontexas.com

Convention District Visitor Center
住 1300 Avenida de las Americas, Houston, TX77010
☎（713）437-5557
营 每天 7:00~22:00

休斯敦航空中心
住 1601 NASA Pkwy., Houston, TX
☎（281）244-2100
URL spacecenter.org
营 每天 10:00~17:00(周六·周日~18:00、12/25 休息)
费 成人 $22.95、4~11 岁儿童 $18.95

Galveston Visitor Center
住 2328 Broadway, Galveston, TX77550
Free（1-888）425-4753
URL www.galveston.com
营 每天 9:00~17:00

第1天

1 75 公里、约 50 分钟
休斯敦航天中心
Space Center Houston

从乔治·布什洲际机场依次途经 TX-8Beltway（East） 和 I-45（South） 即可抵达美国宇航局（NASA）的约翰逊航天中心。

参加电车之旅

约翰逊航天中心内部作为一般开放场所的休斯敦航空中心，可谓休斯敦最大的观光景点。参观需要 4~6 小时，如果是暑期等旅游旺季，加上排队可能会花费一整天的时间，请提前做好准备。

2 50 公里、约 35 分钟
加尔维斯顿
Galveston

历史气息浓厚的市中心

从休斯敦航天中心沿着 I-45（South）南下，就可以抵达位于休斯敦东南部的城镇加尔维斯顿。

加尔维斯顿是面朝墨西哥湾的港口城市，这里四季如春，是绝佳的度假场所。市中心至今仍遗留着很多维多利亚式古老建筑，游览城市的时候可以顺道欣赏。

夏天是旅游旺季，周末时酒店尤为紧张，此外市中心及海滩周围的停车场车位也不多，到时候停车可能是件苦差事。

热闹的墨西哥湾海滩

3 75 公里、约 50 分钟

上城区 Uptown

从加尔维斯顿途经 I-45（North）、I-69（South）/US-59（South）即可抵达休斯敦以西 15 公里的商业区——上城区。巨大的购物商场 The Galleria 以及连锁酒店都坐落在这里，很适合在此住宿。

共有 400 余家商户入驻 The Galleria 购物商场，还有溜冰场

第 2 天

4 10 公里、约 10 分钟

赫曼公园地区 Hermann Park

从上城区经 US-59（North）即可很快抵达赫曼公园地区。以赫曼公园为中心，四周有博物馆、美术馆、动物园等很多设施，是可供市民休憩的场所。既可以漫步在宽阔的公园之中，也可以前往休斯敦美术馆欣赏陈列其中的 6 万余件精致的艺术品。家庭出游的话不妨去休斯敦自然科学博物馆看一看，除了恐龙化石、动物标本、各式立体模型外，再现热带气候的蝴蝶中心也值得一去。

大型雕塑作品随处可见

5 320 公里、约 3 小时

圣安东尼奥 San Antonio

从休斯敦沿着 I-10（West）向西即可前往圣安东尼奥，市中心的观光胜地是所有美国人无人不知无人不晓的得克萨斯独立战争的舞台——阿拉莫要塞 The Alamo。从市中心穿流而过的圣安东尼奥河沿岸的散步小路 River Walk 也是很受欢迎的人气景点。你也可以搭乘 River Boat 从船上领略城市的美景。玩累了就在河流沿岸的餐馆饱餐一顿，悠闲度过美妙时光。时间充裕的话还可以去美国初期修建的五个布道教堂所在地 Mission Trail 看一看。

吸引众多游客到访的阿拉莫要塞

路边不时会听到爵士及墨西哥流浪音乐此起彼伏的旋律

参照地图 p.85

休斯敦的酒店

● Double Tree Suites by Hilton Hotel Houston by the Galleria
住 5353 Westheimer Rd., Houston, TX 77056-5474
☎（713）961-9000
URL doubletree3.hilton.com
费 ⓈⒹⓉ $109~289、380 间客房
信用卡 A M V

购物商场

● The Galleria
住 5085 Westheimer Rd., Houston, TX
☎（713）966-3500
URL www.simon.com/mall/the-galleria
营 周一～周六 10:00~21:00、周日 11:00~19:00

赫曼公园

URL www.hermannpark.org

San Antonio CVB

住 317 Alamo Plaza, San Antonio, TX 77550
☎（210）207-6700
Free（1-800）447-3372
URL visitsanantonio.com
营 每天 9:00~17:00、大部分节假日均休息

阿拉莫要塞

URL www.thealamo.org
营 每天 9:00~17:30（夏天～19:00）
费 免费

River Walk

URL thesanantonioriverwalk.com

River Boat

URL www.riosanantonio.com
营 每天 9:00~21:00
费 $8.25（约需 45 分钟）

Mission Trail

URL www.nps.gov/saan
营 每天 9:00~17:00 大部分节假日均休息
费 免费

圣安东尼奥的酒店

● Hotel Valencia
住 150E. Houston St., San Antonio, TX78205
☎（210）227-9700
URL www.hotelvalenciariverwalk.com
费 ⓈⒹⓉ $239~339、213 间客房
信用卡 A M V

River Walk 沿线的时尚精品酒店

参照地图 p.85

Bandera Country CVB
住 126 State Hwy.-16 S. Bandera. TX 78003
☎（830）796-3045
URL www.banderacowboycapital.com
营 周一～周五 9:00~17:00、周六 10:00~15:00（周日休息）

Fredericksburg CBV
住 302E.Austin St.，Fredericsburg，TX 78624
☎（830）997-6523
Free（1-888）997-3600
URL www.visitfredericsburgtx.com
营 周一～周五 8:30~17:00、周六 9:00~17:00、周日 11:00~15:00

弗雷德里克斯堡的酒店
● Inn on Baron's Creek
住 308S.Washington St.，Fredericsburg，TX 78624
☎（830）990-9202
URL www.innonbaronscreek.com
费 ⓈⒹⓉ $139~229、89 间客房
信用卡 A M V

Austin Visitor Center
住 602 E.4th St.，Austin，TX78701
☎（512）478-0098
URL www.austintexas.org
营 周一～周六 9:00~18:00、周日 10:00~17:00

富兰克林烧烤店
住 900E.11th St.，Austin，TX
☎（521）653-1187
URL franklinbarbecue.com
营 周二～周日 11:00~
休 周一
※ 当天的肉卖完后就会关店

开店前 1 小时便排起长队

第 3 天

6　86~164 公里、1~2 小时
丘陵地带 Hill Country

得克萨斯中部绵延的丘陵被称为丘陵地带 Hill Country，圣安东尼奥近郊的班德拉 Bandera 建有不少观光牧场，除了这些家庭经营的小牧场外，包含高尔夫球场、SPA 会所、泳池等多种设施的度假村也在这里遍地开花。在这里，游客可以骑马、赶牛、跳舞、进行户外烧烤，体验地地道道的美国乡村生活。

英姿飒爽的牛仔登场

另外，位于班德拉北部的弗雷德里克斯堡 Fredericksburg，是得克萨斯州红酒的盛产地。市中心的主干道两侧遍布着各种精品店及商店，餐厅也很多以主干道为中心，连着开了六个街区。

上 / 弗雷德里克斯堡市中心
左 / 得克萨斯的红酒大都是在州内自产自销，很难从别的地方买到

第 4 天

7　125 公里、约 1 小时 30 分钟
奥斯汀 Austin

从弗雷德里克斯堡出发，经 US-290（East）和 W.Hwy.290 即可前往得克萨斯的首府奥斯汀 Austin。奥斯汀以其独特的音乐魅力吸引着年轻人。市中心的 Live House 经常可以看到当地艺术家的精彩演奏。

肉卖完了当天便结束营业

烧烤则是奥斯汀的另外一个特色，在没有排队候餐习惯的美国，居然有能在门口排起长龙的人气店，其中更有接待过美国总统奥巴马的富兰克林烧烤店 Franklin，最经典的当数使用牛肩五花肉的 Brisket。入口留香，柔软多汁，让人惊讶：“这是美国牛排吗？”

有两种肉可供选择的 Plate Menu 菜单

摄影点　近路　美食　散步　购物　住宿

8 304 公里、约 2 小时 50 分钟

沃思堡
Fort Worth

从奥斯汀沿着 I-35（North）北上出发，之后经 I-35 W（North）前往沃思堡。市中心高楼林立，虽然这里是座现代都市，但是面积不大，步行即可游览完毕。位于城镇正中心的 Sundance Square 开设有众多商店及餐厅，还能看到精致的喷泉，即使到了深夜也非常热闹。

艺术性十足的街心花园

上/每天 11:30 及 16:00 都会举行与牛相关的游行表演　右/从白天便开始营业，不会让人拘谨的当地夜店

提起得克萨斯，就会想到与这里乡村音乐搭配的二步舞曲（乡村舞蹈）。在市中心北面的牲畜围栏国家历史保护区 Stockyards National Historic District 开有西部风格强烈的夜店。其中名为 Billy Bob's Texas 的酒馆由过去的家畜交易所改建而成，工作日这里的客人不是很多，但一到周末，舞池里就会热闹非凡，不少乡村歌手也会在这里献唱。

第 5 天

9 4 公里、约 7 分钟

文化地区
Cultural District

说起沃思堡的早餐店，不得不提的就是位于南区的巴黎咖啡馆 Paris Coffee Shop，驾车 7 分钟就可以抵达这片位于市中心与 Stockyard 之间的居民区。这家店可谓沃思堡最老的家族经营式餐馆，斜对面的 BREWED 咖啡馆也因风格新颖而很受欢迎。这里还作为酒馆对外营业，也是品尝当地料理和鲜啤的好地方。

巴黎咖啡馆中的美味甜点

文化地区 Cultural District 距离市中心驾车 7 分钟，是位于城市西面的文化设施聚集地。由安藤忠雄设计建造的沃思堡近代美术馆 Modern Art Museum of Fort Worth，以及收藏了伦勃朗、塞尚、莫奈、马蒂斯等的共计 350 余幅名画的肯贝尔艺术博物馆 Kimbell Art Museum 等众多文化设施都建于此地。

肯贝尔艺术博物馆

参照地图 p.85

Fort Worth CVB
URL www.fortworth.com
●市中心
住 508 Main St., Fort Worth, TX
☎（817）698-3300
营 周一～周六 10:00~18:00、周日休息
● Stockyard 地区
住 130 E. Exchange Ave., Fort Worth, TX
☎（817）624-4741
营 周一～周六 9:00~18:00、周日 10:00~16:00

Billy Bob's Texas
住 2520 Rodeo PL., Fort Worth, TX
☎（817）624-7117
URL billybobstexas.com
营 每天 11:00~21:00（周三～22:30、周四～周六～24:00、周日 12:00~）
费 入场费 $2~（根据现场活动不同会有变化）

沃思堡的酒店
● Omni Fort Worth Hotel
住 1300 Houston St., Fort Worth, TX 76102
☎（817）535-6664
URL www.omnihotels.com
费 ⓈⓉⒹ$259~，共有 614 间客房　信用卡 A D J M V

位于城镇中心，邻近会展中心 Convention Center，方便商务目的的人群

Paris Coffe Shop
住 704 West Magnolia Ave; Fort Worth, TX
☎（817）335-2041
URL www.pariscoffeeshop.net

沃思堡近代美术馆
住 3200 Darnell St., Fort Worth, TX
☎（817）738-9215
URL www.themodern.org
营 周二～周日 10:00~17:00（周五～20:00、周一·主要节假日休息）
费 成人 $10

肯贝尔艺术博物馆
住 3333 Camp Bowie Blvd., Fort Worth, TX
☎（817）332-8451
URL www.kimbellart.org
营 周二～周四·周六 10:00~17:00、周五 12:00~20:00、周日 12:00~17:00
休 周一·主要节假日
费 免费

参照地图 p.85

Grapevine CVB
住 636 S.Main St., Grapevine, TX76051
☎ (817) 410-3185
URL www.grapevinetexasusa.com
营 周一～周五 8:00~17:30、周六 10:00~18:30、周日 12:00~17:00

格雷普韦恩铁路
住 705S.Main St., Grapevine, TX76051
URL www.gvrr.com
※2 月中旬 ~11 月下旬的周六 · 周日运营（6~8 月的周五也会运营）
费 成人单程 $18~26

购物商场
● Grapevine Mills
住 3000 Grapevine Mills Pkwy., Grapevine, TX
☎ (972) 724-4900
URL www.simon.com/mall/grapevine-mills
营 周一～周六 10:00~21:00、周日 11:00~19:00

Dallas Tourist Information Center
住 100S.Houston St., Dallas, TX75202
☎ (214) 571-1316
URL www.visitdallas.com
营 每天 9:00~17:00

第六层博物馆
● The Sixth Floor Museum
住 411 Elm St., Dallas, TX75202
☎ (214) 747-6660
URL www.jfk.org
营 每天 10:00~18:00（周一 12:00）
休 感恩节、12/25
费 包含语音导览器总计 $16

重逢塔
住 300 Reunion Blvd., Dallas, TX75207
☎ (214) 712-7040
URL www.reuniontower.com
营 每天 10:30~20:30(周五 · 周六 ~21:30）
费 $16

达拉斯美术馆
住 1717N.Harwood St., Dallas, TX75201
☎ (214) 712-7040
URL www.dma.org
营 周二～周日 11:00~17:00（周四 ~21:00）
休 周一、感恩节、12/25、1/1
费 免费

达拉斯的酒店
● Omni Dallas Hotel
住 555 S. Lamar St., Dallas, TX75202
☎ (214) 979-4500
URL www.omnihotels.com/hotels/dallas
费 ⓈⓉⒹ $199~
信用卡 A D J M V

10 40 公里、约 30 分钟

格雷普韦恩 Grapevine

从文化地区沿 State Hwy. 121（North）向北前行，即可抵达位于达拉斯 · 沃思堡国际机场附近的格雷普韦恩 Grapevine，这座城镇不大，步行即可游览完毕。这里与沃思堡通过铁路相连，可以搭乘观光火车往返两地。另外作为葡萄的盛产地，不时便会看到一家家庭经营的红酒坊。

主路上坐落着许多个性商铺

从格雷普韦恩驾车约 10 分钟即可抵达当地的大型奥特莱斯购物中心 Grapevine Mills，机场也有前往这里的班车，方便的交通使得这里一直备受游客喜爱。如果你打算在一家商场集中购物，一定要来这里看看。

上 / 观光火车在周末只单程营运　右 / 城镇虽小但有不少酒庄呢

11 36 公里、约 30 分钟

达拉斯 Dallas

从格雷普韦恩出发经 State Hwy. 114（East）后进入 I-35E（South），然后即可驶入达拉斯市中心。这里代表性的观光景点有讲述肯尼迪总统暗杀事件的第六层博物馆 The Sixth Floor Museum 以及位于博物馆南侧的达拉斯第二高的大楼——重逢塔 Reunion Tower。市中心东面的美术馆和剧院是城市的艺术区域，收藏有从莫奈的印象派绘画到代表美国现代绘画的安迪 · 沃霍尔的作品等 24000 余幅藏品的达拉斯美术馆 Dallas Museum of Art 也一定要去看看。

博物馆由肯尼迪总统暗杀事件发生的建筑改建而成

从艺术区沿东南方向的 I-45/US-75 前行便是被称为 Deep Ellum 的娱乐街。虽然这里也有中午就营业的餐馆，但是夜晚才是这里真正的开始，街角还有不少雕塑及壁画，气氛别具一格。

Deep Ellum 可谓 20 世纪 20 年代爵士和蓝调音乐家的圣地

小贴示 关于返税制度 得克萨斯州有退税制度，所涉及的商店和手续详见 URL www.taxfreetexas.com

周游得克萨斯州及新墨西哥州推荐线路

埃尔帕索出发 ▶ 得克萨斯州、新墨西哥州 5 日游

国家公园、沙漠、神秘城镇

The National Park, the Desert and Mysterious Towns

沙漠中突然出现的现代艺术、传说 UFO 曾降落过的城镇、太空旅行的门户，这里不仅自然景观震撼人心，还有一抹神秘的科幻魅力。沿途偶尔还会有 19 世纪 50 年代的老建筑，现代建筑也深受墨西哥文化影响，在这条中西部特色的自驾线路上驰骋一定会给你留下别样的美国印象。

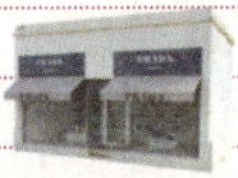

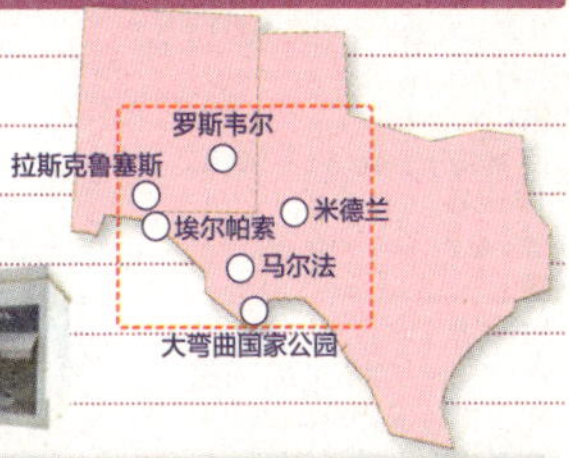

自驾线路◆总里程约 1820 公里

第 1 天
- 起点 埃尔帕索国际机场
- 得克萨斯州马尔法（住宿） 1

第 2 天
- 大弯曲国家公园（住宿） 2

第 3 天
- 米德兰 3
- 新墨西哥州罗斯韦尔（住宿） 4

第 4 天
- 白沙国家公园 5
- 拉斯克鲁塞斯（住宿） 6

第 5 天
- 特鲁斯－康西昆西斯 7
- 终点 得克萨斯州埃尔帕索 8

参照地图 p.91

Marfa Visitor Center
住 302S.Highland Ave., Marfa, TX
☎ (432) 729-4772
URL www.visitmarfa.com
营 周一～周五 8:00~17:00、周六·周日 10:00~16:00

普拉达·马尔法
住 US-90, Valentine, TX
从马尔法的市中心沿 I-90 向西行驶 60 公里

El Cosmico
住 802S.Highland Ave., Marfa, TX79843
☎ (432) 729-1950
URL elcosmico.com
费 房车 $150~210、露营帐篷 $85~110、印第安土著帐篷 $150~175、Ⓢ $500~1050、房车 15 台、露营帐篷 15 顶、印第安土著帐篷 7 顶、套间 1 间
信用卡 A M V

Chinati Foundation
住 1 Cavalry Row., Marfa, TX
☎ (432) 729-4362
URL www.chinati.org
营 周三～周日 9:00~16:30
旅游团：周三～周日 9:30~16:00、$25。由导游带领参观 Donald Clarence 的各种作品。

Visit Big Bend
URL visitbigbend.com

大弯曲国家公园
住 Big Bend National Park, TX
☎ (432) 477-2251
URL www.nps.gov/bibe

Panther Junction Visitor Center
住 310, Alsate Dr., Big Bend National Park, TX79834
营 每天 9:00~17:00（时期不同会有所调整）

Chisos Basin Visitor Center
住 42, Chisos Basin Rd., Big Bend National Park, TX 79834
营 每天 8:30~16:00（时期不同会有所调整）

Persimmon Gap Visitor Center
住 133, N. Entrance Rd, Alpine, TX 79830
营 每天 9:30~16:00（时期不同会有所调整）

The George W. Bush Childhood Home
住 1412W.Ohie Ave., Midland, TX
☎ (432) 685-1112
URL www.bushchildhoodhome.org
URL www.nps.gov/nr/travel/presidents/george_bush_home.html
营 周二～周六 10:00~17:00、周日 14:00~17:00
费 免费

第 1 天

1　300 公里、约 3 小时 20 分钟
得克萨斯州马尔法
Marfa

从埃尔帕索国际机场向东经 I-90、US-90 即可抵达 300 公里以外的马尔法。这座城市很受明星的喜爱，2012 年夏天 R&B 歌手碧昂斯就曾到访这里，从而促使城市热度升温。别致的普拉达商店 Prada Marfa，可以选择在帐篷中住宿的 El Cosmico，收藏艺术家 Donald Clarence 各式作品的 Chinati Foundation 等都值得一去。

城镇中经常能看到建于 19 世纪 30 年代的古老建筑，多被改建为商店和餐厅

第 2 天

2　210 公里、约 2 小时 40 分钟
大弯曲国家公园
Big Bend National Park

里奥格兰德河也是美利坚合众国与墨西哥的国境线

从马尔法沿 US-90 向东行驶 90 公里，随后沿 US-385、Main Park Rd. 向南前行 65 公里就是大弯曲国家公园的旅游咨询处 Persimmon Gap Visitor Center。可以从这里购买入园门票及园内地图，此后继续南下 40 公里，从 Gano Springs 向西行进 5 公里后，由 Basin Junctio 前行 10 公里便是 Chisois Mountain Lodge。园内唯一的住宿设施设有餐厅，可以在这里享用午餐。此后可以前往圣艾伦那峡谷眺望台 Santa Elena Canyon Overlook 及里奥格兰德眺望台 Rio Grande Overlook 周游。

第 3 天

3　380 公里、约 4 小时 30 分钟
米德兰
Midland

经 Basin Junctio、Gano Springs、Main Park Rd.、US-385、I-20 北上，行驶约 380 公里即可抵达米德兰城镇。这里便是美国第 43 届总统乔治·W. 布什的夫人劳拉·布什的出生地。另外乔治·W. 布什幼年时曾生活过的房子已被改建为博物馆 The George W. Bush Childhood Home 对公众开放，可以参观。

摄影点　近路　美食　散步　购物　住宿

4 320 公里、约 4 小时 10 分钟
新墨西哥州罗斯韦尔
Roswell

沿 FM-1788、US-385、US-380 向西北方向行进 320 公里即可到达。1947 年曾有不明飞行物坠落在罗斯韦尔周边，此后被美军回收。当地人认为飞行物便是 UFO，更在当地建造了 UFO 博物馆 International UFO Museum。每年 7 月还会在这里举行 UFO Festival，届时来自全美 1 万名左右的 UFO 爱好者云集于此。

第 4 天

5 200 公里、约 2 小时 50 分钟
白沙国家公园
White Sands National Monument

沿 US-380、US-70、US-54、US-70 向西南方向行进 200 公里便可抵达放眼望去净是沙丘的白沙国家公园。这里的沙子会随着时间的变化，在清晨、中午、傍晚显示出不一样的色泽，令人印象深刻。

目光所及之处皆是被白沙覆盖的清新世界，沿路还设有火车铁轨

6 100 公里、约 1 小时 20 分钟
拉斯克鲁塞斯
Las Cruces

沿着 US-70 向西前行 100 公里便可抵达新墨西哥州的第二大城市拉斯克鲁塞斯。在这里游客可以参观当地的美术馆、科学博物馆、铁路博物馆等各种设施，是个资源丰富的观光地。邻近的城镇梅西拉 Mesilla 诞生于美墨战争（1846~1848 年）结束之后，梅西拉广场周围可以看到不少建于 19 世纪 50 年代的沙石黏土式建筑，现在已改建为商店和餐厅对外营业。

第 5 天

7 120 公里、约 1 小时 30 分钟
特鲁斯 – 康西昆西斯
Truth or Consequences

沿 I-25 北上前行 120 公里便可抵达著名的温泉地特鲁斯 - 康西昆西斯。这里气候温暖，是不少退休人群的定居地，世界第一家商用太空港 Spaceport America 也建在这里。受维珍集团的董事长理查德 · 布兰森资助，专门用于太空旅行的航站楼已经建造完成。

8 190 公里、约 3 小时
埃尔帕索
El Paso

沿着 I-25、I-10 向南前行 190 公里，便可以到达与墨西哥华雷斯隔里奥格兰德河相望的埃尔帕索。约 400 年前，西班牙人来这里宣传基督教时遗留的布道之路 Mission Trail 是这里的重要景点之一。

Roswell Visitor Center
住 912 N. Main St., Roswell, NM 88201
☎ (575) 624-7704
URL seeroswell.com
营 周一~周五 9:00~17:00、周六 10:00~16:00、周日 12:00~15:00

UFO 博物馆
住 114N.Main St., Roswell, NM
Free (1-800) 822-3545
URL www.roswellufomuseum.com
营 每天 9:00~17:00
费 $5

UFO Festival
URL www.ufofestivalroswell.com

白沙国家公园
住 19955 US-70, Alamogordo, NM
☎ (575) 479-6124
URL www.nps.gov/whsa

Las Cruces CVB
住 211N.Water St., Las Cruces, NM 88001
☎ (575) 541-2444
URL www.lascrucescvb.org
营 周一~周五 9:00~17:00

Mesilla's J.Paul Taylor Visitor Center
住 2231 Avenida de Mesilla, Las Cruces, NM 88005
☎ (575) 524-3262

梅西拉广场
URL www.oldmesilla.org/html/the_plaza.html

The Spaceport America Visitor Center
住 301S.Foch St., Truth or Consequences, NM 87901
Free (1-844) 727-7223
URL spaceportamerica.com
营 游客中心：每天 8:30~16:30
太空港一地游：周一 · 周四 · 周五 · 周六 · 周日 9:00（5~9 月周五 · 周六 · 周日 13:30 也发团），用时 4 小时（包含游客中心前往太空港的巴士移动时间）
需要提前预约

El Paso Visitor Center
住 400W. San Antonio Ave., El Paso, TX 79921
☎ (915) 534-0661
URL visitelpaso.com
营 周一~周五 9:00~16:00、周六 9:00~14:00

Mission Trail
URL visitelpasomissiontrail.com

埃尔帕索的推荐商店
● Rocketbuster Boots
住 115 Anthony St., El Paso, TX
☎ (915) 541-1300
URL www.rocketbuster.com
营 周一~周五 8:00~16:00

推荐线路

新奥尔良出发
纵览佛罗里达半岛 12 日游

目标最南端 佛罗里达州精华线路

以新奥尔良作为旅行的起点，沿途一边品味爵士乐和当地美食，一边朝目的地佛罗里达半岛进发。拥有美丽白沙海滩的彭萨科拉，海岸线自驾感觉良好的代托纳海滩，各种贝壳丰富多样的萨尼贝尔岛，列入世界遗产名录的大沼泽地国家公园，当然还有各个著名的主题公园都是这趟旅途的亮点所在。最后从迈阿密途经各个小岛探寻美国最南端的基韦斯特也是重头戏之一。

七英里大桥将迈阿密和基韦斯特之间的50余座岛屿连接在一起，自驾体验让人难以忘怀

自驾线路

总里程 约 2280 公里

第1天
中国
↓
路易斯安那州新奥尔良（住宿）

第2天
↓
新奥尔良（住宿）

第3天 I-10E~I-110S（340 公里 / 约 3 小时 10 分钟）
↓
佛罗里达州彭萨科拉海滩（住宿）

第4天 I-110N~I-10E~I-95S（730 公里 / 约 7 小时）
↓
佛罗里达州代托纳海滩（住宿）

第5天 I-93S~FL-405E（100 公里 / 约 1 小时）
↓
肯尼迪航天中心
↓ FL-A1AS（38 公里 /40 分钟）
可可海滩（住宿）

第6天 FL-A1AN~FL-528W~I-4E（100 公里 / 约 1 小时）
↓
奥兰多环球影城（住宿）

第7天 I-4W（15 公里 / 约 15 分钟）
↓
迪士尼乐园（住宿）

第8天 I-4W~FL-60W（150 公里 / 约 1 小时 30 分钟）
↓
克利尔沃特海滩（住宿）

第9天 US-19S~I-275S~I-75S（265 公里 / 约 3 小时）
↓
萨尼贝尔岛（住宿）

第10天 US-41S~I-75S~US-41S（205 公里 / 约 2 小时 20 分钟）
↓
大沼泽地国家公园
↓ US-41S~FL-836E（70 公里 / 约 1 小时）
迈阿密海滩（住宿）

第11天 Florida's Turnpike S~US-1S（270 公里 / 约 3 小时 30 分钟）
↓
基韦斯特（住宿）

景区信息

- 新奥尔良旅游局
  URL www.neworleanscvb.com
- 彭萨科拉旅游局
  URL www.visitpensacola.com
- 代托纳海滩旅游局
  URL www.daytonabeach.com
- 肯尼迪航天中心
  URL www.kennedyspacecenter.com
- 可可海滩
  URL www.visitcocoabeach.com
- 奥兰多环球影城
  URL www.universalorlando.com
- 迪士尼乐园
  URL disneyworld.disney.go.com
- 克利尔沃特海滩旅游局
  URL www.clearwaterbeach.com
- 萨尼贝尔岛
  URL www.fortmyers-sanibel.com
- 大沼泽地国家公园
  URL www.nps.gov/ever
- 迈阿密海滩观光局
  URL www.miamiandbeaches.com
- 基韦斯特旅游局
  URL www.fla-keys.com

依然留有西班牙和法国统治时期痕迹的法国人居住区 The French Quarter，非常适合散步

沿途会标示汽车的行驶范围以及各条州路的出入口号码，一定要看清路标再转动方向盘。涨潮或遇到暴风雨天气时会有封闭公路的情况

由于地形原因这里可以看到数不胜数的各式贝壳，因此这里也被称为世界三大贝壳海滩之一。难得一见的贝壳通常出现在暴风雨过后

这里便是始于加拿大国境线的1号国道的终点。市内建有很多小别墅，将车停好，开始漫步吧

住宿地建议及 Driving Tips

新奥尔良的酒店数量很多，即使没有预约也不用担心住宿问题，但如果想在法国人居住区 The French Quarter 住宿的话，还是需要提前预约。

佛罗里达景区的旺季当数冬季，夏季则紧随其后，如果冬天打算在基韦斯特住宿最好提前预约，春秋两季酒店较为宽松，费用也相对较低。

这条线路的沿途会有不少收费公路和收费大桥，请提前多备一些零钱。但迈阿密周边几乎都是 ETC 系统收费站，无法用现金支付，关于具体的付费方法请在租车时与租车公司进行沟通确认。

旅行中的重头戏七英里大桥是免费大桥，行车时注意不要在大桥途中停留，大桥两侧均设有停车场，可以在那里停车后眺望大海放飞自己的身心。

Mid Western

中西部区域

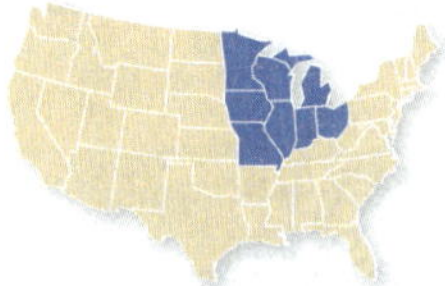

以五大湖为中心的城市区域作为工业带而繁荣起来。
冬天天气寒冷，降雪量很大。
作为 66 号公路起点的伊利诺伊州芝加哥、
密歇根州的汽车之城底特律，
以及前往美国西部地区的门户城市圣路易斯等，
都是人们耳熟能详的知名城市。

城市导览

伊利诺伊州

◆芝加哥

美国第三大都市，个性十足的高楼大厦遍布城市之中，使得这里就像一个建筑博物馆一样。

明尼苏达州

◆明尼阿波利斯 / 圣保罗

位于密西西比河沿岸被称为双子城的两个城市，大自然和现代都市在这里相得益彰。

明尼阿波利斯市中心的雕塑作品，巨大的勺子上盛了一个樱桃

密歇根州

◆底特律

由美国三家龙头汽车公司——福特、GM、克莱斯勒构成的汽车产业都市。

威斯康星州

◆密尔沃基

位于密歇根湖畔的城市，有啤酒品牌 MillerCoors 的工厂以及哈雷戴维森摩托车博物馆。

拥有 450 余辆哈雷摩托车收藏品的哈雷戴维森摩托车博物馆

密苏里州

◆圣路易斯

象征西部地区入口标志性建筑——拱形纪念碑非常有名。圣路易斯则坐落在密西西比河的河畔。

在拱形纪念碑的顶端设有展望室，可前往参观

俄亥俄州

◆克利夫兰

这里曾是五大湖工业地区的中心城市，现在则被再度开发，迎来了城市发展的第二春。

作为“摇滚”（Rock'n Roll）这个词的发祥地，克利夫兰市内还建有摇滚殿堂和博物馆

◆辛辛那提

享有“皇后城（Queen City）”的别称，位于俄亥俄河沿岸的这座城市雍容高雅，让游客的内心也不由得平静下来。

架在俄亥俄河上的辛辛那提地标——罗布林桥

印第安纳州

◆印第安纳波利斯

每年 5 月会在这里举行印第 500 汽车锦标赛，全世界的赛车迷都会蜂拥而至。

展示历届印第 500 汽车锦标赛冠军车辆的 Indianapolis Motor Speedway 殿堂博物馆

艾奥瓦州

◆得梅因

以农业为主要产业的艾奥瓦州首府，有世界最大规模的高架桥。

宾夕法尼亚州

◆匹兹堡

现在这座过去曾被称作钢铁之都的城市被再度开放，兴建了各式文化设施及公共交通，已然成为“宜居城市”之一。

从山坡上眺望匹兹堡

How To Drive in Chicago 芝加哥

自驾 START 导览

满眼净是摩天大楼的芝加哥是美国的第三大都市。市内游览时可以参观当地的博物馆和美术馆，时间充裕的话还可以去 Live House 听一曲蓝调音乐。在郊外的橡树公园 Oak Park 可以看到弗兰克·劳埃德·赖特设计的建筑。伊利诺伊州的首府斯普林菲尔德（Springfield 春田市），则是美国第 16 届总统林肯度过大半人生的地方。

芝加哥奥黑尔国际机场的租车方式

从中国有直飞奥黑尔国际机场的航班，机场位于芝加哥西北方向 25 公里的地方，大多数租车公司的营业所都位于机场外，从航站楼可以搭乘各个租车公司的班车前往。

从机场前往主要景点

◆前往芝加哥市中心

从汽车租赁营业所经 I-190（East）、I-90（East）向东前行，随后驶出 51H 号出口后继续沿着 Congress Pkwy. 向东行驶，全程 30 公里，约需 40 分钟。

◆前往橡树公园

从汽车租赁营业所经 I-190（East）、I-90（East）进入 IL-171(South)，向南行进 10 公里，在 Chicago Ave. 左转后继续向东前行 3 公里即可。全程 20 公里，约需 35 分钟。

◆前往斯普林菲尔德（春田市）

从汽车租赁营业所走 I-190（East）、I-294（South）、I-55（South），之后由 96B 号出口驶出。随后向西拐入 Grand Ave. 即可抵达斯普林菲尔德（春田市）。全程 330 公里，约需 3 小时 30 分钟。

小贴示 奥黑尔国际机场 住 10000 W. O'Hare Ave., Chicago ☎（773）686-2200 网 www.flychicago.com/ohare

How To Drive in MINNEAPOLIS
明尼阿波利斯
自驾 START 导览

明尼阿波利斯 / 圣保罗国际机场邻近明尼苏达州的双子城（明尼阿波利斯和圣保罗）以及全美最大的商场 Mall of America。来到这里推荐自驾前往五大湖中最大的淡水湖苏必利尔湖观光，或来一趟前往雷德温市 Red Wing 的一日游活动。

明尼阿波利斯 / 圣保罗国际机场的租车方式

明尼阿波利斯 / 圣保罗国际机场位于双子城（明尼阿波利斯 / 圣保罗）南面 15 公里的地方。航站楼分为供大型航空公司使用的林德伯格航站楼以及供本地航空公司使用的汉弗莱航站楼。林德伯格航站楼中的租车公司柜台位于停车场红灯区与蓝灯区之间的二层和三层。从行李提取区乘坐电梯即可到达。

从航站楼跟着指示牌走就可以找到租车公司的柜台了

从机场前往主要景点

◆前往明尼阿波利斯市中心

从机场停车场沿着 MN-5（East）向东北方向行驶 1.6 公里，随后从 MN-55(West) 向西北方向行进 9 公里，在 3rd St./Washington Ave. 下高速。此后沿 3rd St. 向西前行 1 公里便是明尼阿波利斯的市中心。全程 16 公里，约需 25 分钟。

◆前往圣保罗市中心

从机场停车场沿着 MN-5（East）向东北方向行驶 11 公里，随后从 St.Peter St. 右转即可抵达圣保罗市中心的地标广场 Land Mark Plaza。全程 13 公里，约需 25 分钟。

圣保罗市中心的史努比人物雕像（谢勒德和露西）

◆前往苏必利尔湖

从机场停车场沿 MN-5（East）、I-35（East）前行即可。全程 260 公里，约需 3 小时。

> **底特律机场**
>
> 中国有直飞底特律的航班，机场位于底特律西南方向 35 公里的位置。绝大部分租车公司的营业所都位于机场外，从航站楼可以搭乘各个租车公司的班车前往。
>
> URL www.metroairport.com

小贴示 明尼阿波利斯 / 圣保罗国际机场 林德伯格航站楼 住 4300 Glumack Dr., St.Paul ☎（612）726-5555
URL www.mspairport.com

推荐线路

芝加哥出发
畅享美国音乐 5 日游
从蓝调到乡村乃至爵士的音乐之旅

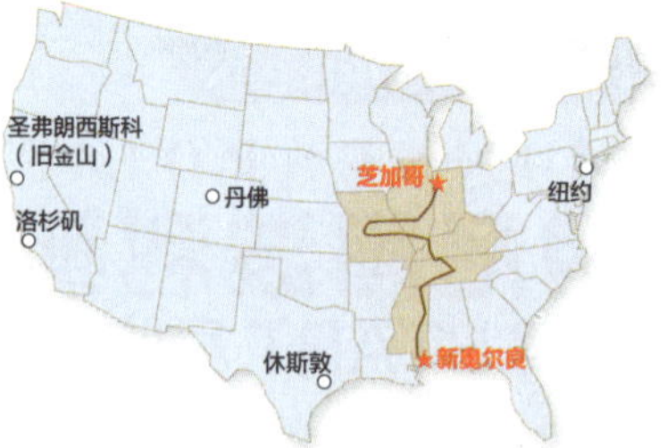

芝加哥可谓可以同时享受爵士及蓝调音乐的地方。白人音乐家营造的爵士音乐氛围使得爵士乐在这座城市得到了进一步的升华。对爵士乐感兴趣的游客还可以前往位于密苏里州堪萨斯城的美国爵士博物馆。堪萨斯城也是比博普爵士乐之父查理·帕克的出生之地。之后从美国人心底里的故乡、乡村音乐的布鲁斯中心——田纳西州纳什维尔途经蓝调的发源地孟菲斯，前往爵士音乐的诞生地，新奥尔良。

有世界知名爵士音乐家进行演奏的酒馆——位于新奥尔良的 Fritzel's European Jazz Pub

自驾线路

总里程
约 2690 公里

第1天
中国
↓
伊利诺伊州芝加哥（住宿）

第2天 I-90E~I-55S~I-72W~US-36W~I-35S~US-40E
（820 公里 / 约 9 小时）
↓
密苏里州堪萨斯城（住宿）

第3天 I-70E~I-64E~I-57S~I-24E
（890 公里 / 约 10 小时）
↓
田纳西州纳什维尔（住宿）

第4天 I-40W
（340 公里 / 约 4 小时）
↓
田纳西州孟菲斯（住宿）

第5天 I-240S~I-55S、I-10E
（640 公里 / 约 6 小时 40 分钟）
↓
路易斯安那州新奥尔良（住宿）

※ 上述行程不包含游览时间

在新奥尔良市内与音乐亲密接触

景区信息

●芝加哥旅游局
URL www.choosechicago.com
●堪萨斯城旅游局
URL www.visitkc.com
●纳什维尔旅游局
URL www.visitmusiccity.com
●孟菲斯旅游局
URL www.memphistravel.com
●新奥尔良旅游局
URL www.neworleanscvb.com
●爵士演奏 Show Case
URL 806S.Plymouth Ct.，Chicago，IL ☎（312）360-0234
URL www.jazzshowcase.com 營 每天 18:00~ 次日 1:00
●美国爵士博物馆
住 1616E. 18th Street I Kansas City，MO
☎（816）474-8463 URL americanjazzmuseum.org
營 周二 ~ 周六 9:00~18:00，周日 12:00~18:00
●乡村音乐殿堂及博物馆
住 222 5th Ave.S.，Nashville，TN
☎（615）416-2001 URL countrymusichalloffame.org
營 每天 9:00~17:00
●Grace Land
住 3734 Elvis Presley Blvd.，Memphis，TN
☎（901）332-3322 URL www.graceland.com
營 每天 10:00~16:00（时期不同会有所调整）
●Preservation Hall
住 726 St. Peter St.，New Orleans，LA
☎（504）522-2841 URL www.preservationhall.com
營 每天 20:00、21:00、22:00

美国爵士博物馆背后的查理·帕克雕像

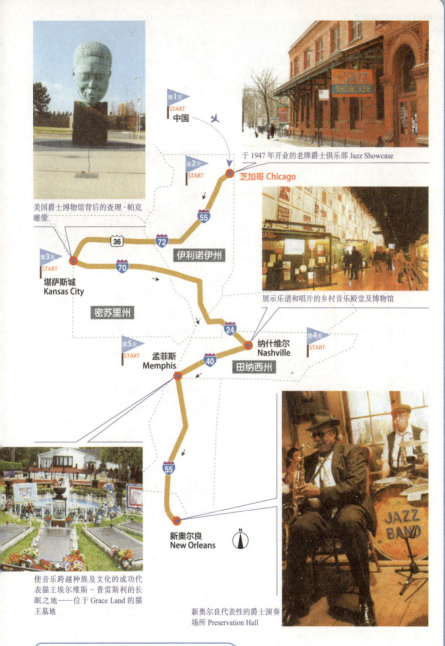

于 1947 年开业的老牌爵士俱乐部 Jazz Showcase

展示乐谱和唱片的乡村音乐殿堂及博物馆

使音乐跨越种族及文化的成功代表猫王埃尔维斯－普雷斯利的长眠之地——位于 Grace Land 的猫王墓地

新奥尔良代表性的爵士演奏场所 Preservation Hall

住宿地建议及 Driving Tips

芝加哥市内的酒店附带的大都是收费停车场。

孟菲斯的治安不是很好，最好把车停在有停车员看管的停车场。即使是白天也不要在人烟稀少的地方停留。

如果打算在新奥尔良的法国人居住地住宿，最好提前预约。

推荐线路

明尼阿波利斯 / 圣保罗出发
田间 1 日游
探寻中西部小镇的一日游线路

在明尼阿波利斯的近郊坐落着美国最大级别的商场 Mall of America 以及拥有最大规模雕刻庭院的美术馆 Minneapolis Sculpture Garden。从此处向东南方向行进 120 公里便是威斯康星州的丕平，这座城市便是电视剧《大草原上的小木屋》的拍摄取景地，处处都流露出可爱的氛围。你还可以参观剧中萝拉出生时的原木小屋的复制品以及周边博物馆。之后前往拥有白头鹰博物馆的明尼苏达州沃巴什以及知名鞋子品牌“RED WING”总部所在地红翼镇。

萝拉·伊丽莎白·英格斯博物馆便坐落在《大草原上的小木屋》的拍摄取景地——威斯康星州的丕平

自驾线路

总里程
约 280 公里

第1天
明尼苏达州
明尼阿波利斯·圣保罗国际机场
↓
第2天 MN-5W~I-494E~US-10E/US-61S~WI-35S
（120 公里 / 约 1 小时 40 分钟）
↓
威斯康星州丕平
第3天 WI-35S~WI-25S~MN-60
（18 公里 / 约 25 分钟）
↓
明尼苏达州沃巴什
第4天 MN-60S~US-61N
（50 公里 / 约 50 分钟）
↓
明尼苏达州红翼镇
第5天 US-61N~MN-50W~US-52N~MN-55W~MN-149N~I-494W~MN-77S（85 公里 / 约 1 小时 15 分钟）
↓
明尼苏达州布卢明顿、Mall of America
第6天 MN-77N~MN-5N
（7 公里 / 约 10 分钟）
↓
明尼阿波利斯·圣保罗国际机场

※ 上述行程不包含游览时间

住宿地建议及 Driving Tips

明尼阿波利斯·圣保罗国际机场附近的明尼阿波利斯、圣保罗以及布卢明顿等城市拥有很多酒店，不用担心找不到酒店的情况。

丕平、沃巴什以及红翼镇都是麻雀虽小五脏俱全，接近城镇时注意降慢车速，注意行人。

景区信息

- **明尼阿波利斯旅游局**
URL www.minneapolis.org
- **圣保罗旅游局**
URL www.visitsaintpaul.com
- **丕平旅游事务所**
URL www.pepinwisconsin.com
- **萝拉·伊丽莎白·英格斯博物馆**
住 306 3rd St., Pepin, WI ☎（715）513-6383
URL lauraingallspepin.com
营〈5 月中旬 ~10 月中旬〉每天 10:00~17:00
费 成人 $5、儿童 $2
- **萝拉·伊丽莎白·英格斯小屋**
住 N 3238 County Rd.CC, Pepin, WI
- **沃巴什旅游局**
URL www.wabashamn.org
- **国家老鹰中心 National Eagle Center**
住 50 Pembroke Ave., Wabasha, MN
☎（651）565-4989 URL www.nationaleaglecenter.org
营 每天 10:00~17:00 费 成人 $8，儿童 $6
- **红翼镇旅游局**
URL www.redwing.org
- **红翼鞋子公司**
住 315 Main St., Red Wing, MN ☎（651）388-6233
URL www.redwingshoes.com
营 周一 ~ 周五 9:00~20:00、周六 9:00~18:00、周日 10:00~17:00
- **红翼陶器 & 商店**
住 4909Moundview Dr., Red Wing, MN
☎（651）388-4610 URL www.redwingstoneware.com
营 周一 ~ 周六 9:00~18:00、周日 10:00~16:00
- **圣詹姆斯酒店**
住 406 Main St., Red Wing, MN 55066
Free（1-800）252-1875 URL www.st-james-hotel.com
营 餐厅 / 周一 ~ 周六 6:30~10:30、11:00~14:00、周日 7:30~14:00
- **布卢明顿旅游局**
URL www.bloomingtonmn.org
- **Mall of America**
住 60 E.Broadway, Bloomington, MN
☎（952）883-8800 URL www.mallofamerica.com
营 周一 ~ 周六 10:00~21:30、周日 11:00~19:00

小贴示 明尼阿波利斯雕刻庭院 Minneapolis Sculpture Garden 住 1750 Hennepin Ave.Minneapolis, MN ☎（612）375-7600 URL www.walkerart.org/garden

《花生漫画》中的史努比的创作者便是出生于明尼阿波利斯、在圣保罗长大的查尔斯·舒尔茨，在当地机场中都能看到史努比的雕像

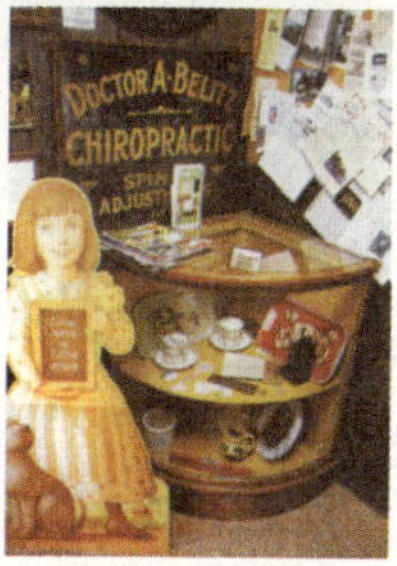

上 / 位于萝拉·伊丽莎白·英格斯博物馆北面 1 公里的位置，便是《大草原上的小木屋》中主人公萝拉出生时的原木小屋的复制品　右 / 萝拉·伊丽莎白·英格斯博物馆展示了萝拉曾使用过的餐具

开设在巨型购物中心 Mall of America 中的乐高商店

一层有一个巨型的鞋子雕塑，二层则是改建为博物馆的红翼鞋子公司

上 / 红翼镇的陶器也十分出名　右 / 一定要尝一尝的明尼苏达州特产——wild rice soup

在研究白头鹰的国家老鹰中心，讲解员正在对鹰的生态环境进行解说

由中西部出发周游东部的推荐线路

芝加哥出发 ▸ 中西部出发向东部进发的横穿 **6** 日游

城市与田野、尼亚加拉瀑布

Big Cities, Small Towns, Niagara Falls

从中西部最大的城市横穿伊利湖，
前往尼亚加拉瀑布。
途中甚至可以顺路去加拿大转一转（需签证）。
在木棉田野里自由驰骋，
前往与文明社会完全隔绝的阿米什人地区。
这注定会是一次见识美国别样面貌的难忘之旅。

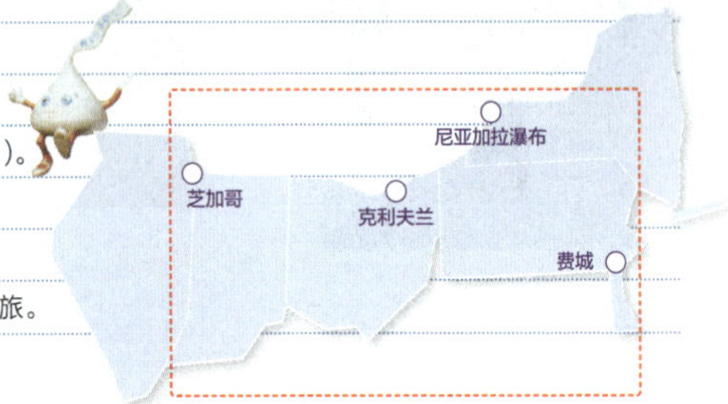

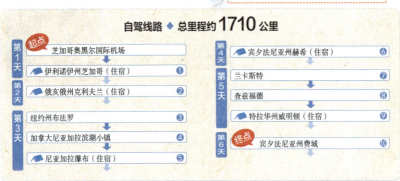

自驾线路 ◆ 总里程约 1710 公里

第1天
- 起点 芝加哥奥黑尔国际机场
- 伊利诺伊州芝加哥（住宿） ①

第2天
- 俄亥俄州克利夫兰（住宿） ②

第3天
- 纽约州布法罗 ③
- 加拿大尼亚加拉滨湖小镇 ④
- 尼亚加拉瀑布（住宿） ⑤

第4天
- 宾夕法尼亚州赫希（住宿） ⑥

第5天
- 兰卡斯特 ⑦
- 查兹福德 ⑧
- 特拉华州威明顿（住宿） ⑨

第6天
- 终点 宾夕法尼亚州费城 ⑩

摄影点 近路 美食 散步 购物 住宿

第 1 天

1 30 公里、约 30 分钟
伊利诺伊州芝加哥
Chicago

号称芝加哥最高建筑物的西尔斯大厦

从芝加哥奥黑尔国际机场沿 I-190、I-90 向东南方向前行 29 公里，由 51-1 出口前往 Congress Pkwy.。此后再向东前行 1 公里便可抵达芝加哥市中心。芝加哥是仅次于纽约、洛杉矶的全美第三大城市，游客可以在这里自由购物，参观美术馆及各种博物馆。其中与大都会美术馆、波斯顿美术馆并称美国三大美术馆的芝加哥美术馆一定要去瞧一瞧。乘船参观市内建筑的巡游活动 Architecture River Cruise 很有人气。

第 2 天

2 552 公里、约 6 小时 50 分钟
俄亥俄州克利夫兰
Cleveland

"Rock'n Roll" 一词的诞生地克利夫兰

沿着 I-90 向东前行 550 公里，由 172A 出口驶出后沿着 E 9th St. 向北前行 2 公里就可以到达克利夫兰最棒的景点——摇滚殿堂及博物馆 Rock and Roll Hall of Fame。作为摇滚乐类型博物馆，馆内有从披头士、滚石乐队到吉米亨德里克斯、涅槃乐队、迈克尔·杰克逊等世界各国优秀音乐人的相关展示。此外已开业 100 周年的克利夫兰美术馆 The Cleveland Museum of Art 以及近年来以美食城市闻名的俄亥俄城都不妨顺路一去。

第 3 天

3 305 公里、约 3 小时 50 分钟
纽约州布法罗
Buffalo

只接待团队旅行的布法罗中央车站

沿着 I-90 向东前行 297 公里，由 53 号出口前往 I-190W，继续前行 5 公里从 4 号出口驶出，经 Fillmore Ave.、Memorial Dr.、Hilton St. 向东北方向前行 3 公里便可以抵达布法罗中央车站 Buffalo Central Terminal。这座车站由曾经设计纽约曼哈顿的纽约中央车站 Grand Central Terminal 的菲尔海马与瓦格纳于 1929 年联手建造而成，但由于这里与纽约和芝加哥连接的线路被废弃使用，这座 17 层的装饰艺术风格车站也变为遗址。现在可以参加由该车站与布法罗精神医院 Buffalo Psychiatric Center 共同组成的遗址观光游，只有通过这种形式才可以进入车站内部游览参观。

Chicago Visitor Center
住 111N. State St., Chicago, IL60602
☎ (1-312) 781-4483
URL www.choosechicago.com
营 周一～周四 10:00~21:00、周五 9:00~22:00、周六 9:00~22:00、周日 11:00~19:00

芝加哥美术馆
住 111S.Michigan Ave., Chicago, IL
☎ (1-312) 443-3600
URL www.artic.edu
营 周五～下周三 10:30~17:00、周四 10:30~20:00
费 成人 $25、儿童 $19，13 岁以下免费

Architecture River Cruise
住 224S, Michigan Ave., Chicago, 1L (Chicago Architecture Foundation)
☎ (1-312) 922-3432
URL www.architecture.org
营 每天 9:00~19:00（时期不同会有所变化），全程 1 小时 30 分钟
费 $44

西尔斯大厦
住 233S.Wacker Dr., Chicago, IL
☎ (1-312) 875-9696
URL theskydeck.com
营 3~9 月每天 9:00~22:00
10 月～次年 2 月每天 10:00~20:00
费 12 岁以上 $22，3~11 岁 $14

Cleveland Visitors Center
住 334 Euclid Ave., Cleveland, OH44114
☎ (216) 875-6680
URL www.thisiscleveland.com
营 周一～周六 9:00~18:00

摇滚殿堂及博物馆
住 1100 Rock and Roll Blvd., Cleveland. OH
☎ (216) 781-7625
URL www.rockhall.com
营 周四～下周二 10:00~17:30、周三 10:00~21:00
费 $23.50、儿童 $13.75

Buffalo Niagara Visitor Center
住 403 Main St., Buffalo, NY 14203
URL www.visitbuffaloniagara.com
Free (1-800) 283-3256

布法罗中央车站
住 495Paderewski Dr., Buffalo, NY
☎ (716) 810-3210
URL buffalocentralterminal.org

遗址观光游
营 周六 10:00~12:00、周日 14:00~16:00
URL richardson-olmsted.com/visit/tours-and-events

参照地图 p.104

Niagara on the Lake Visitor Center
住 26 Queen St., Niagara-on-the-Lake, ON L0S1J0
☎ (905) 468-1950
URL www.niagaraonthelake.com

Niagara Falls Visitor Center (USA)
住 10 Rainbow Blvd., Niagara Falls, NY 14303
Free (1-877) 325-5787

Niagara Falls Tourism (Canada)
住 6815 Stanley Ave., Niagara Falls, ON, L2G 3Y9, Canada
☎ (905) 356-6061

Niagara Falls Canada Visitor Center
住 5400 Robinson St., Niagara Falls, ON, L2G 2A6, Canada
Free (1-800) 563-2557
URL www.niagarafalls.ca

Clifton Hill
住 4960 Clifton Hill, Niagara Falls, ON
☎ (905) 358-3676
URL www.cliftonhill.com

Table Rock
住 6650 Niagara Pkwy., Niagara Falls, ON

Journey Behind the Falls
住 6650 Niagara Pkwy., Niagara Falls, ON
URL www.niagaraparks.com/niagara-falls-attractions/journey-behind-the-falls.html
营 每天 9:00~20:00（时期不同会有所变化）
费 成人 $16.95、儿童 $11

摩天塔 Skylon Tower
住 5200 Robinson St., Niagara Falls, ON L2G 2A3 Canada
☎ (905) 356-2651
URL www.skylon.com
营 每天 8:00~22:00（时期不同会有所变化）
费 成人 $15.02、儿童 $9.22

Hershey Harrisburg Regional Visitors Bureau
住 3211 N.Front St., Harrisburg, PA 17110
☎ (717) 231-7788
URL www.visithersheyharrisburg.org

Hershey's Chocolate World
住 251 Park Blvd., Hershey, PA
☎ (717) 534-4900
URL www.hersheys.com/chocolateworld
营 每天 9:00~21:00（时期不同会有所变化）

4 67 公里、约 1 小时 20 分钟

加拿大尼亚加拉滨湖小镇 Niagara on the Lake

沿 Memorial Dr.、Fillmore Ave. 向南前行 3 公里后驶入 I-190N，继续向北前行 28 公里，从 21 号出口即可前往 Robert Moses Pkwy.。此后向西北方向前行 6 公里，于 Niagara St. 右转，再往前行驶 1 公里便是连接美国与加拿大的彩虹桥 Rainbow Bridge。前往加拿大前需要支付过桥费 $3.50。此后便要依次接受美国和加拿大的出入境签证审查。通过审查后顺着公路前行便是加拿大了。此后经 Ontario-420、Queen Elizabeth Way、Hwy-55 向北前行 29 公里即可抵达尼亚加拉滨湖小镇。这里 18 世纪曾属于英国统治的地区，即使现在仍能在这里看到不少遗留下来的维多利亚式建筑。

5 23 公里、约 35 分钟

尼亚加拉瀑布 Niagara Falls

沿 Queen's Parade、Niagara Pkwy. 向南行驶 23 公里，便可到达加拿大一侧尼亚加拉瀑布城的繁华街 Clifton Hill。Niagara Skywheel 观景车、餐厅、纪念品商店、赌场都可以在这里找到，即使到了深夜仍会人头攒动，热闹极了。沿着 Niagara Pkwy. 向南前行 2 公里，便可以看到著名的 Table Rock 景观。当然你还可以前往邻近的散步小路，近距离地聆听蓬勃的水流冲击声。时间充裕的话可以参加 Journey Behind the Falls 团队游活动或是前往尼亚加拉瀑布最高的展望台摩天塔 Skylon Tower 俯瞰雄伟的瀑布之景。

从加拿大眺望尼亚加拉瀑布

第 4 天

6 555 公里、约 7 小时 10 分钟

宾夕法尼亚州赫希 Hershey

穿过彩虹桥返回美国境内时，仍需要将护照交给审查官并回答简单的问题，通过审查后沿着 Niagara St.、John Daly Blvd.、Robert Moses Pkwy. 向东南方向前行 8 公里进入 I-190，随后依次经 I-190、I-290、I-90 向东前行 120 公里，从 46 号出口进入 I-390。此后沿 I-390、I-86、I-99、US-15、PA-39 向南行驶 427 公里便可抵达赫希。这里除了著名的巧克力公司 Hershey's 的工厂，还有礼品店兼博物馆的赫希巧克力世界 Hershey's Chocolate World、历史博物馆 The Hershey Story、主题公园 Hersheypark 等，都是值得一去的地方。

第5天

7 54公里、约50分钟
兰卡斯特 Lancaster

依次沿PA-743、PA-283、US-30向南行进54公里，即可抵达基督新教再洗礼派门诺会信徒、被称为“阿米什人”的德裔美国人生活的城镇。他们在日常生活中不使用任何与电力相关的现代设施，以农业为生存的根本，自给自足，成年男性必须蓄胡子，戴帽子；女性则着白色披肩，穿着朴素服装。如果打算近距离参观阿米什人的日常生活，可以前往Amish Farm & House。阿米什人手工制作的拼布床单很有名，兰卡斯特周边有不少拼布床单商店，感兴趣的话不妨转一转。

8 60公里、约1小时
查兹福德 Chadds Ford

沿US-30、PA-41、US-1向东南方向前行60公里便可抵达这座美国画家安德鲁·怀斯出生的城镇。收藏安德鲁·怀斯、其子吉米、其父N.C.三代人画作的博物馆Brandywine River Museum of Art可谓这里的重头戏。

9 14公里、约20分钟
特拉华州威明顿 Wilmington

沿Heyburn Rd.、Ridge Rd.、Smithbridge Rd.、DE-100向西南方向前行13.5公里，随后沿DE-141、Od Barley Mill Rd.向东前行500米便可抵达威明顿。化学品公司Du Pont便起源于这个城市。附近建有与Du Pont公司相关的博物馆和庭院，不少酒店也建在周围。

第6天

10 50公里、约55分钟
宾夕法尼亚州费城 Philadelphia

沿I-95向东前行55公里便可以抵达费城。1776年在英国殖民统治下的美国人民，于7月8日在费城发表了《独立宣言》，并敲响自由之钟。象征美利坚合众国建立的自由钟中心Liberty Bell Center、独立纪念馆Independence Hall都集中于市中心的国家独立历史公园Independence National Historical Park。另外，展示众多印象派画作的巴恩斯基金会画廊也值得一去。

位于费城美术馆前面的电影《洛奇》的主人公洛奇的雕像

Discover Lancaster Visitors Center
住 501 Greenfield Rd., Lancaster, PA 17601
Free (1-800) 723-8824
URL www.discoverlancaster.com
营 (5月下旬~10月) 周一~周六 9:00~17:00、周日 10:00~16:00、(11月~次年5月中旬) 每天 10:00~16:00

Lancaster City Visitor Center
住 38 PennSq., Lancaster, PA 17603
☎ (717) 517-5718
URL www.visitlancastercity.com
营 周一~周六 9:00~16:00、周日 11:00~15:00 (时期不同会有所变化)

Amish Farm& House
住 2395 Lincoln Hwy.E., Lancaster, PA
☎ (717) 394-6185
URL www.amishifarmandhouse.com
营 每天 9:00~17:00
费 成人 $9.50、儿童 (5~11岁) $6.50

Brandywine River Museum of Art
住 1 Hoffman's Mill Rd., Chadds Ford, PA
☎ (610) 388-2700
URL www.brandywine.org/museum
营 每天 9:30~17:00
费 成人 $15、儿童 (6~18岁) $6

Greater Wilmington Convention and Visitors Bureau
住 100W. 10th St., Wilmington, DE 19801
Free (1-800) 489-6664
URL www.visitwilmingtonde.com
营 周一~周四 9:00~17:00、周五 8:30~16:30

Philadelphia Visitor Center
URL www.phlvisitorcenter.com

Independence Visitor Center
住 1N. Independence Mall W., Philadelphia, PA 19107
Free (1-800) 537-7676

City Hall Visitor Center
住 Broad and Market Sts., Room 121, Philadelphia, PA 19106
☎ (215) 686-2840

巴恩斯基金会画廊
住 2025 Benjamin Franklin Pkwy, Philadelphia, PA
☎ (215) 278-7000
URL www.barnesfoundation.org/visit/philadelphia
营 周三~下周一 10:00~17:00
费 成人 $25、儿童 $10

New York & Eastern

纽约及东部区域

除了美国最著名的城市纽约，历史气息浓厚的新英格兰地区、纽约西南部地区、建有众多行政机构和博物馆的美国首都圈华盛顿 D.C. 等都是值得一去的地方。该区域所处的东海岸地区四季分明，夏天可以进行水上运动和远足；冬天则是滑雪的好地方；秋天红叶挂满枝头，可谓最适宜自驾的好时节。

城市导览

纽约州

◆曼哈顿

全美最受游客喜爱的都市区，时报广场、第五大道、华尔街等世界著名景点都分布其中。【汽车租赁营业所→ p.110】

曼哈顿郊外

●汉普顿斯

位于纽约州东部长岛上的高级别墅地区。建有知名品牌店商业街的东汉普顿岛以及建有灯塔的蒙托克地区是这里的观光重点。

●比肯

位于曼哈顿以北 100 公里的位置，因建有世界最大规模的现代美术馆迪亚比肯美术馆 Dia Beacon 而使这里成为旅游景点。

●尼亚加拉瀑布

世界三大瀑布之一，位于纽约州西北部的尼亚加拉瀑布，由落差 54 米、宽度 323 米的美国境内瀑布和落差 57 米、宽度 670 米的加拿大境内瀑布共同组成。

马萨诸塞州

◆波士顿

位于新英格兰地区的中部，是美国政治、经济、旅游的核心地带。这里因波士顿倾茶事件而成为美国独立运动的发祥地。【汽车租赁营业所→ p.112】

波士顿郊外

●伯克夏地区

因夏季的坦格尔伍德音乐节和美丽的红叶而知名。

缅因州

由面向大西洋沿海城镇和被阿巴拉契亚山脉包围的森林地带组成的面积广大的州，新英格兰地区唯一的国家公园阿卡迪亚国家公园便坐落在这里。

新罕布什尔州

州内大部分地区都是森林和湖泊，是大自然的宝库。你可以通过湖上游船或在堪卡马格斯公路 Kancamagus Highway 自驾的方式亲密接触大自然。

佛蒙特州

电影《音乐之声》中特拉普一家的居住地斯托 Stowe 便位于这里，冬季这里是绝佳的滑雪场所，吸引众多雪上运动爱好者前来游玩。

罗得岛州

是 50 个州中面积最小的州，东部的富人在这里的纽波特兴建了别墅豪宅。

康涅狄格州

首府哈特福德，作家马克·吐温和哈丽叶特·比切·斯托曾经生活过的住所对外公开展览。

弗吉尼亚州

全美唯一的特别行政区华盛顿 D.C. 位于其西南方向。因列入世界遗产名录的蒙蒂塞洛庄园和红酒名产地而被世人所知。

宾夕法尼亚州

美利坚合众国的建国城市费城、Kisses 巧克力的发祥地赫希、阿米什人的聚居地兰卡斯特等许多独具魅力的城市都坐落在这里。

西弗吉尼亚州

位于阿巴拉契亚山脉内侧，歌唱西弗吉尼亚州的歌曲 *Take Me Home Country Roads* 高居州歌的第四位，被世人传唱至今。

HOW TO DRIVE IN

NEW YORK 纽约

自驾 START 导览

纽约是全世界游人憧憬的美国大都市。中国直飞美国的航班多数在曼哈顿近郊的约翰·肯尼迪国际机场降落，此外这里还有纽瓦克自由国际机场以及运营美国国内航线的拉瓜迪亚机场。自驾可以前往纽约州东部的长岛地区、曼哈顿北部的奥特莱斯 Woodbury Common Premium Outlets，以及拥有知名现代美术馆的比肯市。

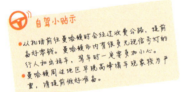

自驾小贴示

- 从机场前往曼哈顿时会经过收费公路，提前备好零钱。曼哈顿市内有很多无视信号灯的行人和出租车，驾车时一定要多加小心。
- 曼哈顿周边地区早晚高峰堵车现象较为严重，请提前做好准备。

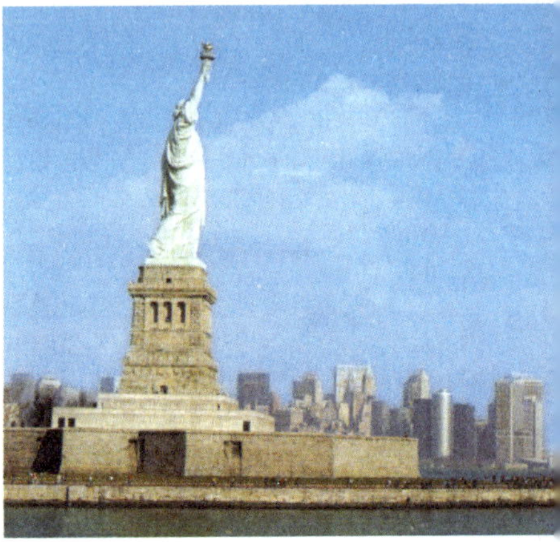

纽约地标——自由女神像

约翰·肯尼迪国际机场的租车方式

机场位于曼哈顿东南方向约 24 公里处的凯恩斯地区。大型租车公司的柜台均设在机场内部，由各个航站楼搭乘 Air Train 前往 Federal Circle 站即可。

上 / 并设有轻轨站的汽车租赁营业所　下 / 轻轨将航站楼和租车公司营业所连在一起

小贴示 约翰·肯尼迪国际机场 ☎ (718) 244-4444 URL www.panynj.gov/airports/jfk.html

从机场前往主要景点

◆前往曼哈顿

驶出租车中心后沿 Cargo Service Rd.、Service Rd. 驶入 I-678（North），随后北上 10 公里从 12B 出口前往 I-495W/Long IS Expwy.。随后向西前行 12 公里从曼哈顿的 37th St. 驶出即可。全程 26 公里，约需 45 分钟。

曼哈顿的中心——时报广场

◆前往蒙托克

驶出租车中心后经 Cargo Service Rd.、Service Rd. 驶入 I-678（North），很快从 1 号出口驶出后，进入 Belt Pkwy.。向东行驶 3.5 公里，随后从 23B 出口进入 NY-27/Sunrise Hwy.，直行 155 公里即可抵达名为 The Plaza 的蒙托克市中心。全程 170 公里，约需 2 小时 40 分钟。

蒙托克著名的 Montauk Point 灯塔

◆前往 Woodbury Common Premium Outlets

由租车中心驶出后进入 I-678（North），从 19 号出口前往 I-95（South）。随后由 Exit 72A 进 入 NJ-4（West）， 沿 NJ-17（North）、I-87（North）、NY-17（North）前行即可抵达。全程 96 公里，约需 1 小时 40 分钟。

◆前往比肯市

由租车中心驶出后进入 I-678（North），依次经 Hutchinson River Pkwy.（North）、I-684（North）、I-84（West）即可。最后从 11 号出口驶入 NY-9D（South）。全程 144 公里，约需 2 小时。

曼哈顿近郊的其他机场

●纽瓦克自由国际机场

位于曼哈顿西南方向 20 公里、新泽西州的纽瓦克市。AVIS、Enterprise、Hertz、National 等租车公司的柜台位于 Station P3，Alamo、Dollar、Budget 等租车公司的柜台则位于 Station P2。从航站楼可以搭乘 Air Train 轻轨前往各个柜台所在的车站。

URL www.panynj.gov/airports/newark-liberty.html

●拉瓜迪亚机场

坐落在曼哈顿东北方向 10 公里、纽约州的凯恩斯地区。AVIS、Enterprise、Hertz、Alamo、Dollar、Budget 等租车公司的营业所都分布在机场周围，从航站楼可以搭乘班车前往各家汽车租赁营业所。

URL laguardiaairport.com

小贴示 Dia：Beacon 住 3 Beekman St.，Beacon，NY URL www.diaart.org 营〈1~3 月〉周五 ~ 下周一 11:00~16:00、〈4~10 月〉周四 ~ 下周一 11:00~18:00、〈11~12 月〉周四 ~ 下周一 11:00~16:00

HOW TO DRIVE IN

BOSTON 波士顿

自驾 START 导览

哈佛及麻省理工等顶级大学都坐落在马萨诸塞州的波士顿。同时这里也是由马萨诸塞州、缅因州、佛蒙特州、新罕布什尔州、康涅狄格州、罗得岛州共同组成的新英格兰地区的中心。四季分明，非常适合自驾游览。

位于波士顿市中心的波士顿公共公园

自驾小贴示

- 从机场前往波士顿市内时会经过收费公路，提前备好零钱。
- 波士顿市内有很多行人，驾车要控制车速。

波士顿洛根国际机场的租车方式

机场位于市中心东面 5 公里的位置，中国有直飞这里的航班。大部分租车公司的柜台都位于机场内侧的租车中心，从 A 和 B 航站楼搭乘 22 路班车，从 C 和 E 航站楼搭乘 33 路班车即可到达这里。清晨和深夜则需要搭乘 55 路班车从航站楼前往租车中心。

租车公司的柜台集中在租车中心

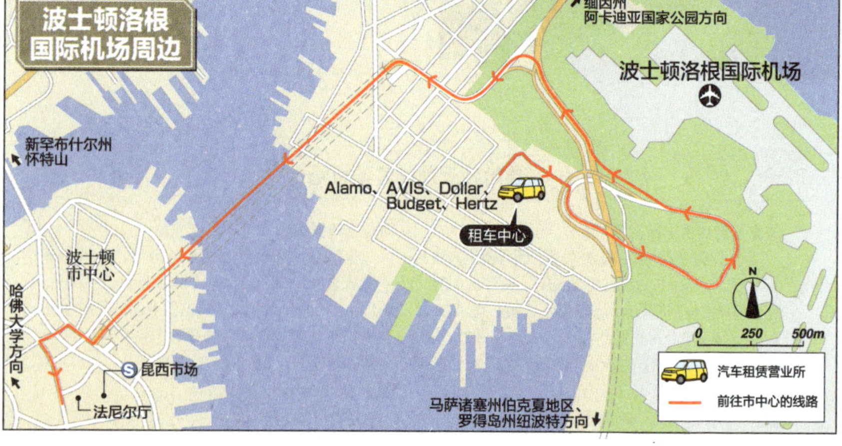

小贴示 波士顿洛根国际机场 住 1 Harborside Dr., Boston Free （1-800）235-6426 URL www.massport.com/logan-airport 租车中心 住 15 Transportation Way, E. Boston

从机场前往主要景点

◆前往波士顿市中心

从租车中心经 Aiport Rd. 进入 MA-1A（South），经过 Sumner Tunnel 后顺着 Government Center 的标识前行，随后左拐进入 Cambridge St.，从市中心的 Government Street 站驶出即可。全程 7 公里，约 20 分钟。

MLB 波士顿红袜队的球场——芬威球场

◆前往哈佛大学

从租车中心驶出后进入 I-90（West），随后从 20 号出口驶出，沿 Cambridge St.、River St.、Massachusetts Ave. 一路向西北方向前行。全程 15 公里，约需 25 分钟。

云集世界精英的哈佛大学

◆前往马萨诸塞州伯克夏地区

从租车中心驶出后进入 I-90（West），前行 210 公里即可抵达伯克夏地区的门户城镇，Lee。夏天前往坦格尔伍德音乐节的线路则是沿 US-20、MA-183 北上，全程 210 公里，约需 2 小时 30 分钟。

举办坦格尔伍德音乐节的伯克夏莱诺克斯

◆前往新罕布什尔州怀特山

从租车中心经 Aiport Rd. 进入 MA-1A（South），经过 Sumner Tunnel 后进入 I-93（North），随后从 35 号出口前往 US-3（North）、US-302（East），全程 275 公里，约需 3 小时。

召开布雷顿森林会议的 Omni Mount Washington Resort 度假村

◆前往缅因州阿卡迪亚国家公园

从租车中心经 Aiport Rd. 进入 I-90（East），随后沿 MA-1A（North）、MA-60（West）前行，之后与 US-1（North）合流，此后依次沿 I-95（North）、I-295（North）、US-1（North）、ME-3（South）前行即可。全程 430 公里，约需 5 小时 30 分钟。

新英格兰地区唯一的国家公园阿卡迪亚国家公园

◆前往罗得岛州纽波特

从租车中心前往 I-90（West），从 24 号出口进入 I-93（South），随后从 4 号出口进入 MA-24（South）、RI-24（South）、RI-114（South）前行即可。全程 120 公里，约需 1 小时 50 分钟。

别墅林立的纽波特

How To Drive in WASHINGTON DC
华盛顿 D.C.
自驾 START 导览

华盛顿 D.C.（全名 Washington，District of Columbia）是不隶属于 50 州中任何一个州的全美唯一特别行政区。虽然这里受联邦政府直接统辖管理，城市的政治味道相当浓厚，但这丝毫不影响史密森尼协会修建的世界最大博物馆群的观光热度，你可以在这里免费参观各个博物馆。城市内的政府机关也对民众开放，市内公共交通便利，华盛顿 D.C. 郊外的城镇同样历史与文化气息兼备，还有不少优秀的自然景观，时间充裕的话不妨驾车到处走走。

自驾小贴示

●华盛顿 D.C. 市内堵车现象严重，而且停车场也不好找，市内观光的话推荐乘坐公共交通工具。夏天在郊外自驾时需要注意多变的天气状况以及道路是否施工（施工多在夏季），避免不必要的堵车。雷阵雨后还需要注意浓雾现象，降低车速。

杜勒斯国际机场的租车方式

华盛顿 D.C. 周边共有 3 个机场，中国直飞航班通常降落在华盛顿杜勒斯国际机场，该机场位于华盛顿 D.C. 以西 40 公里的地方，汽车租赁营业所分布在机场周边，从航站楼搭乘班车前往即可。

搭乘你预约过的租车公司旗下的班车即可前往营业所服务点

从机场前往主要景点

◆前往华盛顿 D.C.

从汽车租赁营业所比较集中的 Autopilot Dr. 进入 Dulles Access Rd.，之后沿 I-66（East）驶向华盛顿 D.C. 市中心的 E St. Expy.。全程 44 公里，约需 40 分钟。

◆前往弗吉尼亚州仙南度国家公园

I-66 分岔口之前和前往华盛顿 D.C 的线路一致，随后进入 I-66（West），由 13 号出口进入 VA-79（South），之后沿 VA-55（West）向东前行，从 US-340（South）前往仙南度国家公园的入口 Front Royal。全程 90 公里，约需 1 小时。

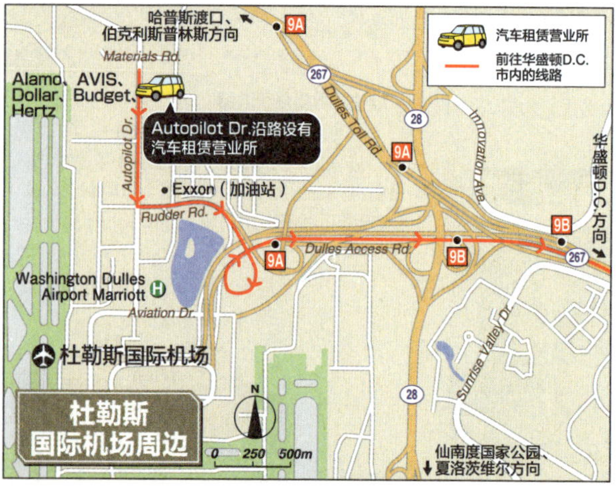

◆前往西弗吉尼亚州哈普斯渡口

从汽车租赁营业所比较集中的 Autopilot Dr. 进入 Dulles Access Rd.，由 9A 出口前往 VA-267（West ※ 部分公路收费），随后从 1A 出口进入 VA-7（West），之后沿 VA-9（West）、US-340（South）前行即可抵达哈普斯渡口市中心。全程 65 公里，约需 50 分钟。

 小贴示 杜勒斯国际机场 住 1 Saarinen Cir., Dulles, VA 20166 Free（703）572-2700 URL www.flydulles.com/iad/dulles-international-airport

周游纽约推荐线路

纽约出发 ▶ 纽约 · 长岛 2 日游

观海、购物，还有高级度假地区

Oceans, Shopping and The Resorts

如果打算逃离曼哈顿的喧闹，
不妨前往很多纽约人夏天都会去的长岛。
位于长岛东侧的蒙托克以及
云集众多高级品牌的汉普顿，
是全美首屈一指的高级别墅区。
驾车约 3 小时即可悠闲抵达长岛。

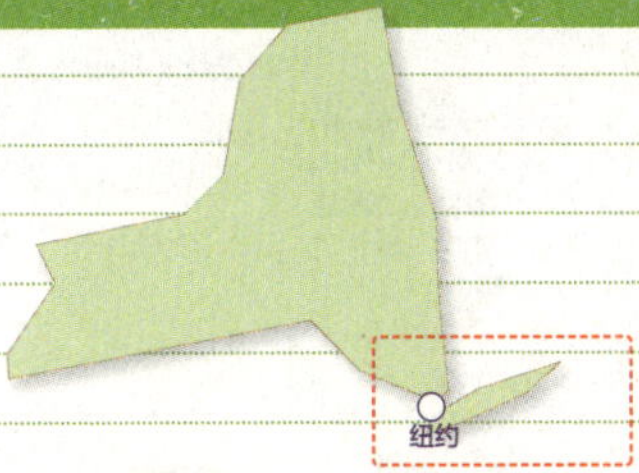

自驾线路 ◆ 总里程 180 公里

起点 约翰 · 肯尼迪国际机场

第1天
- 南安普敦 ①
- 布里奇汉普顿 ②
- 东汉普顿（住宿）③

第2天
- 阿默甘西特 ④
- 蒙托克 ⑤

终点 约翰 · 肯尼迪国际机场

第 1 天

1 130 公里、约 2 小时
南安普敦 Southampton

从 JFK 国际机场沿 NY-27(East) 向东前行 130 公里即可抵达南安普敦，这里也是东汉普顿及汉普顿的门户城市。主干道上坐落着例如 Brooks Brothers 以及 Club Monaco 等纽约本地人很爱光顾的商店。

各种餐厅也让人跃跃欲试

2 10 公里、约 30 分钟
布里奇汉普顿 Bridgehampton

从南安普敦向东沿 NY-27 前行即可抵达相对平民化的别墅地区——布里奇汉普顿。这里有很多冰激凌店和酒厂，很适合家庭出游。北面 7 公里的萨格港还建有捕鲸博物馆 The Sag Harbor Whaling& Historical Museum。

有的酒馆提供试喝服务

Southampton Chamber of Commerce
住 76 Main St., Southampton, NY 11968
☎ (631) 283-0402
URL www.southamptonchamber.com

推荐商店
● Brigehampton Candy Kitchen
住 2391 Montauk Hwy., Bridgehampton
☎ (631) 537-9885
营 每天 7:00~21:30
● Channing Daughters Winery
住 1927 Scuttlehole Rd., Bridgehampton
☎ (631) 537-7224
URL www.channingdaughters.com
营 每天 11:00~17:00

捕鲸博物馆
住 200 Main St., Sag Harbor
☎ (631) 725-0770
URL www.sagharborwhalingmuseum.org
营 每天 10:00~17:00（时期不同会有所调整）
费 $6

East Hampton Chamber of Commerce
住 42 Gingerbread Ln., East Hampton, NY11937
☎ (631) 324-0362
URL www.easthamptonchamber.com

Pollock Krasner House & Study Center
住 830 Springs-Fireplace Rd., East Hampton
☎ (631) 324-4929
URL sb.cc.stonybrook.edu/pkhouse
营 (5~10月) 周四~周六 13:00~16:00 (费 $5)。需要提前预约的1小时导游带团游 (12:00~, 费 $10)

东汉普顿的酒店

● The Hedges Inn
住 74 James Ln., East Hampton, NY 11937 ☎ (631) 324-7101
URL www.thehedgesinn.com
费 Ⓢ Ⓓ Ⓣ $350~$850
信用卡 A M V

推荐商店

● Pilgrim Surf+ Supply
住 4 Amagansett Sq., Amagansett
☎ (631) 267-3598
URL pilgrimsurfsupply.com
营 每天 10:00~18:00 (时期不同会有所调整)

● Amagansett Farmers Market
住 367 Main St., Amagansett
☎ (631) 527-5688
营 每天 7:00~19:00 (时期不同会有所调整)

蒙托克灯塔
住 2000 Montauk Hwy., Montauk
☎ (631) 668-2544
URL montauklighthouse.com
营 〈夏季〉每天 10:30~17:30 〈冬季〉周五~周日 11:30~16:00 (时期不同会有所调整)
费 $10

推荐餐厅

● Gosman's Dock Restaurant
住 500W.Lake Dr., Montauk
☎ (631) 668-5330
营 每天 12:00~22:00 (时期不同会有所调整)

3 11公里、约20分钟

东汉普顿 East Hampton

从南安普敦向东沿 NY-27 前行即可抵达罗伯特·德尼罗等明星居住的东汉普顿地区。Montauk Hwy. (Main St.) 和 Newtown Ln. 相交的周边地区开设着 Ralph Lauren 及 J.Crew、Theory 等知名店铺。由此向东北方向继续前行，则可以看到抽象画家杰克逊·波洛克 Jackson Pollock 和妻子李·格拉斯纳曾居住过的波洛克格－拉斯纳住宅和学习中心 Pollock Krasner House & Study Center。

云集高档品牌的 Newtown Ln.

第2天

4 5公里、约10分钟

阿默甘西特 Amagansett

从 NY-27 向东前行便可以抵达位于蒙托克和东汉普顿之间的这座小城。城镇虽小但五脏俱全，在曼哈顿成为话题的冲浪店 Pilgrim Surf + Supply 和百货店 Amagansett Farmers Market 都开在这里。

买上泳衣和冲浪用具就奔向蒙托克的海滩吧

5 20公里、约20分钟

蒙托克 Montauk

沿着 NY-27 向东前行即可抵达位于长岛最东面的城市蒙托克，汉普顿有很多私人海滩，而蒙托克的海滩则对公众开放，备受冲浪和皮划艇爱好者的喜爱。另外，在长岛最东面还建有面朝大西洋的纽约州第一座灯塔 Montauk Point Lighthouse (1796年)。来到这里不要错过当地知名的龙虾卷和奶油蛤蜊汤。

蒙托克灯塔

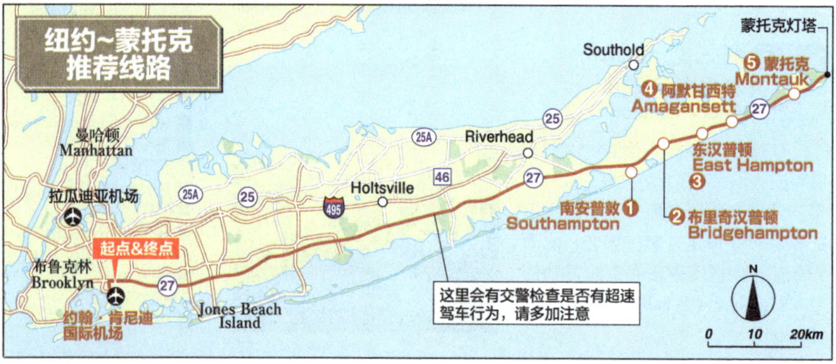

小贴士 **从蒙托克前往纽约** 沿 NY-27 向西前行 180 公里，即可抵达约翰·肯尼迪国际机场。约需 3 小时 15 分钟。

周游东部推荐线路

波士顿出发 ▶ 缅因州、新罕布什尔州 4 日游

奥特莱斯购物 & 周游国家公园

Outlet Shopping & National Park

从波士顿出发，前往新英格兰地区唯一的国家公园
阿卡迪亚国家公园。
中途还可以顺道去开有奥特莱斯商场的
缅因州基特里和弗里波特购物。
肚子饿了的话，
不妨尝尝缅因州的龙虾料理。

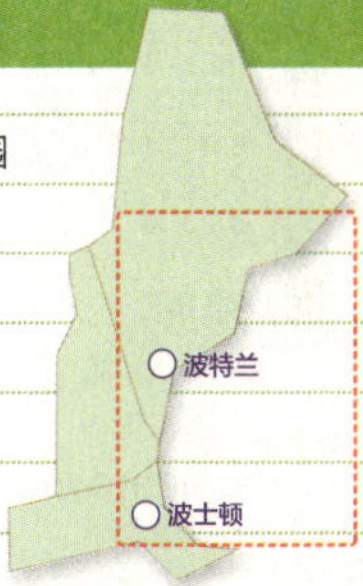

自驾线路 ◆ 总里程 905 公里

起点 波士顿洛根国际机场

第1天
- 缅因州基特里 ①
- 奥甘奎特 ②
- 波特兰（住宿）③

第2天
- 波特兰灯塔 ④
- 弗里波特 ⑤
- 洛克兰（住宿）⑥

第3天
- 巴港 ⑦
- 阿卡迪亚国家公园 ⑧
- 巴港（住宿）

第4天
- 新罕布什尔州朴次茅斯 ⑨
- 终点 马萨诸塞州波士顿 ⑩

奥特莱斯商场

● **Kittery Premium Outlets**
住 375 US-1, Kittery
☎（207）439-6548
URL www.premiumoutlets.com
营 周一～周六 9:00~21:00、周日 10:00~18:00

● **Kittery Outlets**
住 306 US-1, Kittery
Free（1-888）548-8379
URL www.thekitteryoutlets.com
营 周一～周六 9:00~21:00、周日 10:00~18:00（时期不同会有所调整）

ⓘ Ogunqult Chamber of Commerce
住 36 Main St., Ogunquit, ME 03907 ☎（207）646-2939
URL www.ogunquit.org

推荐餐厅

● **Barnacle Billy's Seafood Restaurant**
住 50-70 Perkins Cove Rd, Ogunquit ☎（207）646-5575
URL barnbilly.com
营〈4月下旬~10月中旬〉每天 11:00~21:00

ⓘ Portland Convention+ Visitors Bureau
住 14 Ocean Gateway Pier, Portland, ME 04101
☎（207）772-5800
URL www.visitportland.com

波特兰的看点和餐厅

● **Portland Museum of Art**
住 7 Congress St., Portland
☎（207）775-6148
URL www.portlandmuseum.org
营〈5月下旬~10月上旬〉每天 10:00~17:00（周四·周五~21:00）、〈10月中旬~次年5月中旬〉周二~周日 10:00~17:00（周五~21:00）
费 成人 $15、儿童（13~17岁）$10

● **Portland Lobster Company**
住 180 Commercial St., Portland
☎（207）775-2112
URL www.portlandlobstercompany.com
营 每天 11:00~22:00

第1天

1 95 公里、约 2 小时 20 分钟
基特里 Kittery

从波士顿洛根国际机场的租车中心驶出后沿 MA-1A（North）、MA-60（West）、US-1（North）、I-95（North）前行，从缅因州的 3 号出口进入 US-1（North）公路。基特里因云集奥特莱斯店铺而很受欢迎，入驻有 65 家商户的基特里高级奥特莱斯以及基特里奥特莱斯等约 120 家店铺均可在 US-1 沿路看到。

在基特里高级奥特莱斯商场可以看到 Coach 和 Tumi 等人气品牌

2 20 公里、约 25 分钟
奥甘奎特 Ogunquit

从基特里沿 US-1（North）向东北方向前行，就可以在右手边看到奥甘奎特的市中心。这里可谓缅因州最受欢迎的海港城市。奥甘奎特在印第安土著语中意为“美丽的海边城市”。这里最热闹的地方当数排列着商店和餐厅的 Shore Rd.。前总统布什钟爱的海鲜餐厅便位于市中心东面 1 公里的帕金斯湾 Perkins Cove。

3 60 公里、约 1 小时
波特兰 Portland

从奥甘奎特沿 US-1（North）、ME-9（West）、I-95（North）、I-295（North）前行，从 7 号出口便可前往市中心。靠近海湾的波特兰是缅因州最大的城市，经济和文化都很发达。老港口砖瓦风格的建筑被改建成了商店和餐厅，深夜也依旧喧闹。

把车停好后在城里散散步

小贴示 **波特兰的酒店** Hyatt Place Old Port（住 433 Fore St. Portland, ME 04101）和 Portland Harbor Hotel（住 468 Fore St., Portland, ME 04101）均位于老港口，方便观光。

第2天

4 10公里、约25分钟
波特兰灯塔 Portland Head Light

从波特兰市内沿 US-1 Alt、ME-77（South）、Cottage Rd.、Shore Rd.、Captain Stout Cir. 前行，即可抵达这座于18世纪90年代建在伊丽莎白海角的灯塔。当时为了提高灯塔的亮度，灯油中还加入了鲸鱼的脂肪。

看塔人一家直到1989年一直住在这座2层灯塔里

5 35公里、约45分钟
弗里波特 Freeport

从波特兰灯塔沿 Captain Stout Cir.、Shore Rd.、Cottage Rd.、ME-77（North）、I-295（North）前行，从20号出口驶出后走 US-1（North）便可抵达。著名的户外品牌——L.L.Bean 的总店便开在城内 Main St. 和 Bow St. 的交叉路口。周边也有 Brooks Brothers 和 Patagonia 等热门的奥特莱斯店铺。

右 / 因 Bean Boots 和 tote bag 而知名的 L.L.Bean 总店　下 / 位于弗里波特市中心南面5公里处的 Harraseeket・Lunch& Lobster 店内的龙虾卷

6 100公里、约1小时45分钟
洛克兰 Rockland

沿着 US-1（North）向东前行即可抵达，城内的主干道只有800米左右，美国代表画家安德鲁・怀斯 Andrew Wyeth 的作品大都收藏在法恩斯沃思美术馆 Farnsworth Art Museum 之中。

上 / 在法恩斯沃思美术馆上方可以看到由罗伯特・印第安纳制作的雕像《EAT》
下 / 面向洛克兰海港的高级酒店 Samoset Resort

参照地图 p.117

波特兰灯塔
住 1000 Shore Rd., Cape Elizabeth
☎（207）799-2661
URL www.portlandheadlight.com
营 每天 10:00~16:00

Freeport Visitor Center
住 23 Depot St., Freeport, ME 04032
☎（207）865-1212
URL www.freeportusa.com

奥特莱斯店铺
● L.L.Bean
住 95 Main St., Freeport
Free（1-877）755-2326
URL www.llbean.com
营 24小时

● Brooks Brothers
住 1 Freeport Village Station, Freeport
☎（207）865-0121
URL www.brooksbrothers.com
营 周日～下周四 10:00~18:00、周五・周六 10:00~20:00（时期不同可能会有所调整）

● Patagonia
住 9 Bow St., Freeport
☎（207）865-0506
URL www.patagonia.com
营 周日～下周四 10:00~19:00、周五・周六 10:00~20:00

推荐餐厅
● Harraseeket Lunch& Lobster
住 36 Main St., South Freeport
☎（207）865-4888
URL www.harraseeketlunchandlobster.com
营〈5~6月中旬、9月中旬～10月下旬〉每天 11:00~19:45、〈6月下旬~9月上旬〉每天 11:00~20:45

法恩斯沃思美术馆
住 16 Museum St., Rockland
☎（207）596-6457
URL farnsworthmuseum.org
营〈1~3月〉周三～周日 10:00~17:00、〈4~5月、11~12月〉周二～周日 10:00~17:00、〈6~10月〉每天 10:00~17:00
费 成人 $12、儿童（16岁以下）免费

洛克兰的酒店
● The Samoset Resort
住 220 Warrenton St., Rockport, ME 04856
☎（207）594-2511
URL www.samosetresort.com
费 ⓈⒹⓉ $119~380
信用卡 A D J M V
178间客房

参照地图 p.117

Bar Harbor Chamber of Commerce
住 2 Cottage St., Bar Harbor, ME 04609
Free (1-800) 345-4617
URL www.barharborinfo.com

主要观光游
● LuLu Lobster Boat Ride
住 55 West St., Bar Harbor
☎ (207) 963-2341
URL lululobsterboat.com
营〈5月~10月中旬〉每天 10:00、13:00（时期不同可能会增加次数）
费 成人$35、儿童（2~12岁）$20

推荐餐厅
● Stewman's Lobster Pound
住 35 West St., Bar Harbor
☎ (207) 288-0346
URL www.stewmanslobsterpound.com
营〈5月中旬~10月中旬〉每天 11:00~22:00

巴港的酒店
● The Bluenose Inn
住 90 Eden St., Bar Harbor, ME 04609
☎ (207) 288-3348
URL barharborhotel.com
费 $119~699、97间客房
信用卡 A D M V

阿卡迪亚国家公园
☎ (207) 288-3338
URL www.nps.gov/acad/index.htm
费 7日券 $25
● Hulls Cove Visitor Center
住 25 Visitor Center Rd., Bar Harbor
营〈4~6月、9~10月〉每天 8:30~16:30、〈7~8月〉每天 8:00~18:00

Greater Portsmouth Chamber of Commerce
住 500 Market St., Portsmouth, NH 03801
☎ (603) 610-5510
URL www.portsmouthchamber.org

John Paul Jones House/ Portsmouth Historical Society
住 43 Middle St., Portsmouth
☎ (603) 436-8420
URL portsmouthhistory.org/john-paul-jones-house
营〈5月下旬~11月上旬〉每天 11:00~17:00
费 成人$6、儿童（12岁以下）免费

Boston Common Visitor Center
住 139 Tremont St., Boston, MA 02111
☎ (617) 536-4100
URL www.bostonusa.com

第3天

7 140公里、约2小时45分钟

巴港
Bar harbor

沿着US-1（North）前行，从Ellsworth进入ME-3（East）。这座阿卡迪亚国家公园的门户城镇设有酒店、餐厅和商店，以观鲸旅行和海钓龙虾的出发地West.st为镇中心。

8 5公里、约15分钟

阿卡迪亚国家公园
Arcadia National Park

从巴港沿ME-3（North）前行5公里，在Paradise Hill Rd.左转，在右手边的Hulls Cove Visitor Center可以购买到门票、公园地图和各种宣传册。

下决心起早去卡迪拉克山看日出吧

阿卡迪亚国家公园是位于缅因州北部的荒漠山岛及其周边广达4万英亩（约161万平方公里）的新英格兰地区唯一的国家公园。公园最高峰卡迪拉克山Cadillac Mountain、被大西洋海流冲刷形成的岩洞雷声洞Thunder Hole，以及全长43公里的景观公路Park Loop Road都是不可错过的知名景点。卡迪拉克山也是全美最早能看到日出的地方，日出前的1小时便会有许多游客聚集在山上欲睹第一抹朝霞的美景。

第4天

9 340公里、约4小时20分钟

新罕布什尔州朴次茅斯
Portsmouth

从巴港经ME-3（West）、US-1（West）、I-395（West）后驶入I-95（South）。随后从新罕布什州的7号出口驶出便是朴次茅斯市。终结日俄战争的《朴次茅斯条约》便是在这里签订的。市内设有介绍《朴次茅斯条约》缔结背景和历史的历史协会John Paul Jones House/ Portsmouth Historical Society。

10 100公里、约1小时20分钟

马萨诸塞州波士顿
Boston

沿I-95（South）、US-1（South）向南前行即可到达。在这里可以追寻带领美国走向独立的伟人的足迹，还可以去哈佛大学和麻省理工大学看一看，对棒球感兴趣的朋友更可以去现场观看波士顿红袜队的比赛，热爱艺术的话这里也有很多不错的美术馆。

推荐线路

马萨诸塞州波士顿出发
伯克夏地区 4 日游

波士顿出发
穿越马萨诸塞州的红叶之旅

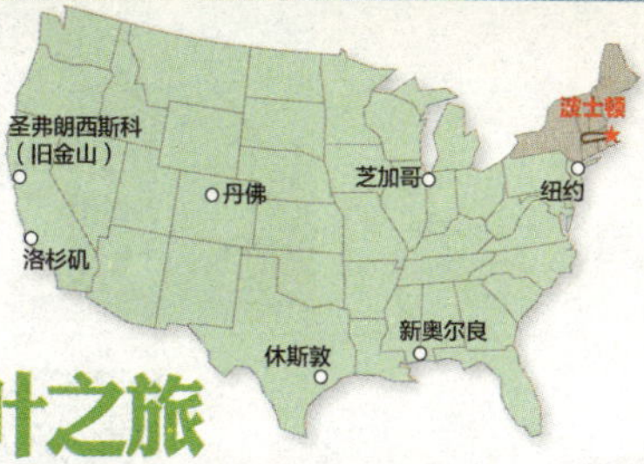

东西横贯马萨诸塞州西北部的 MA-2（州道 2 号线）、被称为莫霍克小径 Mohawk Trail 的景观道路，将康科德市的瓦尔登湖和马萨诸塞州西部的威廉斯敦近 100 公里的距离连接在了一起。沿途有不少连环发卡弯，偶尔还会看到印第安土著的雕像，克拉克美术馆也是不容错过的优质景点。10 月的时候沿途遍布红叶，是绝佳的自驾公路。

秋意甚浓的州路 2 号线。Lake Mattawa 之秋

自驾线路

总里程 约 560 公里

第 1 天

中国
↓
马萨诸塞州
波士顿洛根国际机场（住宿）

第 2 天

↓ I-90W~I-93N~MA-16W~Massachusetts Ave.（23 公里 / 约 40 分钟）
列克星敦
↓ MA-2AW（10 公里 / 约 15 分钟）
康科德
↓ MA-62W~MA-2W~MA-2AW（110 公里 / 约 1 小时 30 分钟）
法国国王桥
↓ MA-2AW（10 公里 / 约 15 分钟）
格林菲尔德（住宿）

第 3 天

↓ MA-2AW~MA-2W（16 公里 / 约 20 分钟）
谢尔本瀑布
↓ MA-2W（16 公里 / 约 20 分钟）
印第安土著雕像
↓ MA-2W（20 公里 / 约 20 分钟）
连环发卡弯
↓ MA-2W（15 公里 / 约 20 分钟）
威廉斯敦
↓ US-7S（55 公里 / 约 1 小时 10 分钟）
斯托克布里奇（住宿）

第 4 天

↓ MA-102E~I-90E~I-91S（95 公里 / 约 1 小时 10 分钟）
斯普林菲尔德
↓ I-391N~I-91N~MA-9E（40 公里 / 约 40 分钟）
艾姆赫斯特
↓ MA-9E~MA-181S~I-90E（150 公里 / 约 2 小时 10 分钟）
波士顿

景区信息

- 莫霍克小径协会
URL www.mohawktrail.com
- Johnny Appleseed 旅游咨询处
URL appleseed.org
- 列克星敦旅游局
URL www.lexingtonchamber.org
- 列克星敦草地
住 Massachusetts Ave.& Bedford St., Lexington
- 康科德旅游局
URL concordchamberofcommerce.org
- 果树温室
URL www.louisamayalcott.org
- 法国国王桥
住 MA-2, Gill（North of Dorsey& River Rds.）
- 谢尔本瀑布旅游局
URL www.shelburnefalls.com
- 花之桥
URL www.bridgeofflowersmass.org
- 古尔德枫糖丁（Gould Meple Sugar House）
URL www.goulds-sugarhouse.com
- 印第安土著雕像
住 512 Mohawk Trail, Charlemont（Mohawk Park 内）
- 金鹰餐厅
URL www.thegoldeneaglerestaurant.com
- 威廉斯敦旅游局
URL williamstownchamber.com
- 克拉克美术馆
URL www.clarkart.edu
- 斯托克布里奇旅游局
URL stockbridgechamber.org
- 诺曼·洛克威尔美术馆
URL www.nrm.org
- 红狮酒店
URL www.redlioninn.com
- 斯普林菲尔德旅游局
URL www.valleyvisitor.com
- 奈史密斯篮球名人堂
URL www.hoophall.com
- 艾瑞卡尔绘本美术馆
URL www.carlemuseum.org

在连环发卡弯驰骋后来金鹰餐厅小憩一下

位于谢尔本瀑布附近的花之桥（Bridge of Flowers）

由安藤忠雄设计的克拉克美术馆

莫霍克族男子张开双臂向天祈祷的印第安土著雕像

从法国国王桥上眺望康涅狄格河

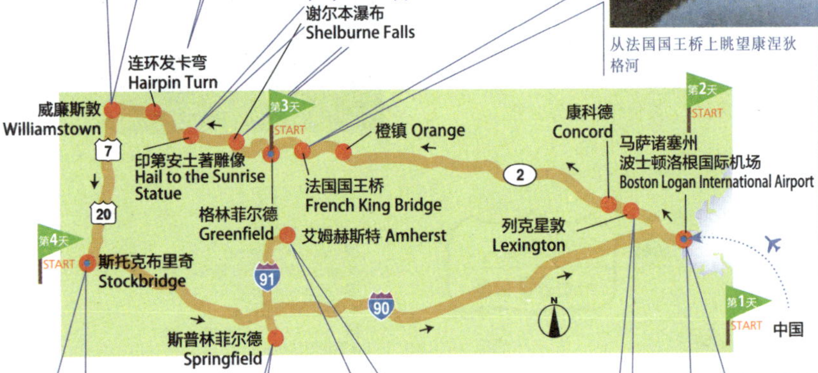

在诺曼·洛克威尔美术馆可以看到不少曾经在书本杂志中见过的插画

备受孩子们喜爱的人气绘本《好饿的毛毛虫》的作者艾瑞卡尔的绘本美术馆

在波士顿市中心的石子小路旁可以看到许多历史感十足的砖瓦式建筑

在奈史密斯篮球名人堂中可以看到大鸟拉里伯德、迈克尔·乔丹、魔术师约翰逊等许多篮球巨星的身影

打响美国独立战争第一枪的城市——列克星敦

住宿地建议及 Driving Tips

10 月的莫霍克小径红叶烂漫，可谓全年游人最多的季节，这期间的酒店通常都是爆满的状态，最好提前预约。其中当数出现在诺曼·洛克威尔作品中的红狮酒店人气最高。

经过印第安土著雕像后的州道 2 号线（MA-2）西向公路多为崎岖的山路，行驶时切记谨慎慢行。

周游弗吉尼亚州推荐线路

华盛顿 D.C. 出发 ▶ 弗吉尼亚州 3 日游

长空大道自驾 & 探访世界遗址

Skyline Drive & Heritage in Charlottesville

弗吉尼亚州西部是生机勃勃的田园地区。被蓝岭山脉包围的中部地区不仅是红酒的名产地，还坐落着世界遗产托马斯 · 杰斐逊故居。曾经弗吉尼亚的首府威廉斯堡位于东部地区，在这里可以看到美国 18 世纪的复古一面。

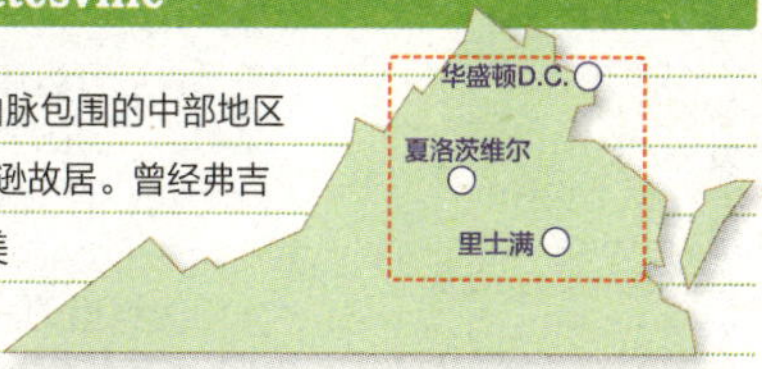

自驾行程 ◆ 总里程 735 公里

- 起点：华盛顿杜勒斯国际机场
- 第 1 天：乌德沃尔 - 哈齐中心 ①
- 路瑞溶洞 ②
- 长空大道 @ 仙南度国家公园（住宿）③
- 第 2 天：夏洛茨维尔和弗吉尼亚州立大学 ④⑤
- 詹姆斯 · 门罗高地 ⑥
- 杰斐逊葡萄园 ⑦
- 夏洛茨维尔（住宿）④
- 第 3 天：杰斐逊故居　蒙蒂塞洛庄园 ⑧
- 米奇旅馆 ⑨
- 威廉斯堡（住宿）⑩
- 终点：华盛顿 D.C.

小贴士　蓝色山脊公园道　从弗吉尼亚州仙南度国家公园（→ p.124）一直延伸到田纳西州大雾山国家公园的景观公路，也是全美最受欢迎的景观道路。尤其是到北卡罗来纳州的 755 公里的公路段的美景最为人↗

参照地图 p.123

乌德沃尔 - 哈齐中心

住 14390 Air and Space Museum Pkwy., Chantilly
☎（713）572-4118
URL airandspace.si.edu/udvar-hazy-center
营 每天 10:00~17:30
12/25 休息
费 免费（停车场 $15）

路瑞溶洞

住 970 US Hyw.211W.Luray
☎（540）743-6551
URL luraycaverns.com
营 观光团每天 9:00 出发。4~6 月中旬、9 月上旬 ~10 月到 18:00、6 月中旬 ~9 月上旬到 19:00、11 月 ~ 次年 3 月到 16:00。每 20 分钟出发一次
费 成人 $26、6~12 岁 $14

水面的倒影美丽绝伦

仙南度国家公园

☎（540）999-3500
URL www.nps.gov/shen
费 1 辆车 $20
ⓘ Dickey Ridge Visitor Center
住 Mile4.6 on Skyline Drive
营 每天 8:30~17:00（夏秋两季的周五·周六 ~18:00）
ⓘ Harry F. Byrd, Sr. Visitor Center
住 Milepost 51 on Skyline Drive
营 每天 9:00~17:00（夏秋两季的周五·周六 ~18:00）

长空大道自驾

仙南度国家公园的住宿

● Skyland
住 Milepost 41.7 and 42.5
Free（1-877）847-9261
URL www.crescentlilyinn.com
费 Ⓢ Ⓓ $120~
信用卡 A M V　179 间客房

木屋旅馆是西南部的装修风格

第 1 天

1　8.5 公里、约 10 分钟

乌德沃尔 - 哈齐中心
Udvar-Hazy Center

坐落在杜勒斯国际机场南面的华盛顿 D.C. 航空宇宙博物馆的分馆。从机场没有直达乌德沃尔 - 哈齐中心的公共交通，租到车后走 Dulles Access Rd.，再沿 VA-28（South）向南前行即可。

馆内面积达 70604 平方米

馆内展出的民用机、军用机、战斗机都是真家伙，太空展示区的航天飞机“发现号”、第二次世界大战展区的波音 B-29 超级空中堡垒轰炸机都是不可错过的珍贵展品。此外修复、复原飞机的各式设施在馆内也有展出。

2　150 公里、约 2 小时

路瑞溶洞
Luray Caverns

从乌德沃尔 - 哈齐中心南面的 I-66（West）向东前行，经 VA-55（West）即可抵达仙南度国家公园的北入口。向南穿过公园内 65 公里的长空大道 Skyline Drive，右转进入 US-211（West）。由此继续向东前行约 17 公里就可以看到溶洞附近的停车场了。

宛若大教堂穹顶的钟乳石观赏室

1878 年，当地的铁匠安德鲁·坎贝尔发现了这处东海岸最大的钟乳洞，宛若水帘状的钟乳石倾泻在溶洞之中，地底湖中倒映的钟乳石景象更是神秘莫测，平添了一份迷幻色彩。溶洞中并不狭窄，游览线路均铺设了整洁的观光道，不会磕磕绊绊。在这里静静地感受 4 亿年前地球的原始气息吧。

3　35 公里、约 40 分钟

长空大道自驾 @ 仙南度国家公园
Skyline Drive @ Shenandoah National Park

雷阵雨后出现的美丽云海

长空大道从公园北入口的弗兰特·罗亚尔 Front Royal 一直延伸到南入口的石鱼口 Rockfish Gap，全程 170 公里、作为国家景观公路，四季的景色均能让自驾游客叹为观止。沿途设有 75 处展望台和远足小路，悠闲的森林自驾可谓名副其实的洗肺之旅。

✓称道。途中可以住在阿什维尔 Ashville 的山间小镇，轻松享受愉快的自驾旅程。

第 2 天

4&5 148 公里、约 2 小时

夏洛茨维尔及弗吉尼亚州立大学
Charlottesville& University of Virginia

向着长空大道南出口方向行进，经 US-250（West）进入 I-64（East），从 121B 号出口进入 VA-20（North），随后便可抵达夏洛茨维尔市中心。城镇不大很适合散步，大学周边有很多商店和餐厅，都聚集在名为 Downtown Mall 的 6 街区内，停好车后可以搭乘市内的免费观光巴士进行游览。弗吉尼亚州立大学内引人注目的建筑当数名为 Rotunda 的罗马万神殿风格的圆形建筑。本书调查时这里因施工无法进入内部参观，但单是从草地眺望整座建筑的全景便足以令人心旷神怡。

石板路环绕着市中心商场

杰斐逊创办的弗吉尼亚州立大学

6 10 公里、约 15 分钟

詹姆斯 · 门罗高地
James Monroe Highland

从市中心沿 Monticello Ave. 向南行进，由 VA-53（East）前往丘陵地带。不一会儿就可以看到美国第五届总统詹姆斯 · 门罗的故居。他在 1799~1823 年曾住在这里。以陆军身份参加完美国独立战争之后，门罗作为弗吉尼亚州的政治家开始了他长久的政治生涯。同时他也是杰斐逊总统的心腹，于公于私都与其相交甚好。

朴素的住宅及农场，当时曾有近 50 人在此生活

7 2.5 公里、约 5 分钟

杰斐逊葡萄园
Jefferson Vineyards

沿着 James Monroe Pkwy. 向北前行，便可以来到这个坐落着 250 家酒厂、生产量排名美国第五位的葡萄庄园。杰斐逊总统将欧洲葡萄引入这里，1773 年招徕托斯卡纳的葡萄栽培家来此耕种。

左／家庭气氛十足的红酒试饮间
右／回味悠长的当地红酒

Charlottesville Albemarle CVB
URL www.visitcharlottesville.org
i Charlottesville Downtown Visitor Center
住 610 East Main St., Charlottesville, VA 22902
☎ (434) 293-6789
营 每天 9:00~17:00

市中心商场
住 Main St. bet. 2nd St. NW& 7th St. NE, Charlottesville, VA
☎ (434) 293-6789
URL www.downtowncharlottesville.net
营 每天 9:00~17:00

弗吉尼亚州立大学
住 1826 University Ave, Academical Village
☎ (434) 924-0311
URL www.virginia.edu
营 每天 9:00~17:00
● Historical Tours
URL www.uvaguides.org/tours/historical

詹姆斯 · 门罗高地
住 2050 James Monroe Pkwy., Charlottesville, VA
☎ (434) 293-8000
URL highland.org
营 观光团安排
4~10 月每天 9:00~18:00（截止时间周一～周五 17:00、周日 17:30）、11 月～次年 3 月每天 11:00~17:00（截止时间周一～周五 16:00、周日 16:30）、感恩节、12/25、1/1 休息
费 成人 $14、6~11 岁 $8

杰斐逊葡萄园
住 1353 Tomas Jefferson Pkwy., Charlottesville, VA
☎ (434) 977-3042
URL www.jeffersonvineyards.com
营 每天 11:00~18:00（截止到 17:50）
费 $10（试饮）

夏洛茨维尔的住宿
● Residence Inn Downtown Charlottesville
住 315 W Main St., Charlottesville, VA 22903
☎ (434) 220-0075
URL www.marriott.com
费 Ⓢ Ⓣ Ⓓ $202~
信用卡 A M V　124 间客房

Studio 房型包含厨房，酒店离市中心商场很近

地图参照 p.123

蒙蒂塞洛庄园

住 931 Tomas Jefferson Pkwy.,, Charlottesville, VA
☎（434）984-9800
URL www.monticello.org
营 每天 9:00~18:00（最后一组旅游团 17:10~）、12/25 休息
费 1 日通票 $25（11 月～次年 2 月 $20）

5 美分硬币背面刻画的建筑物便位于蒙蒂塞洛庄园的西侧
©Jack Looney

米奇旅馆

住 931 Tomas Jefferson Pkwy., Charlottesville, VA
☎（434）977-1234
URL www.michietavern.com
营 每天 9:00~16:20。12/25、1/1 休息
费 $6、6~11 岁 $2
●餐厅
营 11:15~15:30（11 月～次年 3 月 11:30~15:00）
费 $17.95、12~17 岁 $10.95、6~11 岁 $6.95

炸鸡配玉米饼，煮豆子也很好吃

礼品店中还设有红酒品尝区

威廉斯堡

住 101 Visitor Center Dr., Williamsburg, VA
☎（757）229-1000
URL www..history.org
营 每天 8:45~17:00、夏季会适当延长
费 成人 $25.99、6~12 岁 $12.49，门票种类很多

第 3 天

8 10 公里、约 15 分钟

蒙蒂塞洛庄园（杰斐逊故居）
Monticello

蒙蒂塞洛庄园是在帕拉第奥式风格建筑的基础上修建的

由市中心沿 Monticello Ave. 向南前行，经 VA-53 即可抵达这座美国第三届总统托马斯·杰斐逊曾居住过的府邸。这里和弗吉尼亚州立大学一样，建筑设计都是出自杰斐逊本人之手，杰斐逊是《美国独立宣言》的主要起草人，有美利坚共和国之父的称号。大学专修数学和哲学，毕业后修习法律，随后以律师的身份活跃在弗吉尼亚地区。

这片土地是杰斐逊从他父亲的手中继承过来的，在出任总统之前便开始建设，府邸外还有一个种植园，当时有大量奴隶在此劳作。现在游客可以通过参加观光团的形式参观府邸内部，感受建筑物之美的同时还能看到遗留下来的杰斐逊的小发明。特别是放置在玄关处的钟表，除了显示时间外还能看到星期几。书房和书库的设计别有韵味，起居室、厨房以及奴隶生活居住的场所也都设计得别具一格。庄园内还有庭院、菜园乃至杰斐逊的墓地，值得你花时间细细品味。

9 1.7 公里、约 5 分钟

米奇旅馆
Michie Tavern

这里还开设有舞蹈课

从蒙蒂塞洛庄园出发沿 VA-53（West）返回市中心的途中可以路过此处。在这里你可以看到一层为酒吧、二层为卧室的 18 世纪欧美最常见的旅馆形式。最初这家旅馆建造在现在这栋建筑西北方向 27 公里的地方，随后出于历史保护的目的移建至此。饿了的话可以前往餐厅品尝南部风味料理，这里的礼品店售卖很多弗吉尼亚风格的特色礼品，很适合馈赠亲友。

10 195 公里、约 2 小时

威廉斯堡
Colonial Williamsburg

从夏洛特沿 I-64（East）向东行驶，便可以抵达位于首府里士满 80 公里、备受美国人欢迎的威廉斯堡。在这片 1.5 平方公里的区域中，建筑物原封不动地复原了独立前的美国面貌，威廉斯堡内有 6 家酒店，周边有 50 家以上的汽车旅馆和酒店。

在这里感受殖民地时代的美国面貌

小贴示 **弗吉尼亚红酒** 夏洛特周围有很多传统的红酒厂商，周游酒厂已然成为当地的热门旅游项目。朗朗晴空与远处的蓝岭山脉、近处的葡萄园形成了一片怡然自得的和谐景象。URL monticellowinetrail.com

推荐线路

华盛顿 D.C. 出发
阿巴拉契亚山脉 3 日游

在绿意盎然的弗吉尼亚州西部与大自然亲密接触之旅

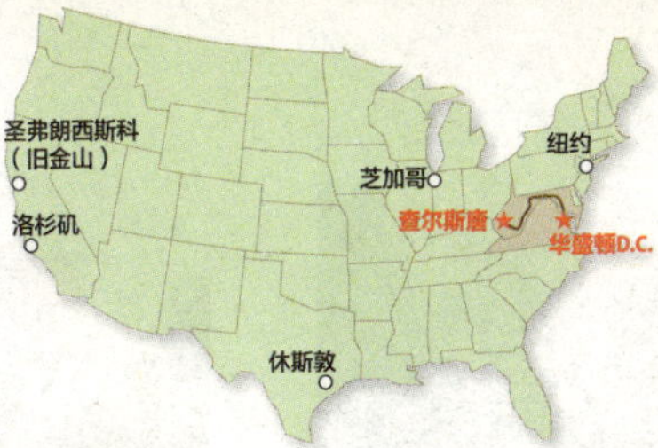

被称为群山之州的西弗吉尼亚州近乎都是山岳地带，美丽的田园风光令人心旷神怡，即使是最高的山峰海拔也只有 1428 米，自驾前往也并不困难。户外活动在这里很受欢迎，山间远足、激水漂流、高山滑索等各式与大自然亲密接触的项目都乐趣十足。此外这里的温泉设施、铁路观光以及秋天的红叶都很有特色，推荐在这里开展 2~3 天的自驾旅行。

在新河峡大桥（New River Gorge Bridge）下澎湃的河流上开展激水漂流

阔叶树居多的西弗吉尼亚州到了秋季，红叶可谓漫山遍野，令人陶醉

自驾线路

总里程
约 750 公里

第 1 天

华盛顿 D.C.
↓ I-270N~US-340W（约 105 公里 /1 小时）
哈普斯渡口
↓ US-340S（约 12 公里 /15 分钟）
查尔斯唐
↓ WV-9W~I-81N~WV-9W（约 68 公里 /1 小时）
伯克利斯普林斯（住宿）

第 2 天

↓ US-522S~WV-259S~US-48W~WV-28S~WV-92S（约 260 公里 /3 小时 10 分钟）
NRAO 科技中心（格林班克）
↓ WV-92S~WV-66W（约 13 公里 /15 分钟）
铁路景观州立公园
↓ WV-66E~WV-92S（约 100 公里 /1 小时 20 分钟）
绿蔷薇镇
（白硫黄泉镇住宿）

第 3 天

↓ US-60W（约 14 公里 /15 分钟）
刘易斯堡
↓ I-64W~US-60W（约 85 公里 /1 小时 15 分钟）
费耶特维尔
↓ WV-612W~I-64W（约 93 公里 /1 小时 10 分钟）
抵达查尔斯唐后观光
（查尔斯唐住宿）

※ 上述行程不包括观光时间

景区信息

- 华盛顿杜勒斯国际机场（→p.114）
- 华盛顿 D.C. 旅游局
  URL washington.org
- 西弗尼吉亚州旅游局
  URL gotowv.com
- 杰斐逊郡旅游局（哈普斯渡口、查尔斯唐）
  URL discoveritallwv.com
- 哈普斯渡口历史公园
  URL www.nps.gov/hafe
- 伯克利斯普林斯 & 摩根郡商工会议所
  URL berkeleysprings.com
- NARO 科技中心
  URL public.nrao.edu/tours/visitgbt
- 铁路景观州立公园
  URL www.cassrailroad.com
- 绿蔷薇镇
  URL www.greenbrier.com
- 刘易斯堡旅游局
  URL visitlewisburgwv.com
- 费耶特维尔旅游局
  URL visitfayettevillewv.com
- 峡谷历险记
  URL www.adventuresonthegorge.com
- 查尔斯唐旅游局
  URL charlestonwv.com

建于 1932 年的西弗吉尼亚州议会堂

由阿巴拉契亚山脉流出的泉水形成的温泉城市。在伯克利斯普林斯州立公园中还设有小澡堂

南北战争中的历史战役——哈普斯渡口之战的发生地，被建成了历史公园从而进行保护

乘坐呜呜作响的蒸汽火车领略森林地区的美妙景色

备受历届总统喜爱的赛马城镇，设有高额奖金的查尔斯唐经典赛马比赛也会在这里举行

费耶特维尔很流行户外活动，高山滑索等项目很受欢迎

©Courtesy Greenbrier

名为 The Bunker 的秘密军事避难所，现在作为观光场所对外公开

住宿地建议及 Driving Tips

从华盛顿 D.C. 驾车仅需 1~2 小时即可抵达哈普斯渡口、查尔斯唐、伯克利斯普林斯等西弗吉尼亚州东部的各个城市，所以经常可以在这些地方看到华盛顿市民的身影。虽然当天即可往返华盛顿，但其实在沿途的小酒店、B&B 民宿、温泉场所住上一晚也很不错。位于州东南部的绿蔷薇镇是全美首屈一指的度假休闲地，度假村内还会为住客提供内容丰富的各式活动。夏天这里经常客满，如果没有空余房间的话，可以去邻近的刘易斯堡住一晚连锁酒店。

山道并不十分凶险，但车道较窄，还是要当心对面驶来的车辆。夏日午后经常会下雷阵雨，有时会在雨后升起浓雾，一定要谨慎慢行。

第2章

Preparations in China

在中国的准备工作

自驾游的准备

为了可以在美国自驾，出发前一定要做好租车的预约工作，并对中国驾照进行公证，根据租车公司要求，携带翻译公证件和原件。计划旅行时可以参考下面的内容进行准备，可能会让你更加游刃有余。

出发前需要做的工作

2个月前

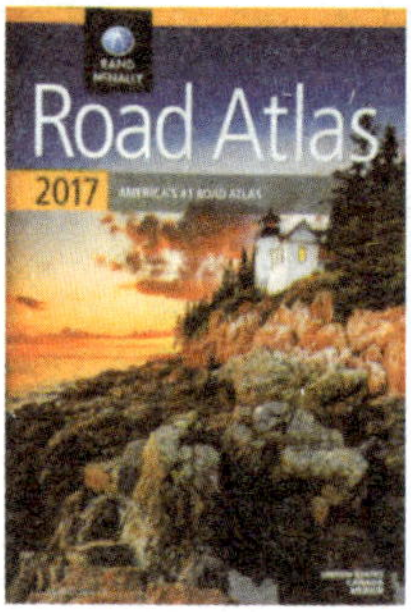

由 Rand McNally 公司出版的 Road Atlas 地图可以在售卖原版书的书店或网上买到

收集自驾旅行的相关资料

将打算前往的景区和地区提前罗列出来，会更容易设计自驾线路（→ p.132~134）。

关于信用卡

如果打算在美国租车，首先要满足租车的基本条件：驾驶人年满 21 岁且本人名下持有直属自己的信用卡。另外预约酒店时也是需要信用卡的，信用卡可以说成是有支付能力的象征。所以出发前一定要办好信用卡。

1个月前

决定线路

线路大致确定好后便开始决定租车还车的城市，旅行天数及大概的预算也在这个时候确定下来。

预订机票、自驾车辆及酒店

如果打算暑期、十一或春节前往美国，最好提前预订机票（→ p.230），众所周知，越早预约便越可能抢到便宜的机票，所以一旦决定了行程就快些预约吧。租车的话可以直接和当地租车公司联系，也可以通过网络预约。当然，也可以通过旅行社进行预订。由于自驾行程在途中很有可能会发生变化，所以推荐只预订到达美国当天的酒店，以免产生取消费用。

越野车马力十足，很适合自驾旅行

2 周前……

这时候就要搞定**签证**和**驾照翻译公证件**了

办理护照通常需要 10~15 个工作日（→p.228），拿到护照后即可前往美国使领馆办理签证。自 2013 年 3 月 16 日起，美国在中国境内开始实施新的签证申请流程。中国公民须通过美中签证信息服务网站进行签证政策咨询、申请和预约面谈，旺季可能需要 1 个月的时间才能等到面签，面签后大概 10 天之内可得到签证，需要注意的是，现在的美国签证均需要进行 EVUS 激活，拿到签证后在网上填写申请表进行激活，一定不要忘了哟。公证驾照也需要数个工作日，无论是签证还是驾照，都尽量在出发前 2 周搞定最为妥当。

另外，在国内预约租车公司的话，可以代办驾照翻译（收费），有一些美国的州郡认可国内驾照，也有一些连翻译件都不认可，所以最好在出发前与租车公司确认驾照事宜。

直到出发前不断收集**实用资料**，准备各式**必需品**

即使租赁的车辆上装有车载导航，也最好备一份当地的实体地图（→p.135~136），另外将每天打算住宿的地点列一份清单会更好地明确当天的目的地，为旅行增添便利。如果你前往的地区日光较足，一定要带上墨镜、防晒霜等自驾辅助用具（→p.25）。

配个支架可以更方便地看导航

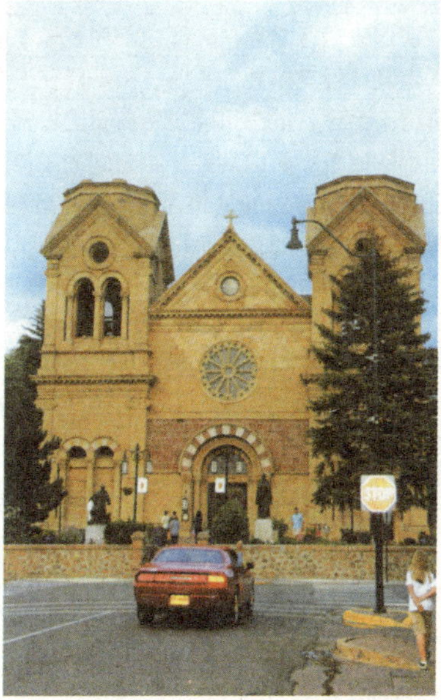

按照路标安全驾驶

出发

绝对不能忘带的**东西**

除了海外旅行必需的护照以外，国内驾照原件及翻译件、租车预约确认书等一个都不能少。另外，买一份海外旅行保险（→p.229）可能会让旅途更安心。

开始一段美妙旅途吧！

1 旅行日程及线路规划

决定去旅行之后，在国内首先要做的就是制定行程，特别是自驾旅行，沿途线路的确定及日程安排尤为关键。由于是在没有向导的情况下独自在异国开车，如果日程安排得不合理，很有可能发生在归国日临近时仍无法到达最终目的地的情况，甚至错过回国的航班。所以前期线路规划的工作一定要做充分，另外，无论是办理驾照翻译公证件还是确定目的地是否可以使用国内驾照，以及预约自驾车辆、准备自驾用品，等等，这些工作都缺一不可，半点马虎不得。

在地图上标示各个目的地

首先打开美国地图（提前买好实体地图→p.135），将沿途各个目的地标示出来。如果脑海里已经有了一条主题线路便按照自己的想法规划即可，如果没有明确的目标，则可以在地图上挑选自己感兴趣的地点，随后以不走冤枉路为前提将它们连接起来，即可规划出一个大体线路了。

线路确定好后根据旅行天数及预算对目的地进行精简，难做决定时可以统一先对目的地进行分类："绝对要去看一看的""时间富余去转一转的"。如果不精简行程什么都要游览的话，很有可能会出现走很长冤枉路，回国后的美妙回忆因乏味的长途驾车而打折扣的情况。所以有取有舍绝对不亏。

1 天约行驶多远才好

制定线路的前提便是确定好每天的行进距离，心里有个每天前行的里程数后便可以对整个旅程树立很好的大局观。

可以通过能够换着开车的人数，沿途的道路、种类以及要去哪些地方等信息进行综合判断。如果全程只有一个人开车，则旅行的一部分时间会被休息所占据，而如果两人或两人以上交替驾驶的话则会让旅行更有效率。另外行驶的是高速公路还是普通公路，是都市、平原

饿了的话可以在沿途的公路餐厅填饱肚子

有的景区只能自驾前往

还是山地，都会影响当天的行进距离。

综合来看，如果是在州际高速公路（→p.188）驾驶，则一天的行进距离最多应不超过 400 英里（约 640 公里），普通公路则不应超过 300 英里（约 480 公里）。在州际高速公路的平均时速约在 65 英里（约 105 公里）/ 小时，普通公路的平均时速约在 45 英里（约 72 公里）/小时，按每天行驶 6~7 小时，大致就能规划出当天的停留地位置了。当然，还要把沿途吃饭、休息、加油、顺路去沿途景区观光、在城市中行进时需要相应减速等各种情况考虑进去。如果一个人驾驶的话不用勉强追上平均值，计划得宽松些绝对没有坏处。切记不要开夜车！不过如果你打算日行千里，早起一些并在州际高速公路行驶，一天行进 700 英里（1120 公里）也并非不可能。

另外，不要把行程安排得很满，在最终目的地预留出一天的富余量，长途旅行的话在途中加一天用作休息调整，都是相当可取的做法。

制定线路的具体案例

下面是一份旅行者的计划，旅行成员是 4 个朋友，是用两周的时间周游美国西部国家公园的自驾旅行。

投稿 **提前查好日出日落时间** 白天驾驶更不容易出现视觉疲劳，但即使是日落较晚的城市，19:00 以后也尽量不要继续开车，开始找住处才是明智之举。

“我们打算去大峡谷、锡安、布莱斯峡谷、拱门、约塞米蒂、死亡谷等国家公园，虽然纪念碑峡谷并非国家公园，但同样想要去看一看。另外好不容易来到了西海岸，像圣弗朗西斯科（旧金山）、洛杉矶、圣迭戈、拉斯维加斯这样的城市也想要去转一转。”这是他们的原计划，但落实起来却比想象的困难得多。因为他们只预留出了14天的旅游天数，去除往返美国的2天时间，真正游玩的时间只剩下12天。想去的景点至少有11处，如果每天参观一处的话如何将景点与景点连接起来是个问题。而且这11处景点分散得很广，全走到几乎是不可能的，完全是劳民伤财。所以他们忍痛进行了取舍，行程精简的过程如下所示：

全程最长的一天预计行驶280英里（约450公里），前面提到如果在普通公路上前行，一天最多不应超过300英里（约480公里），虽然280英里在这个范围内，但走起来并非易事。

1天行进300英里，恐怕是全天都在开车的最终数据，如果一天开了300英里，是不会有多余的时间来参观景点的。而这次旅行的重点却是需要花费时间慢慢游览的美国国家公园，如此一来只能到达美国第二天便驱车赶路，调整时差的时间便也所剩无几了。此后第3~6天便也无法畅快地领略国家公园的自然魅力，到了8~10天行程则会变得更为紧张。而且这样压缩行程会使得身体异常疲惫，而且实话实说，即使12天都在驾车，整个行程也是走不下来的。

为了精简行程，他们将第8天之后的计划景点死亡谷、约塞米蒂、圣弗朗西斯科（旧金山）从行程中去除，转而将时间放到从拱门到布莱斯峡谷国家公园的途中住上一晚，或是在大峡谷国家公园连住2晚，当然，如果你偏好圣弗朗西斯科（旧金山）及约塞米蒂国家公园，可以将拱门国家公园和纪念碑谷的行程去除，同样会使旅行变得轻松许多。

虽然有的游客会抱着“毕竟一辈子也去不了美国几次”的想法尽可能地压缩行程而达到多去几个景点的目的，但真的不推荐大家这样做。

制定行程时最重要的便是注意休息，行程拉得越长、自驾的公里数越远便越需要休息。切记不要废寝忘食，疲劳驾驶。下面便是这位旅行者的原始行程，可在这份行程的基础上，根据自己的需要，进行精简。

第一天	从中国前往拉斯维加斯
第二天	从拉斯维加斯前往大峡谷国家公园（约280英里）
第三天	前往纪念碑谷（约200英里）
第四天	前往拱门国家公园（约150英里）
第五天	前往布莱斯峡谷国家公园（约270英里）
第六天	前往锡安国家公园（约80英里）
第七天	前往拉斯维加斯（约170英里）
第八天	前往死亡谷（约150英里）
第九天	前往约塞米蒂国家公园（约250英里）
第十天	前往圣弗朗西斯科（旧金山）（约200英里）
第十一天	圣弗朗西斯科（旧金山）观光
第十二天	从圣弗朗西斯科（旧金山）返回中国

对自驾旅行有帮助的网站

信息资料网站

名称	网址 / 内容	语言
美国汽车协会（AAA，三 A）	www.aaa.com 旅馆和汽车酒店的折扣也会登在网站上	

租车公司网站

名称	网址 / 内容	语言
Alamo Rent Car	官网除了可以享受网站优惠外，还可以进行预约 www.alamo.cn/	
Avis Rent Car	官网除了可以享受网站优惠外，还可以进行预约 www.avis.com/car-rental/profile/login.ac	
Budget Rent Car	官网除了可以享受网站优惠外，还可以进行预约 www.budget.com/en/home	
Dollar Rent Car	官网除了可以享受网站优惠外，还可以进行预约 www.dollar.com/	
Hertz Rent Car	官网除了可以享受网站优惠外，还可以进行预约 www.hertz.cn	
Enterprise Rent Car	官网除了可以享受网站优惠外，还可以进行预约 www.enterprise.com	
National Rent Car	官网除了可以享受网站优惠外，还可以进行预约 www.nationlcar.com	

地图检索网站

名称	网址 / 内容	语言
MapQuest	www.mapquest.com 地图信息、测算行程距离等	
Yahoo！ Maps	www.yahoo.com 地图信息、测算行程距离等	
Rand McNally	www.randmcnally.com 地图信息、测算行程距离、自驾导航、网店等	
Maps.com	www.maps.com 地图网店	

交通信息检索网站

名称	网址 / 内容	语言
America's Byways	www.fhwa.dot.gov/byways 交通信息、推荐游览线路等	
U.S.Department of Transportation（交通部）	www.transportation.gov 交通信息、路况、高速公路情况等	
Federal Highway Administration（联邦公路管理局）	www.fhwa.dot.gov 交通信息、路况、高速公路情况等	
Here	maps.here.com/traffic 大城市施工、维修路况等信息	

小贴士 可以了解各城市平均油价的网站 GasBuddy ww.gasbuddy.com

2 准备地图

决定自驾游之后首先便是制定行程，而这时手中一定要有一张当地地图。要尽量保证地图的准确性，可以上网检索地图（→ p.136）或购买正规纸质地图。纸质地图的话推荐 Rand McNally 及 National Geographic 两种，一目了然，浅显易懂，而且版本较新。此外 AAA（→ p.172~173）出版的地图同样品质良好，值得推荐。

虽然人在国内，但同样不难买到美国地图，无论是售卖 Rand McNally 出版的 Road Atlas 的外文书店，还是网上店铺，都能购买到地图。

Randy McNally 出版的 Road Atlas 地图及 AAA 的地图

美国交通地图的阅读方法

这里我们用 Rand McNally 出版的 Road Atlas（2017 年版 · $14.95）进行解读。Road Atlas 上登载了美国及加拿大各州，以及墨西哥的全域地图。每年都会进行修订，地图的信息值得信赖。

如下表所示，公路用图示清楚标示，一目了然，━━━标示的是州际公路 Interstate，公路号码标明在号码牌上 90。━━━则代表美国高速公路 U. S. Highway，道路号码用 183 标示。━━━是比美国高速公路低一级的州属公路。绝大多数道路号码用⑱标示。（高速公路种类 → p.188）。━━━代表地方公路，部分地区能看到━━━，这是收费公路的意思。收费公路一般都是每个方向设有两条车道，中部、东北部以及佛罗里达州收费公路分布较多。

此外━━━和━━━代表某段公路正处于施工状态。

标示有正方形图案□的地方代表公路出口，而旁边的数字则是出口所对应的号码。圆形图案●则象征着城镇和道路交叉口。

地图上另一个关键要素便是距离，通过比例尺可以计算出与实际情况近乎一致的公里数值。

通常可以在地图上看到粉色和黑色两种颜色的数字。粉色数字代表的是道路分岔口和城市之间的距离，黑色数字则代表交叉点与出口间的距离。

COLUMN

可不要被地图骗了！

有时会出现明明地图上标有城镇却怎么都找不到它们的状况，这时不要慌张，因为有时即使这片地区只有两三座民宅，地图上也会在这里标出一个城镇的符号。另外，即使地图上用较粗的文字标出了一个城镇名，但你最好不要有这里是“大城镇”的想法，否则很有可能会因为看到了一个小村庄而失落的。

90	━━━	州际高速 Interstate Highway
183	━━━	美国高速 U.S.Highway
18	━━━	州属公路 State Highway
43	━━━	地方道路
	━━━	收费道路（多分布在美国中部、东北部、佛罗里达州）

对自驾旅行很有帮助的地图网站

通常实用的地图网站包括 Google Maps，MapQuest，Rand McNally Driving Directions and Maps 等。网站中不仅可以浏览地图，还可以检索前往某地的交通方式和行车线路，非常实用。下面我们便介绍美国当地最常用的 Google Maps 的使用方法。

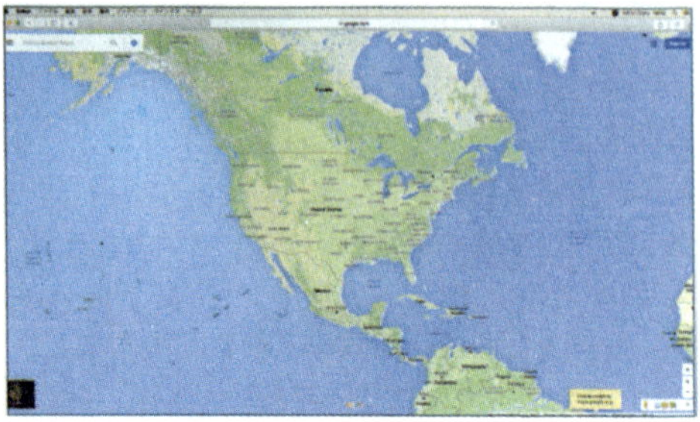

1 首先打开 Google Maps 的网页

URL www.google.com/maps

查找地址时

2 输入详细地址

以地名、城市名、州名、邮政编码的顺序进行搜索。

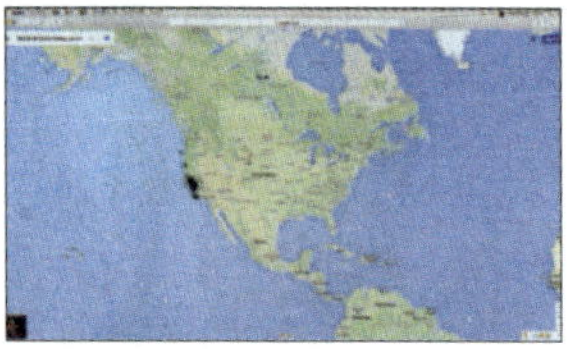

3 地图被检索出来

已经定位到了该区域。

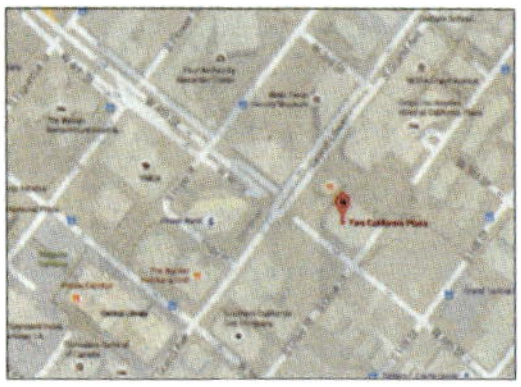

4 放大地图

如果想了解更详细的街道信息，调整右侧的加减号即可。

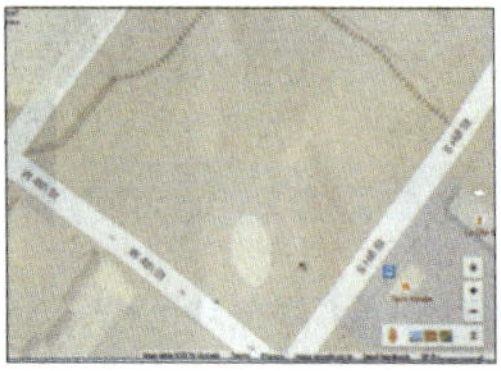

查找线路时

2 输入目的地的详细地址

以地名、城市名、州名、邮政编码的顺序进行搜索。

3 点击 Direction 键

输入起点的地址信息后按 Enter 键。

4 线路被规划出来

左侧是线路概要和所需时间，右侧为地图指南。

挑选适合自己的最优线路。

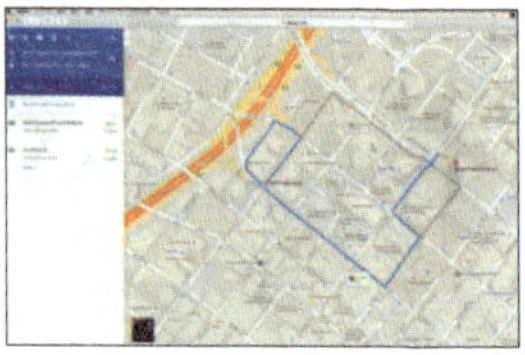

3 驾照的解决方法

在美国自驾前，首先要解决驾照问题，由于中国目前没有加入国际道路公约，所以所谓的大部分国际驾照是不被承认的。部分租车平台会提供免费的“国际驾照”，但其实只是一个翻译文件，是让租车公司的员工可以看懂你的中国驾照，跟真正的国际驾照还是有差别的。不过即使如此，有了驾照的翻译公证件（有的租车平台可以代办，也可以自己前往公证处办理）加上中国驾照仍可以在美国的部分州开车旅游。需要注意的是，在美国并不是所有州都支持中国驾照，比如波士顿所在的马萨诸塞州、纽瓦克机场所在的新泽西州，还有密歇根州、得克萨斯州、佛蒙特州、康涅狄格州、威斯康星州、阿肯色州、肯塔基州、新罕布什尔州以及美国本土以外的夏威夷州。这些州已经明确表示不承认中国驾照，所以在这些地方甚至可能连车也租不到。同时还有一点需要注意，就是要有一个有效期限的概念，由于中国驾照在加州只有一个月的有效期限，因此如果超过一个月，有可能被判无照驾驶。

Q&A

驾照相关问题

Q 现在的驾照之前扣过分，还没有缴纳罚款，对出行是否有影响?

A 最好在出行前缴清罚款，这样驾照的翻译文件上也不会出现纰漏。

Q 在国外旅游期间驾照正好会过期，需要提前更换吗?

A 过期的驾照不会被国外认可，一定要提前更换。

在当地的汽车租赁营业所不要忘了出示中国驾照

4 关于租车

如果打算在美国自驾，就需要租借车辆。

美国作为车轮上的国家，从遍及全球的大型连锁租车公司到当地的中小型租车公司，各式租车公司可谓在美国遍地开花。有时候会听到一些误导性的言论，比如“大型连锁都会比较贵，中小型则价格低廉”“大型租车公司提供的售前售后服务非常好，而中小型公司则不要期望太多”等。

其实，中国人在美国自驾可以综合考量各家租车公司的优劣势之后再做决定。平心而论，确实大型连锁的租车公司更令人放心。租车网络遍布全美，旗下车型丰富，数量也很可观，车况也更令人信任，行车时应对突发状况的服务以及可以在中途营业所还车的做法（→ p.138）都是大型连锁租车公司的优势所在。有的租车公司还会在中国开有官网及门店，有什么不懂的话可以直接询问。

挑选最适合自己的租车公司

大型租车公司的优点

大型租车公司普遍是指Hertz、Alamo、Avis、Dollar、Budget、Enterprise几家，其中有的租车公司已经可以在国内进行预约。

这些大型公司除明码标价的正常费用（根据季节、使用日期、营业所的不同，费用和相应条件会频繁变动）外，有时在中国租车会有相应的优惠价格，购买附带保险的租车套餐也会有相应的优惠。详情请咨询各租车公司。租车公司的费用和服务套餐经常会有所调整，租车前一定要再次确认。

利用中小型租车公司

有时大型租车公司会因为客人年龄的问题拒绝提供租车服务，这时便可以利用年龄限制相对较低（绝大多数设为21岁）的中小型租车公司。

虽然有的中小型公司也可以提前在国内进行网络预约，但大部分情况都是在当地现找，可以从当地的黄页电话本中寻找“Car Rental”这一栏，打电话确认每家公司的费用和使用条件。也可以利用旅游局或酒店中放置的宣传册与租车公司取得联系。以这种形式进行沟通通常都会很浪费时间，把租车整件事办下来大概需要一天的时间。

同时，中小型租车公司无法实现在中途营业所还车，这对长途自驾会有很大的限制，请提前做好准备。此外，有的小公司确实会存在乱收费及车况不良等各种问题，真的需要在达成合作前多加确认。当然，确实也有很有诚意的小型公司，但对于时间有限的游客来说，很难在短时间内找到他们并建立合作。

大型租车公司车型丰富

机场设有可以直接拨打各个租车公司的专线电话

租车的基本情况

收费体系

◆基本费用

宣传册、广告上登载的费用大都是基本费用，该费用会根据租车日期的长短、车型及车款的等级、出租汽车的州郡位置、使用季节的不同而产生变化。

◆税金

根据所在各州及城市的不同税率有所差异，会加附州税、地方税、机场使用税、消费税等各类税金。

◆保险费

不买保险是无法租车的（→p.160），保险金额会在总金额中占有一定比重。

◆各项追加费

根据服务的不同追加费也不同，比较典型的是列入提供异地还车的服务（后面会提到）、2人以上驾驶费用（后面会提到）、车载导航、安装儿童座椅等。

◆行驶费用

根据不同的行车收费系统（后面会提到）而产生不同的费用。

此外还有汽油费（→p.203）。

收费系统分类

◆自由里程驾驶系统

不受行驶距离限制的收费系统，合同期间无论行进多少公里费用都不会发生变化，很适合长途驾车游客。

◆实际里程收费系统

在基础费用上根据行驶距离的长短加收费用，车型及合同条件不同收费比例也会有所变化，租车时一定要先算好最终费用，不要超出旅行预算。

◆综合收费系统

比如 100 英里以内只收取基础费用，而超过 100 英里每英里递进收费的收费模式。

中途还车（One Way Rental）

即还车地点并非租车地点，通常会根据两家汽车租赁营业所的距离（两座城市的直线距离）加收服务费。所以假如你从西雅图租车，在俄勒冈州的波特兰还车与在洛杉矶还车会产生不同的费用。

但是也会有不加收费用的地区，代表性的比如加利福尼亚州、佛罗里达州，或是洛杉矶~拉斯维加斯区间等。需要注意的是，根据车型不同也有不适用的情况。另外加收的服务费由车辆借出城市的营业所收取。

年龄限制

通常租车公司要求司机的年龄要在 25 岁以上。

2 人及以上驾车时，其他司机的年龄也要符合同样的标准。

从国内租车时，满足某些条件，有的租车公司会将限制放宽到 21 岁以上，但这时会额外收取费用（年轻司机优待费），租车前一定要提前确认清楚。

增加驾驶员

当有 2 人及以上司机驾驶车辆时，除了与租车公司签订合同的主司机外，其余驾车的司机也需要将信息登记在合同之中。这时便会产生额外司机附加费，平均每天收取 \$3~40 不等的金额。自驾途中增加司机通常是不被允许的，此外额外司机的年龄同样有严格要求，租车前请进行确认。

“1 天”的概念

在美国租车，通常以天作为收费单位，计时从租车的那一刻开始计算，每过 24 小时便计一天。即使只租车 1 个小时，仍按 1 天收费。各个营业所的营业时间不尽相同，可能会出现无法在你希望租车的时间段成功租车的情况。

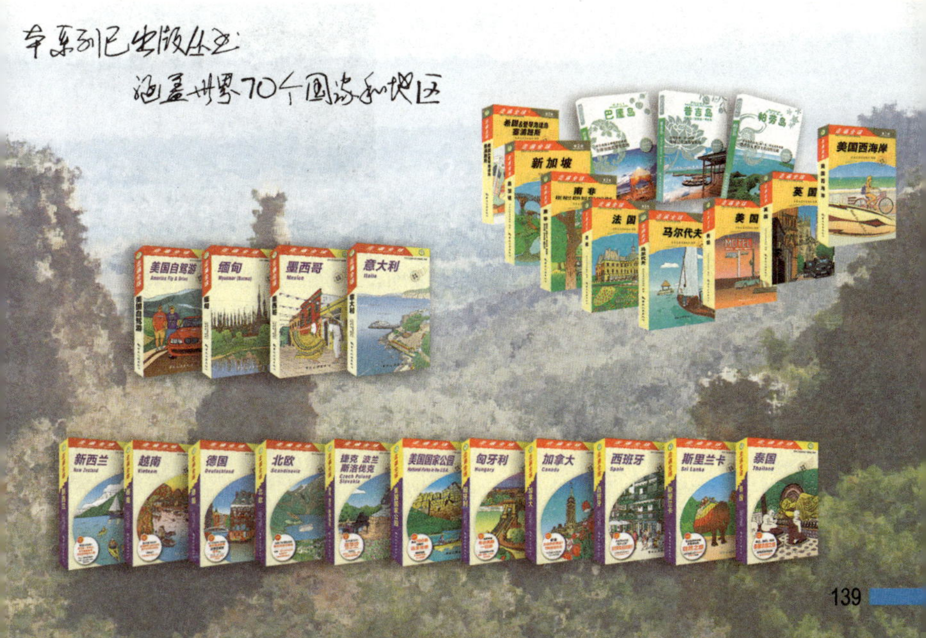

租车公司介绍

赫兹 Hertz

赫兹租车公司的柜台

赫兹租车公司介绍

在美国拥有超过5000家营业所，可谓最大的连锁租车公司之一。通过网络即可预约租车，通常套餐内会包括各类保险、汽油费、税金等各类杂费，一般是使用美元进行支付。官网不时会推出优惠套餐，比较划算。

赫兹租车公司的销售优势

▶营业所众多
▶车型丰富、数量可观
▶很多车配有车载导航
▶如果提前在国内通过网络预约，在美国当地柜台办理手续时有中英文兼备的表格以供客人填写
▶发生故障、事故时，有24小时中文客服以供联系
▶通过网络预约时只要填写某些项目就可以简化当地的提车手续，这种Online Check-in备受好评，此外，大型机场还设有自助办理租车手续的机器，方便客人快速提车
▶官网经常会有优惠活动

中国预约 · 咨询

Free 400-921-1138

URL www.hertz.cn

美国预约 · 咨询

Free （1-800）654-3131

上 / 机场循环巴士　下 / 大型机场都设有自助办理租车手续的机器

GPS车载导航系统“永不迷路”导航仪

租赁“永不迷路”导航仪，每天费用为$16.99。

特征

▶包含多语言导航
▶显示目前车辆所在地
▶机身小巧
▶浅显易懂，初次接触的人也上手很快
▶加入酒店、餐厅、名胜景区的信息，全美的所有公路几乎都囊括其中
▶输入地址后即可检索目的地
▶制定最短时间、最短距离的优质线路
▶可以提前使用专用网站（URL www.neverlost.com），将目的地信息下载到U盘
▶即使你万一开过头了，也会再重新制定线路保证你可以抵达目的地

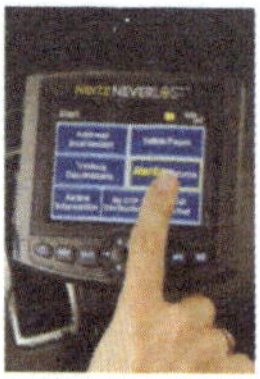

阿拉莫 Alamo

阿拉莫租车公司的柜台

阿拉莫租车公司介绍

不仅局限在美国本土，加拿大、欧洲等 70 余个国家都开有营业所，美国国内的营业所约有 275 家。

在中文网站直接预约，可以选择在当地使用信用卡以美元支付或人民币预付两种途径。租车前不收取任何取消费及变更附加费。官网上不时还会有优惠套餐。

在迪士尼乐园（加利福尼亚州）以及迪士尼世界（佛罗里达州）中均被指定为官方租车公司，也就是说阿拉莫是景区内唯一的租车服务商。

阿拉莫租车公司和其余大型公司的保险名称虽然不尽一致，但内容几乎都是相同的。

CDW：即车损险，主要承保租来的车辆的损毁或失窃（车身碰撞险）。但是并不包含第三者损毁（第一方为租车者，第二方为租车公司，第三方为车祸时的另一方）或对方的损失（对方驾驶所造成的损失）。

EP：延伸险，即第三方责任险包括医疗及责任险，是保护你自己在被对方求偿〈claims〉时所用（保对方），同时也确保你自己及乘客在对方于事故发生后逃跑或对方没保险时所产生的医疗费。

PAI/PEC：个人险，主要保租来的车所造成己方驾驶员及乘客的伤亡（保医疗费及车内的财物损失）。

阿拉莫租车公司的销售优势

▶应对紧急情况时，有 24 小时中文客服以供联系，免费客服电话 Free （1-800）803-4444

▶网上预约的车型在主要机场的汽车租赁营业所提车时都可以进一步挑选

▶主要机场的汽车租赁营业所提供有中文系统的车载导航

▶和许多商家及航空公司都有联合推出的优惠活动

美国预约 · 咨询

Free （1-877）222-9075

标准租车方案（当地支付）的特点

- 免费畅行，不会因公里数而增加费用
- 21 岁以上即可租车（未满 25 岁增收 $25/ 天）
- 包含 CDW 车损险
- 西部地区适用的州：亚利桑那州、科罗拉多州、内华达州、新墨西哥州、犹他州、得克萨斯州、华盛顿州、俄勒冈州、怀俄明州、蒙大拿州、爱德华州
- 其他区域是指：除加利福尼亚州 / 西部、佛罗里达州、纽约州、夏威夷州以外的其余州

有时 National 租车公司的班车会和阿拉莫班车通用

从预约好的车型中进一步挑选你喜爱的车辆

很受家庭旅行者青睐

自助提车系统

你可以不前往柜台而通过自助提车系统进行提车。可以在界面选择中文服务，避免在柜台和工作人员进行英文交流的麻烦，另外当柜台人多时也是很便利的选择。从 2016 年 9 月开始，美国国内的洛杉矶、圣弗朗西斯科（旧金山）、圣迭戈、拉斯维加斯、芝加哥、达拉斯、休斯敦等主要机场内的汽车租赁营业所均安装了自助提车机。

自助提车机 Kiosk

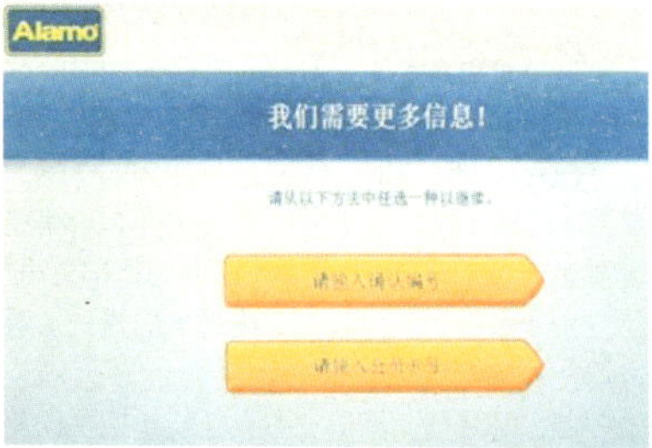

多达 13 种语言可以选择，选择国旗图标后根据向导提示进行操作即可

安飞士 Avis

安飞士租车公司的柜台

安飞士租车公司介绍

在全美 50 个州均开设营业所，即使是小型机场也能看到安飞士的身影。

现开展北美自驾购物之旅，有高至 15% 的折扣！安飞士与西蒙主题百货联合推出北美购物自驾之旅，有高至 15% 的租车优惠并可免费获赠一本购物优惠手册，乐享自驾购物之旅！（活动内容随时会有变化，请在租车前进行确认。）

安飞士租车公司的销售优势

▶与合作的信用卡公司不时会推出一些优惠活动

中国预约 · 咨询

Free 400-882-1119

URL www.avis.cn

美国预约 · 咨询

Free（1-800）331-1084

机场班车

为 GPS 车载导航设定中文系统

▶美国本土的一部分 GPS 内部设有中文系统，可以通过操作调出中文模式。

※ 美国的 GPS 车载导航公司使用 Garmin 的车载系统

①接通车载导航的电源，启动汽车引擎，初始画面会出现“Where to? ”“View map”的巨大按钮，屏幕右下角会出现写有“Tools”的扳手图案，触碰扳手图标即可。

②随后进入语言选择界面。

③设置完成后画面即切换为中文系统了。

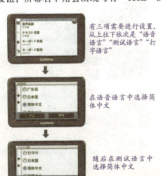

有三项需要进行设置，从上往下依次是“语音语言”“测试语言”“打字语言”

在语音语言中选择简体中文

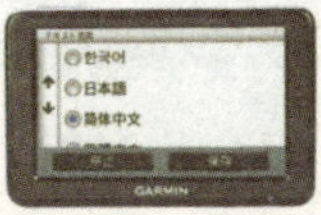

随后在测试语言中选择简体中文

最后将打字语言也设置为中文

道乐租车公司 Dollar Rent A Car

道乐租车公司的柜台

道乐租车公司介绍

道乐租车公司在美国和加拿大设有 260 余个营业所。

以“花钱少，租好车！”“最低价格，品质保证”作为中国区的销售口号，官网可以下载许多美国商场的优惠券。

道乐租车公司的销售优势

▶加利福尼亚州、亚利桑那州及内华达州拉斯维加斯区间中途还车不收取额外费。（部分营业所中途还车需要收费）

▶应对紧急情况时，24 小时有语音客服以供联系，免费客服电话 Free （1-866）434-2226

▶可以提前购买部分州的收费公路畅行服务

▶与合作的信用卡公司不时会推出一些优惠活动

机场接驳车

中国预约 · 咨询

Free 400-686-9845

URL www.dollar-ntours.cn

百捷乐 Budget

百捷乐汽车租赁营业所

百捷乐租车公司介绍

在超过 120 个国家设有 3000 余家营业所，以高安全性、优质服务、价格合理，被世界各国的游客所认可，成为世界三大租车公司之一。美国本土的营业所分布密集，包含各类保险、税金、汽油（一满箱）的 Super Go Budget USA 是很受欢迎的租车套餐。

百捷乐租车公司的销售优势

- 设有包含各类保险、税金、汽油（一满箱）的经典套餐
- 途中可以在大部分加利福尼亚州的汽车租赁营业所免费还车
- 与合作的信用卡公司会推出折扣丰富的优惠活动
- 现场预约也可无须等待立即提车，如果当天去营业所预约可以选择这种紧急套餐（但支付的只是车辆费，不包含各类保险费）
- 应对紧急情况，有 24 小时语音客服以供联系，免费客服电话 Free (1-800)354-2847(英语)

连接机场和营业所的百捷乐班车

根据指示牌前去提车

Super Go Budget USA（当地支付）的特点

- ▶涵盖各类保险，出行安心，现场支付
- ▶费用包含：免费畅行——不会因公里数而增加费用，损坏险（LP：加利福尼亚州、内华达州、得克萨斯州除外），碰撞险（LDW），附加险（SLI），乘客及行李险（PAE），紧急医疗险（ESP），机场使用费，州税，其他额外费用，副司机费（1 名，※ 副司机年龄必须在 25 岁以上才可登记），汽油费（还车时不必加满汽油）
- ▶其他州是指，加利福尼亚州、佛罗里达州、纽约州、夏威夷州以外的地方
- ▶ 21 岁以上客人即可租车（但纽约州以及高档车 Premium、豪华车 Luxury、小型面包车 Minivan 均必须年满 25 岁）

货币单位：美元

超级实惠 USA	加利福尼亚州		佛罗里达州		纽　约		其他州		其他州 2	
	一天费用（24 小时）	一周费用（4~7 天）	一天费用（24 小时）	一周费用（4~7 天）	一天费用（24 小时）	一周费用（4~7 天）	一天费用（24 小时）	一周费用（4~7 天）	一天费用（24 小时）	一周费用（4~7 天）
经济型 2/4 门	98.5	314	73.5	294	104.75	419	82.5	330	79.75	319
小型车 2/4 门	81	324	76	304	107	428	83.75	335	83.75	335
紧凑型 2/4 门	89.75	359	78.5	314	117.25	469	91.75	367	89.75	359
中型车 4 门	96	384	88.75	355	120.75	483	94.5	378	93.5	374
大型车 4 门	100	400	100.25	401	135	540	111.25	445	111.25	445
中型 SUV	116.25	465	106.75	427	—	—	133.75	535	116.25	465
豪华型	120	480	112.5	450	149.75	599	126	504	126	504
面包车	120	480	115	460	149.75	599	130.75	523	128	512
标准 SUV	122	488	122	488	153.75	615	146	584	132	529
敞篷车	124.75	499	122	488	—	—	126	504	126	504

上表费用为本书调查时价格，仅供参考

旺季价格会有所上调　上述费用可能会与实际有所出入

Q&A　租车公司员工，能否请教你们一些问题?

Q 游客经常会问到的常见问题有哪些?

●为常见问题

A ●机场内是否设有租车柜台?

取完行李后跟随机场内“Car Rental Pick Up”的指示图标一般就能找到租车柜台。有的机场和汽车租赁营业所有班车相连接，也可以很轻松地在机场中找到班车站的提示标，跟着指示牌就能找到车站，一般都不会迷路的。

●可否自驾前往加拿大?

根据汽车租赁营业所所处位置的不同会有所限制，即使允许的话也一定要在租车时告诉对方。此外保险费可能会有所增加，详情请直接咨询柜台人员。还要注意签证问题。

●年满多少岁即可租车?

大部分营业所的限制是 21 岁以上，百捷乐租车公司有免费的低年龄驾驶套餐，说不定能满足你的需要。

●中国驾照是否可以直接使用?

在美国并不是所有州都支持中国驾照，中国驾照搭配驾照翻译文件可以在美国部分地区使用。

Q 第一次海外自驾，真的有些担心

A 你可以提前在网上了解从机场前往汽车租赁营业所的线路、美国收费公路的概况、汽车导航的使用方法，并提前进行一些简单的英语对话。心里有底了就会自信了。

美国房车二三事

中国人和美国人对于休假的看法从根本上可能就有些不同，举个简单的例子，即使不谈在纽约曼哈顿、芝加哥等这种大城市生活的美国人，其他州郡生活的普通美国家庭中，配有房车的家庭也不在少数。

房车的历史可以追溯到西部大开发时期的简易马车，所以房车文化可谓扎根在美国的本土文化中而且根深蒂固。此外市场上的房车配置完善，本身就是一个很好的交通工具，旅途中很多地点都设有房车公园，相应的配套设施建设更让游客踏实安心。

什么是房车?

车如其名，是可以让人把车当作房子的特殊交通工具，也被称为“Motor Home”。车内不仅设有床铺、厕所、配备冰箱和微波炉的厨房，还有沙发、收纳衣物的橱柜和空调，房车如家，此话不假。在房车中居住，其实和住酒店真的没有太大差别。

中国 C1 以上驾照可以开美国拖挂式房车以外的房车，所以有床、有卫浴的自行式房车是可以开的（部分州），不过需要驾照原件加上翻译公证件或者正规翻译公司出具的翻译件一起使用。但房车的大小确实与轿车不同，开车时还是会有一些不一样的奇妙感受。

房车大体分为自行式和拖挂式两种，如上所述，中国人在美国仅可以驾驶自行式房车，车型从可以容纳 2~3 人睡觉的 C22 小型房车（车长 6.6 米）到设有 8 人床铺的 F31 等，有各种样式，单是 C 开头的房车类型就有 6 种之多。

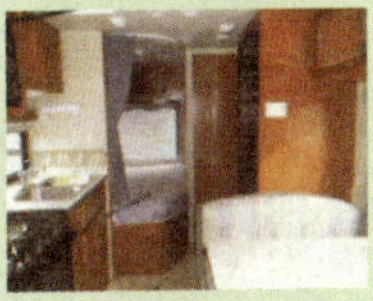

厨房、卧室都很宽敞（C22）

C22

最小型的房车也可以容纳一家三口自驾出游，房车设计绝不会令你感到憋屈或不适。

即使是最小型的房车，也和大型房车一样设有带微波炉、烤箱、冰箱、三孔煤气灶的厨房，厕所、梳妆间、淋浴间也都配置完善，方便你的自驾之旅。

小型房车适合在美国长期旅游的夕阳红夫妇、蜜月小夫妻甚至是摄影师。要知道，单是在房车中静候日出日落就可以抓拍出很棒的照片。

FS31 型房车 设有上下铺，可以容纳 8 名乘客在房车内住宿。很受团体旅游或较多人数家庭出游的青睐，经济实惠，与 C25 车型一样是市场上受欢迎的热门车型。

FS31

虽然现在很多房车都有滑出式的飘房（Slide-out RV）设计，但 FS31 车型可谓滑出极致，飘个痛快，不仅是起居室，后部的卧室也是滑出式设计，营造出巨大的宽敞空间，即使是 8 个人同时在车内住宿也不会有压抑的感觉。

方向盘操作灵活（FS31）

上下铺构成的床铺（FS31）

近年来还推出了租赁 Wi-Fi 路由器、电饭锅等便利服务，租赁 Wi-Fi 路由器后，从中国带过来的智能手机、笔记本电脑、平板电脑等便都可以连上网络，在房车内也能刷微博聊微信，和在中国一样自在。此外 iPhone 和 iPad 中都有自带的地图工具，有了 Wi-Fi 后甚至都可以不用额外租赁车载导航仪了。

你可能会担心一下从开轿车变为开房车自己没办法适应，产生开那么大车会不会出问题的顾虑。其实真的没必要这么多虑，美国的道路普遍宽敞，此外，既然选择房车，线路就要尽量避免经过狭窄的小道，别自己难为自己。而且开过房车的人都认为驾驶席比普通轿车的视野要高，风挡玻璃也很宽，这样新鲜的驾乘体验反而很有乐趣。

在RV中住宿

如果你认为开着房车随便找个停车场就可以过夜，这样的想法是绝不可取的。

行驶在约塞米蒂国家公园

房车文化深入美国，境内专门为房车旅游配备了房车公园，驾驶房车的游客可以在此过夜。房车公园的数量在美国超过1万多座，无论是雄伟的国家公园还是景色绝美的海岸或森林公园，甚至是主题公园、度假村或较大的城镇周围都能看到房车公园的身影。房车公园是为房车而设立的专用宿泊设施，非常具有美国文化特色，公园内的配套设施也十分完备，绝对会为你的房车之旅锦上添花。

绝大多数房车公园都配有Full hook up设施，为你停放在房车公园内的房车供水、供电并连通下水道，实现污水排放。因此如果你在房车公园露营，完全不用担心房车电量、水量以及污水槽的容量问题，很多美国的当地人都会在房车公园住上数周或数月，活得很是自在。

此外，公园内除配有公共卫生间、淋浴室、收费洗衣机外，很多地方还开有小卖部及餐厅，不少公园还有泳池等休闲娱乐设施。近期许多房车公园还配备了完善的Wi-Fi设施，你用笔记本电脑或手机上上网，很轻松就可以查询第二天目的地的天气预报，还可以用QQ或微信与国内的亲朋好友进行语音聊天。

旅游淡季，房车公园基本上的入园规则是先到先得，如果你打算在旅游旺季入住或前往某些配套设施非常好的房车公园，最好是提前上网进行预约。预约方式和在网上订酒店的过程类似，选好房车公园的位置及入园时间，就会弹出是否当天有空余车位的信息，如果有空位的话根据提示填写必要信息，最后用信用卡结算预约即可成功了。推荐你最好把电子邮箱收到的预约确认信打印出来，这样在当地入园时办理手续更加方便。

宿营地选择及预约推荐网站

▶ KOA URL koa.com/find-a-koa/

设备完善的代表性RV连锁公园

▶ Good Sam Club URL www.goodsamclub.com

专为宿营房车客而设立的网站，集中了海量的房车公园信息，可以从这里搜索到美国各州、各城市的房车公园。网站上还有众多房车公园的链接，可以点击链接进一步了解每个房车公园的具体信息。

关于休息及过夜

在广阔的美国大地上自驾，不时会出现一整天都在开车的情况，长时间驾车会令驾驶员非常疲惫，高速公路沿线设有不少可供休息的休息区Rest Area，虽然休息区通常只设有停车场和公共卫生间，但停车上个厕所放松放松，再在停车场眯上一小觉是很有益于恢复体力和精力的。而且休息区是免费使用的，多待一会儿也不会有金钱损失。

此外，虽然房车公园的配套设施丰富完善，但毕竟是在户外过夜，如果整段旅程较长的话，还是推荐中途以及旅程的最后去汽车酒店住一住，有助于缓解旅途疲劳。

中国预约

美国的房车品牌几乎在中国均未设置代理办公地点，但你可以通过网络进行预约。利用房车周游美国，前期的准备计划更要做得细致完善。

提车点整齐排列的各式房车

通常在中国进行的只是预约手续，真正签署租车合同要等到在美国当地提车时进行。在你抵达当地车行后，需要出示：

a. 护照原件；

b. 中国驾照原件（所有驾驶人都必须提供）；

c. 中国驾照英文公证或翻译件（如使用国外驾照请一并出示“国际驾照”）（所有驾驶人都必须提供）；

d. 主驾驶人持有的国际信用卡（维萨VISA或万事达MASTER）；

e. 提车单（预订确认单）

之后需1~3小时的手续办理时间，所以建议你尽量不要在当天安排过多观光行程。

房车费根据旅游的淡旺季不同有很大幅度的变化，比如C25型房车，其每天的费用便在$295~662（不含税，本书调查时信息）。

如果你第一次驾驶房车进行旅游，可以在出行前先在国内试驾一下房车，体验一下，有过经验后在国外驾驶会轻松很多。

5 租车注意事项

租车时有很多需要决定的内容，虽然租车公司的合同项目基本一致，但具体细则一定要向租车公司的工作人员进一步询问。

汽车等级（大小）

一般根据汽车的大小进行等级划分，虽然各等级的称呼每家公司有所不同，但普遍分为小型车、中型车、大型车、高级车。此外还有 SUV、敞篷车（convertible）、小面包车等车型。对于大型连锁租车公司，相同等级的车辆也会配备好几家品牌和型号的汽车，但预约阶段无法进一步进行选择。

预订车型时要综合考虑自驾距离、人数、行李等各项因素，如果一共有 4 名同伴，租一辆四座的车，人坐进去后行李几乎是不可能再放进车里的。

租车及还车时间、地点

租车时间明确到例如“7 月 23 日 10:00 左右”就可以了，如果是在飞机降落的机场营业所提车，将航班号及抵达时间告知车行即可。

从租车日起打算租多少天，就可以推算出还车日期。

同时，对于汽车租赁营业所的所在地也要心里有数，比如“洛杉矶国际机场营业所”等。美国最普遍的旅行方式便是先通过飞机抵达目的地附近再租车前往具体地点的“Fly& Drive”旅行，所以即使是小型机场也能找到汽车租赁营业所的身影。对于旅行者来说，从机场营业所提车可谓效率最高的租车方式了。下飞机后前往机场的租车公司营业所提车，行李直接放到车里，方便又快捷。而且机场的营业所大都 24 小时营业或在航班起降时间内营业，完全不用担心下了飞机营业所关闭的情况。

难得自驾，开开高档车

费用及方案确认

将上述条件进行勾选后，租车公司便会给出符合你条件的最便宜的方案。

从中国通过网络预约大型租车公司时，通常会有特别推出的优惠活动，参加优惠活动成本确实会降低，但有的租车公司不允许参加优惠活动的客户进行预约内容的更改，所以如果你不确定你的行程，一定要多加考虑。

其他附加选项

不同租车公司可能会提供儿童座椅、车载导航、防滑链、高速公路自动收费机（类似 ETC 收费器）等各式附加工具，如果有你需要的，请在预约时进行勾选。如果要增加驾驶员数量，请在当地的柜台实际提车时进行申请。

预约时不要忘了检查自己填写的地址、姓名、年龄、电话、信用卡号等信息是否输入有误。

COLUMN

了解租车收费体系

一般的收费系统分为不限里程数的畅行型和根据公里数增加而逐渐递增的收费型两种。在美国当地可能会看到中小型租车公司推出的“超值”广告，比如“租车 1 天只要 $10！”看上去确实诱人，但动脑子想想就知道不太可能。这种廉价销售的花招便是提高每公里的收费基数，虽然基础租金很低，但一路跑下来最后可能比大型租车公司的费用还要高出不少。租车前你可以多和工作人员就费用问题进行沟通了解。（收费体系内容参照 p.138）

网络租车预约指南

在中国可以通过网络预约大型租车公司的产品，几家公司在中国均开设有中文网站，你可以通过中文进行预约，即使是第一次预约也可以很快上手。同时网络预约还会有特别优惠，下面我们便以赫兹公司的网页为例，介绍一下具体的预约流程。

1 输入租车相关信息

比如赫兹的中国官网 URL www.hertz.cn

在界面中输入提车的营业所位置（机场或城市），若异地还车则还需要补充填写相关信息，勾选“异地还车”即可。随后输入取车和还车日期以及取车时驾驶员的年龄。

2 选择车型、租车方案及附加配件

在1中下方点选“赫兹金卡会员”或“非会员租车”选项进入下一个界面，挑选你心仪的车型及租车方案，如果有儿童的话可以增选加设儿童座椅的选项。

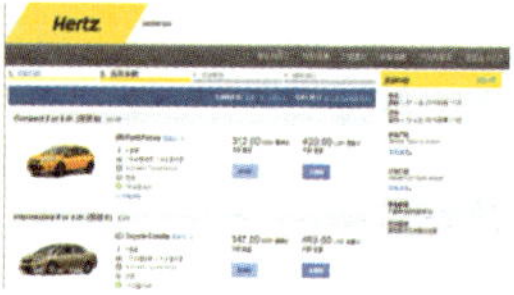

3 输入驾驶员信息

将你的信息按照要求逐一输入，随后下方便会弹出总金额，右侧则是费用明细，确认无误后进入下一个画面。

4 留好预约号码

这时你的预约信息便会在屏幕中显示，你可以打印该界面或将预约号码记在纸上，留有预约号码会方便你取车还车的手续，而且更方便取消预约。

5 取消预约

取消时点击主页上方的“查看 / 修改 / 取消预订”按钮，这时会要求你输入预约时的驾驶员姓名和预约号码。

6 各等级车型指南及驾驶指南

选择车型时不仅要考虑搭乘人数、每人的行李数、自驾距离，各个目的地的位置等也要一起考虑。比如山地区域通常道路崎岖，如果旅行人数比较多则应该选择大马力车型。而一个人旅行时即使自驾距离不短，小型车也绰绰有余。总之妥当的车型会令旅途如虎添翼。

另外自驾前要了解所驾车辆的内部设置，不仅是方向盘和挡位，各个按钮的用途也要仔细熟悉。开车前需要确认好的各项注意事项（→ p.175）。

例）Avis 公司的主要车型

※ 租车公司不同对于车型等级的划分可能会有所差异

经济型 / 小型车

×4~5
×1
×1

适合海外自驾新手，非常灵巧，驾驶感觉与国内小轿车无差异，令你在市内也可以安心驾驶。

面包车

×7
×2
×2

面向家庭及团体客人，车内空间自不必说，座椅可以自行调整，灵活安排乘车人数及行李的摆放。

中型车

×5
×1
×2

相比经济型 / 小型车，无论是车内空间还是后备箱都更宽敞，考虑到行李所占的空间，4 个人同时乘车可能会稍微有点憋屈，很适合两三个人进行短距离自驾。

标准 SUV

×5
×2
×2

相对普通轿车车身较高，视野更为宽阔，越野性能较好，自驾体验优质。高尔夫装备也能轻松放进车里。

大型车

×5
×2
×2

推荐 2 ~ 3 人使用该车型进行长途自驾旅行，该车型座椅舒适，马力足，驾驶者不容易感到疲劳。

敞篷车

×4
×1
×2

两座的敞篷车适合情侣，4 座的最好也别坐 4 个人，坐满会比较拥挤，后备箱算是所有车型中面积最小的。

照片协助：
Avis Los Angeles Intl Airport

= 乘车人数
= 行李箱
= 手提行李

照片中的后备箱所放行李箱大小

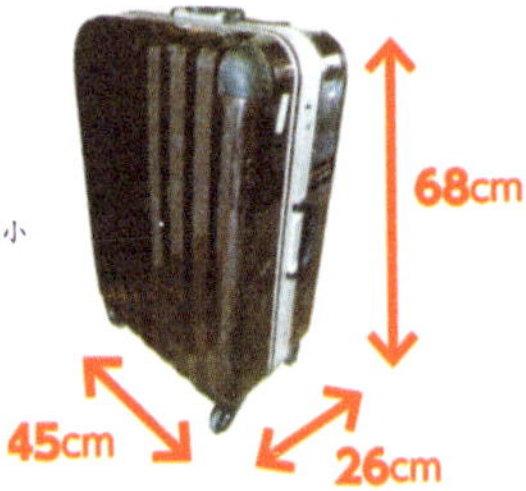

驾驶指南

车灯控制位于方向盘左手边，设有旋转型按钮

描述车况的各式仪表盘位于方向盘的前面，图片从左到右依次是速度表Speed Meter、油表Fuel Meter（中间）及水温表Temp Gauge，右侧是转速表Tachometer。行车时除了检测车速及汽油余量外，各个警示灯也要多加留意。

驾驶员一侧的车门上设有电动车窗按钮及后视镜调整按钮

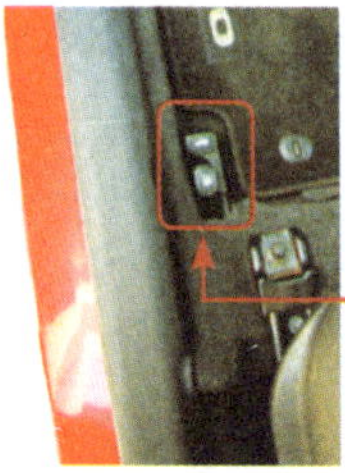

后备箱及汽油箱开关，通常位于驾驶员一侧车门偏下的地方

其他装备

配有AUX系统的车型可以通过USB线将你的音乐播放器与汽车相连，从而使用汽车音响听音乐

美国的收费公路也可以用类似国内ETC卡的系统进行支付。大多数租车公司都会提供外借服务，将其放于风挡玻璃上即可。具体使用方法详询工作人员

如果车内没有控制汽油箱开关的按钮，直接按下油箱盖即可打开油箱。有的汽车打开车体封闭口后直接便能看到油箱（如左图所示）

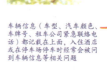

车辆信息（车型、汽车颜色、车牌号、租车公司紧急联络电话）都记载在上面，入住酒店或在停车场停车时经常会被问到车辆信息等相关问题

开后备箱按钮

按下红色按钮即刻触发汽车警报，声音较大，请谨慎使用

开门・锁门按钮

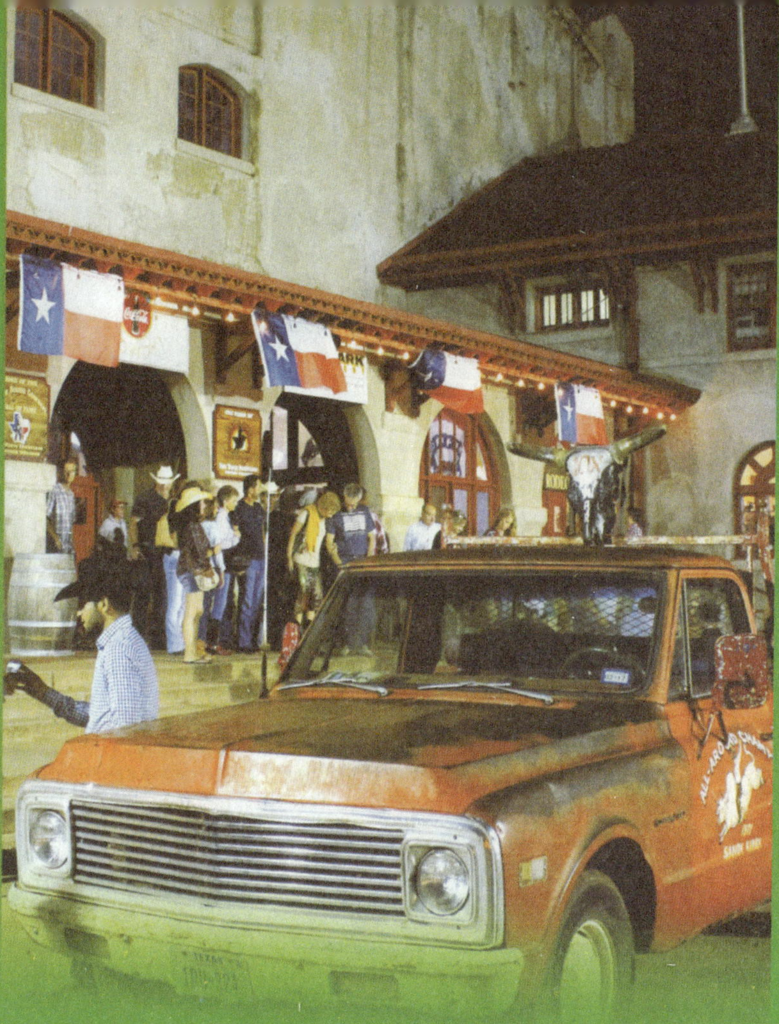

第3章

How to Rent a Car Check Out & Check In

在美国租赁汽车的方法

机场是自驾游的重要据点

在美国旅行，最主流的方式是先搭乘飞机前往景点所在的城市或邻近城市，之后从机场租车前往景点。这种名为“Fly & Drive”的旅行方式颇为美国社会认可，所以即使是小型机场也能看到租车公司的身影。下面便简单介绍抵达美国后的操作流程。

租车公司的营业所，或者都聚集在租车中心或者各自散布在机场周围。

1 租赁汽车

提车的英文是“Check Out”或“Pick Up”，具体过程请参照（→ p.156~157），提前熟悉好，实际操作时就不会太陌生。

2 开始美国自驾

签完租赁合同完成提车工作（→ p.162）、确认汽车各项操作要点（p.174~175）后就可以尝试开车了。美国为右侧行驶，这一点与中国一样。另外，美国的停车场讲究正常停车（即不倒车、车头直接驶向停车位），停车位也是据此设计的（→ p.199~202）。加油站一般都是自助加油，不麻烦工作人员（→ p.202~207）。

市内公路也有3条车道，方便驾驶

郊外自驾十分自在

3 还车

还车的英文是“Check In”或“Return”，全程自驾结束后前往汽车租赁营业所还车即可（→ p.163~166）。

美国自驾第一步！
从机场前往市区，好的开始是成功的一半

成功完成提车手续、了解所租车辆的操作系统之后，便可以点燃引擎，开启你的美国自驾之旅了。

将车辆驶出机场的汽车租赁营业所

可以由副驾驶手拿地图为司机指路；如果车内增配了车载导航（→ p.170~171），则可以将目的地设置进去开始电子导航。机场公路很少有支线，顺着 Exit 的指示标即可驶出机场。

左 / 租车中心中每层入住了不同的租车公司营业所，办理完手续后沿 Exit 指示标即可驶出停车场
右 / 分布在机场外侧的汽车租赁营业所

前往市区

机场和市区通常都由高速公路相连，跟随 Downtown 的路标即可抵达市区。

由高速公路前往市内（市中心）

不要出错高速公路的出口

抵达市内及目的地

市内道路大都规划简单，不用担心迷路。在市中心停车时可以使用路边的停车计时器 Parking Meter 或各类停车场。

左 / 在市中心停好车后步行游览 右 / 路边的停车计时器通常会限制停车时间段和最长停车时间，要多加注意

1 借出（Check Out）手续

下飞机后，前往机场附近的汽车租赁营业所办理借出手续，下文将具体介绍办理流程，提车的英文为“Check Out”或“Pick Up”。

1 取回托运的行李

下飞机后，在行李提取区 Baggage Claim 取完行李后即可前往到达大厅。

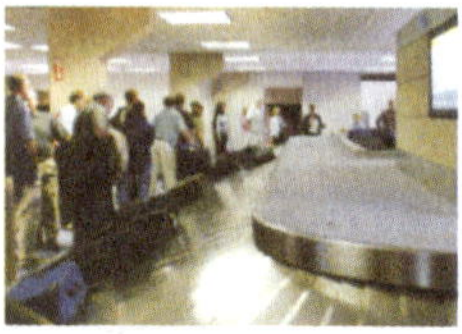

2 沿汽车租赁的指示标前往营业所

在到达大厅可沿“Rental Cars”、“Rental Car Shuttles”指示牌前往汽车租赁营业所。

3 抵达营业所

汽车租赁公司的营业所通常有两种位置分布，跟随提示路标即可前往位于机场航站楼内的营业所柜台（左图）。而位于航站楼外的汽车租赁营业所则可以从机场搭乘租车公司的班车顺利前往（右图）。

4 在营业所办理手续

柜台的工作人员一定会让你出示驾照及英文翻译件（→ p.158），一定别忘了带。

5 签署租车合同

确认合同内容无误后便可签字，随后便会给你合同副本及车钥匙。

※ 如果对收费和服务内容有疑问，一定要在签字前询问清楚。

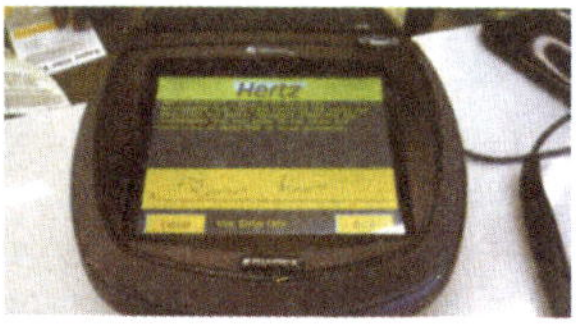

6 前往停车场提车

在中国租赁汽车有时候会由工作人员将车帮你开过来，在美国通常都是客人自己前往指定的停车场提车。不同租车公司的提车点不同，请提前向柜台工作人员进行确认。

小贴士 **签署合同** 签字后便代表你认可合同的内容及条件，并有义务遵守合同的各项条例。所以签字前一定要仔细阅读合同内容，确认无误后再进行签字。一旦签字，合同内容便无法更改。

7 找车

根据拿到的号码在停车场寻找车辆，有的租车公司及营业所会允许客人进行二次挑选，在停车场自行选择最心仪的车辆。

8 如果有不清楚之处，向工作人员咨询

当着工作人员的面实际操作一下车辆（→p.174），比如车灯和雨刷的按钮，调节座椅等，停车场中有提供服务的工作人员，关于汽车操作有什么不懂的直接询问即可。

9 出发

停车场出口设有检查站，向工作人员出示租车合同，对方确认无误后即会放行。

10 前往目的地

由机场驱车前往市内（→各地区线路走法参照第1章的自驾START指南），出发前查好线路会让旅途更踏实。

COLUMN

保留预约

进行预约后因所乘坐的航班大幅度延迟或者没赶上航班等原因未能在约定时间内完成提车手续，这种情况下，你可能会担心如果取消预约会被收取额外的费用。其实现在大型租车公司都有适当保留预约的灵活处理方法，不用担心。当然，如果能事先通知一下对方就再好不过了。

从市内营业所租车

从市内营业所租车会和机场租车略有不同。

从住宿的酒店打电话，有时候租车公司会直接派车来接，但大多数情况下都需要你自行前往营业所。

租车手续与机场的几乎没有区别，只是汽车停放的地方有所不同，通常各式车型都停放在营业所正前方或背面，有时酒店的前台就设有租车公司的柜台，这时提车的地点通常就是酒店的停车场，用拿到的提车号码就可以从停车场完成提车。

1 出示预约确认书

来到柜台首先将自己已经预约过的事实告知工作人员，将自己的驾照及英文翻译公证件向柜台出示，这时如果有预约书的打印件或复印件则可以加快手续办理流程。

2 出示信用卡号

即使已经在中国提前预付了费用，为了支付租赁期间因为意外情况产生的额外费用，还是要向工作人员提供自己的信用卡号。同理，即使是在当地用现金支付，仍需要提供信用卡号。所以如果你打算租车的话，一定要准备一张信用卡。

3 确认租赁条件

之后便是确认车型等级、还车时间等各项租赁事宜，这时工作人员可能会给出“虽然你选的是中型车，但只要每天多交 $×× 就可以提档为大型车”等所谓的“建议”，这是汽车租赁营业所的营销手段，如果没实际需求拒绝就好了。

4 与保险有关的事宜

租车公司绝不会强制客人购买保险。但工作人员会详细给你介绍各类保险，挑选适合你的并支付相应金额即可。如果你是第一次海外自驾，以防万一，多购买几种保险是不会吃亏的。各项保险内容参照 p.160。

有的营业所会预备解读各类保险的图册方便客人理解

5 追加司机的登记

合同方之外的人员想开车时，则需要进行追加司机的登记。这名成员同样需要提供自己的驾照及英文翻译公证件，支付追加司机费用后签署合同即可。

6 是否提前购置汽油

租车时可以选择“Fuel Purchase Option”附加项目，即所用车辆提车时便会有一满箱油，且还车时不用将油箱重新加满。好处是不用在旅程的最后一天额外腾出时间去给车辆加油，但通过租车公司购置的汽油普遍比市面价格要贵，而且如果旅程走完一箱油还没有用完未免会觉得浪费，所以还是推荐不购买 FPO 附加项目，最后一天将汽油加满更划算。

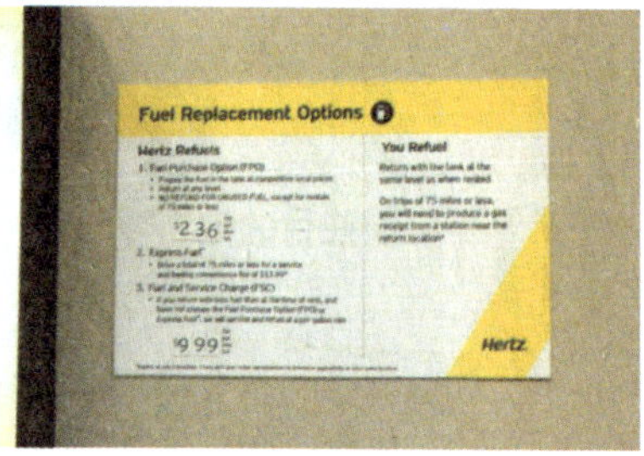

柜台及车场出口都标有租车公司卖的汽油价格

7 签署合同

最后便是签署合同，这也意味着你“同意合同上的所有内容”，意义重大，而且签字后你也有义务遵守合同上的各项条例。请对合同的内容、金额，特别是对保险项目充分了解后再签字（→ p.161）。

签署合同

在合同上签字后便无法更改合同的内容，所以签字前一定要把不明白的地方搞清楚。

小贴士 **驾照英文翻译公证件** 大型租车公司都会提供翻译驾照的服务。用英文翻译公证件搭配中国驾照可以起到类似于国际驾照的作用。

在租车公司柜台常用的英文对话

▶我是张明，我预订过了。
I have a reservation. I am Zhang Ming.

▶我的预订号码是 12345678JP9。这是预约确认书。
My reservation number is 12345678JP9. This is the voucher.

▶这是我的中国驾照、英文翻译件和信用卡。
Here are my Chinese driver's license, the English translation and my credit card.

▶我想租赁一周的小轿车。
I would like to rent a compact car for 7 days.

▶我会在圣弗朗西斯科国际机场还车。
I will return it at San Francisco International Airport.

▶我想投保全额保险。
I would like to take full insurance coverage.

▶除了责任险外，你们还有什么种类的选择险？
What kind of optional insurances do you have except liability?

▶你想每天多交 5 美元进行车辆升级吗？
Would you like to upgrade your car for $5 more per day?

▶我不需要将车升级。
I do not need to upgrade my car.

▶你是想在还车前自费加满油还是以每加仑 3 美元的价格提前购买汽油？
Would you like to return your car with a full tank or will you be buying the gas at $3 per gallon?

▶我不提前购买 FPO 附加项目，还车时我会自己加满。
I will not buy the gas. I will fill it up by myself.

▶如果发生事故或者车抛锚了，我该往哪里打电话？
Where should I call if I have an accident or my car breaks down?

▶有一些刷痕不在列表上，你能标注一下吗？
There are some scratches which are not on the list. Can you check them out?

▶我想要一个 GPS 车载导航和儿童安全座椅（儿童座椅）。
I would like to have a GPS and a child safety seat (child booster seat).

▶你有周边的地图吗？
Do you have a road map of this area?

▶我打算在名单上再追加一名司机。请问还需要付多少额外的费用？
I would like to add one more driver on the list. How much extra do I have to pay for it?

▶金额总计多少？
How much would it be?

▶总金额与合同上的金额不符，你能帮我查一下吗？
The total does not match with the amount on the voucher. Could you explain why?

▶这是什么收费？
What is this charge for?

2 租赁汽车的保险

如果所租车辆在驾驶途中发生事故，驾驶者将承担赔付责任。所以想拥有无忧自驾的精神慰藉，买个保险还是很值的。在了解各类保险的内容及赔付限额后购买你心仪的保险吧。

驾车损害赔偿保险的赔付限额（赫兹/佛罗里达州）	本书调查时
对物（每个事故）	$10000
对人（一人）	$10000
对人（每个事故）	$20000

合同中必定包含的保险项目

大型租车公司的租车合同中，必定会包含基本的驾车损害赔偿保险（对人、对物保险）费用。但是赔偿限额普遍较低，各州限额不同，佛罗里达州赫兹租车公司的标准详见左侧表格。

但诸如像加利福尼亚州等地区并未设有驾车损害赔偿保险，这时则推荐你购买下方的追加汽车损坏赔偿保险。没有在中国通过网络预约而直接在当地租车时一般来讲也会享受基础保险服务，但有的小型租车公司真的不会将保险费囊括在总费用之中，一定要多加注意。

可选择购买的保险

名　称	正式名称	内　容	1天的费用（以赫兹公司为例）	赔偿限额（以赫兹公司为例）
汽车损坏赔偿制度（LDW或CDW）	Loss Damage Waiver（或Collision Damage Waiver）	租赁汽车被盗、丢失、损坏时，全额赔偿	$9~	基本全额
搭乘者受伤保险（PAI）※2	Personal Accident Insurance	是一种伤害保险，包含合同人在内，以搭乘车辆的所有人员为对象，承保发生事故造成受伤的情况	$3.95~（两项都购买的金额。不能只购买其中一种）※1	死亡时：$175000 治疗费：$2500 救护车费用：$250 （每起事故赔偿限额$225000）
行李保险（PEC或PEP）※2	Personal Effects Coverage（或Protection）	仅以合同人或同行的第二位客人为对象，对使用租借汽车过程中的行李（不包含现金）发生的失窃、损坏进行损害补偿	$3.95~（两项都购买的金额。不能只购买其中一种）※1	每人$600（总额$1800）
追加汽车损害赔偿保险（LIS或SLI）	Liability Insurance Supplement	选择性汽车损坏赔偿保险（对人、对物），赔偿最高额可达$100万	$13.95~	$100万

※1 海外旅行保险和信用卡附带险中可能会包含部分保险，请多加确认

※2 有的租车公司可能会将乘客险（PAI）和行李险（PEP）换为类似的PAE/PPP，赔付金额各州不同

海外旅行保险

海外旅行保险中有时会包含驾车涉及的各类保险，当租车公司的保险限额不能赔偿实际损失时，海外旅行保险就会发挥作用。

但是因为它并不像租车公司提供的保险那么分类细致，而且也不仅局限于自驾阶段，所以如果总旅程是30天，自驾占其中的7天时间，购买的海外旅行保险也要有30天长度，不能只是7天。此外海外旅行保险通常只能和大型租车公司的保险配套使用，要多加注意。

不受保险理赔的情况

即使购买了各类保险，但如果你违背合同内容驾驶，因触犯交规而引发事故（超速驾驶、酒后驾驶等），或在非正规公路行驶时发生事故等，此时保险均不生效。此外合同名录上的驾驶员、副驾驶以外的乘客驾驶车辆发生事故时同样不会理赔。购买保险前请仔细阅读租车公司的保险宣传册及合同条款内容。

小贴士 **小心汽车被盗** 虽然受LDW保险保护，租赁的车辆被盗时会给予赔付，但也要看用车人有没有责任，有时甚至有不赔偿的情况。每家租车公司对于用车人的过失认定不太相同，锁好车门、保管好钥匙是最基本的预防汽车被盗的方法。

租赁汽车合同示例

Hertz PG 1 OF 4 #01 RT ① RR987654321

RENTED BY THE HERTZ CORPORATION
②
YAMADA TARO
HERTZ #1 CLUB GOLD
VEH NBR: 01298/5015714
LOC: CASFO15 / 0124115

ESTIMATE OF CHARGES

CHARGE DESCRIPTION ③ CHARGE ESTIMATE
RENTAL RATE* $ 288.00/ WEEK @ 2 / WEEKS T$ 576.00
*Includes Unlimited Miles
Fee for additional driver not included

INSURANCE/OPTIONAL COVERAGE/WAIVER CHARGES ④
LDW ACCEPTED @ $ 15.00 PER DAY $ 180.00
LIS ACCEPTED @ $ 13.95 PER DAY $ 167.40
PAI/PEC ACCEPTED @ $ 5.95 PER DAY $ 71.40

FUEL CHARGES
FUEL & SERVICE $ .489 /MI $ 5.29 /GAL 20.0 /TK CAP F$ ⑤ ****

ADDITIONAL PRODUCTS ⑥
VEH UPGRADE $ 35.00 DY / 26.25 HR T$ 420.00
PRM RD SVC $ 3.99 DY T$ 47.88
NEVERLOST $ 12.99 DY/ 90.93 WK/ 181.86 MNTH T$ 155.88 ****
FREQUENT FLYER UA VHP43154 T$

SERVICE CHARGES/TAXES ⑦
CONCESSION FEE RECOVERY 11.11% T$ 174.51
CA TOURISM ASSESSMENT 2.85% $ 28.39
TRANSPORTATION AND FACILITIES FEE $ 20.00
INCREASED VEH LIC RECOVERY FEE T$ .00
TAX 1 10.750% ON TAXABLE TTL $ 1374.27 $ 147.73 ****
TAX 2 3.250% ON CALIFORNIA REFUELING $

TOTAL ESTIMATED CHARGE ⑧ $ 1989.19
CC AUTH WOULD BE $ 2189.00 ⑨
EXTRA CHARGES IF APPLICABLE
$ 72.00/ EX DAY
$ 28.80/ EX HOUR ⑩
$ 28.80/ XDY XHR
VEHICLE 12 NIL MAXIMA SUNN LICENSE CA 6VJY359 ⑪
FUEL FULL 8/8 ⑫ MILEAGE AT RENTAL 5768
VEHICLE LOCATION LOT U1 Space 00350
RATE PLAN AEGWT3 RATE CLASS A ⑬
RENTED LOC SAN FRANCISCO INTL AP 07/10/12 13:29
RETURN LOC LOS ANGELES INTL AP 07/22/12 11:00 ⑭

You agree to pay charges at the rates and in the amounts that appear on the left of the table above. Taxable charges are denoted by a T, and additional details about some charges appear beneath the table. Our estimates of Your total charges appear on the right of the table above. Our estimates assume (1) You will rent and return the vehicle at the times and places indicated, (2) if a mileage charge applies, You will drive no more than the distance indicated and (3) You will not incur any charges that either are listed above opposite **** or cannot be calculated until return. If any of these assumptions is incorrect, additional charges or charges at higher rates may apply.

987654321

Hertz PG 2 OF 4 #01 RT RR987654321

Further information relating to Your rental charges, and other terms to which You agree, appear below.

FUEL & SERVICE CHARGES: PURSUANT TO PARAGRAPH 8 OF THE RENTAL AGREEMENT, FUEL & SERVICE CHARGES APPLY AT $ 5.29 PER GALLON OR, IF YOU DO NOT BUY FUEL DURING THE RENTAL AT $ .489 PER MILE. BOTH RATES PRODUCE APPROXIMATELY THE SAME RESULT. F

YOU AGREE TO OPTIONAL SERVICES OF:

OTHER FEES AND ASSESSMENTS:
CONCESSION FEE RECOVERY T11.11%
CA TOURISM ASSESSMENT 2.85%
TRANSPORTATION AND FACILITIES FEE $ 20.00PER RENTAL
INCREASED VEH LIC RECOVERY FEE T$ .00 PER DAY
TAX RATE - 10.750% APPLIES TO ALL CHARGES MARKED T
CA REFUEL SALES TAX RATE - 3.250% APPLIES TO CHARGES MARKED F

FF SURCHARGE : UP TO $1.00 PER DAY/$5.25 MAX. PER RENTAL APPLIES WHEN FF MILES EARNED ⑮
⑯
No "Additional Authorized Operators" Without Our Prior Written Approval

⑰
CDP 308884 - You Represent That You Are Specifically Authorized to Receive The Benefits Extended To Employees/Members Of
NIHON HERTZ GOLD

Passenger Capacity: The Passenger Capacity Of This Vehicle Is Determined By The Number of Seatbelts And, By Law, Must Not Be Exceeded. While In The Vehicle, Please Fasten Your Seatbelt. It Saves Lives And **It's The Law.** Should You Require A Larger Vehicle, Please Check At The Counter For Availability.

Stay To The Right - In The United States, Motor Vehicles Are Operated On The Right Side Of The Road. Use Extra Caution To Stay To The Right At All Times.

You Will Be Charged An Administrative Fee Along With Towing/Impound Expenses If The Car Must Be Towed As A Result Of Your Negligence.

Excessive Mileage On A Repeat Basis May Result In Suspension Of Future Renting Privileges.

You Are Required To Contact Us To Extend The Rental If The Car Will Not Be Returned By The Due Date On The Rental Record. If The Vehicle Is Overdue By More Than 2 Days, And You Fail To Contact Us, An Overdue Administrative Fee May Be Charged To Offset Our Administrative Efforts And Related Costs.
⑱
RES ID - F5270846997 PLAN - AEGWT3 CLASS - A
PREPARED BY 1444/CASFO15 PRINTED 07/10/12 13:41
987654321

Hertz PG 4 OF 4 #01 RT RR987654321

⑲
TO BE CHARGED TO:
VISA XXXXXXXXXXXX1014 **AUTH $** 2189.00/015768 ⑨
THIS VEHICLE MAY NOT BE DRIVEN INTO MEXICO

If PlatePass is used to pay a toll, You will be charged the posted cash toll rate and a $2.95 service fee per rental day, up to a maximum of $14.75 per month for the service fee. You will be charged for any toll/parking/traffic violation fines/penalties incurred, plus administrative fees. You authorize us to release your billing/rental information to our designated vendors, PlatePass LLC and American Traffic Solutions, to process and bill such charges.

Under California Civil Code Section 1798.83, any California resident who is an individual customer of ours may call (888)777-5870 to request a copy of our Privacy Policy and a form directing us not to disclose his personal information to third parties for their direct marketing purposes.
NOTICE: Except as stated in Par. 4 of the Rental Agreement Terms And Conditions (the Rental Terms) which appear on the folder (CF1900003) delivered to You with this Rental Record, You are responsible for all loss or damage to the rented vehicle even if someone else caused it or the cause is unknown. Your liability will not exceed the cost of repair up to the fair market value of the vehicle at the time it is lost or damaged, plus actual charges for towing, storage and impound fees, and an administrative charge. We will not hold You responsible if You buy Loss Damage Waiver (LDW) except as stated in Par. 4 of the Rental Terms. For additional information about your responsibility for loss or damage to the rented vehicle and about LDW see Par. 4 of the Rental Terms. If You accept LDW, the cost for each full or partial day will be $ 15.00. By signing below You acknowledge that You have read, understand, accept and agree to the above and the Rental Terms, and You accept or decline LDW and the other Optional Services as shown on Card 1 and Card 2. By signing below You also acknowledge that a representative of ours has orally disclosed to You that LDW may be duplicative of coverage that You maintain under Your own policy of motor vehicle insurance. Purchase of LDW is optional. Only You and persons who are Authorized Operators, as that term is defined in Par.

X ⑳
987654321
The Hertz Privacy Policy governs the use of data about you. A copy of the policy is available at the rental counter and online at hertz.com.

① 签约人编号
② 签约人姓名
③ 租赁费用
④ 购买 / 不购买其他保险及费用
⑤ 汽油相关信息
⑥ 追加费用（汽车升级、额外增加设备）
⑦ 税金及各种杂费
⑧ 合计总金额
⑨ 信用卡预付金额
⑩ 用车超时追加费用
⑪ 租赁车辆的相关信息
⑫ 借出时的汽油剩余量
⑬ 借出的营业所及日期时间
⑭ 还车的营业所及日期时间
⑮ 每公里加收费用
⑯ 副驾驶员相关信息
⑰ 法人 / 会员优惠号码
⑱ 预约号码
⑲ 支付的相关项目
⑳ 签约人签名

3 乘车

在停车场遇到任何问题都可以询问工作人员

提车

签署合同后在柜台的手续就全部办完了，收好合同，之前拿给柜员查看的驾照、信用卡也不要忘了拿。最后再确认一下提车的停车场编号，就可以离开营业所了。大型营业所的停车场管理严格，不怕丢车，所以通常会把车钥匙留在车里方便客人提车。

在机场内的租车柜台办完手续后，通常是跟着“Rental Cars”的指示牌前往租车公司的班车点，随后坐班车去停车场提车。抵达之后向工作人员出示租车合同便会被带领着去看车。如果营业所距离停车场不远，也可以自行步行走过去找车。

看到自己租赁的车辆后，要对车体的外观进行仔细检查，如果检查时发现了划痕，要在驶出停车场前与工作人员进行沟通确认，并将已出现的划痕记录在案，分清责任。

确认车辆操作方法

将行李放在车里后，便可以开始熟悉这辆车的操作方法了（→p.174~175）。出发前一定要了解车上各个按钮的功能，比如车灯、雨刷等功能性的按钮的位置都可能和中国的车辆不同，真正驶进公路前要提前熟悉好。

另外也要提前确认清楚加油口在左边还是右边，这样不会在驶入加油站时弄错停车位置。

开始自驾

熟悉所租车辆的各项操作系统后即可沿着“Exit”的标识驶出停车场。如果你是第一次在美国自驾，不妨先在停车场开几圈找找状态。

如果找感觉的过程中遇到什么问题，可以随时咨询停车场内的工作人员。

觉得车感找得差不多了就可以驶出停车场了，大型租车公司的停车场普遍看管较严，出口处有专员把守，出示租车合同后工作人员会核对你所租车辆的编号与合同是否一致，检查无误即会放行。驶出停车场后便可以开始你真正的美国自驾之旅了。

COLUMN

出入口的锯齿状路障是什么？

在停车场的出入口经常可以看到突出的路障装置。这是租车公司为了防止抢车行为以及避免无关人员驶入停车场特别设立的预防装置。原理是如果行车方向正确路障便会服服帖帖地潜入地下，反之，车的车胎就会被扎出几个大窟窿。此外，有时其他停车场也会禁止非本单位或酒店的车辆驶入，所以驶入各类停车场前要多加注意。

4 前往租车公司的营业所还车

还车前

通常情况下要将汽油加满后再还车。虽然字面说的是要将汽油加满，但只要油表上显示的是“FULL”的字样就可以了，不会过分苛求。但如果真的是以未满油的状态还车，租车公司会收取高于市面加油站数倍的油费，请多注意。

如果你在租车时选择了“Fuel Purchase Option（FPO/预付汽油附加项目→p.158）”，即可提前在车行购买汽油，还车时无须再加满，不过你需要把提前购买的汽油都用光才算不亏。FPO附加项目的油价比市价要贵一些，多方考虑之后做出最适合你的决定就可以了。

另外再对车体进行一次检查，看看是否有新的划痕，如果除了提车时已注明的划痕以外没有大的外伤就不用担心。

前往机场营业所还车

前往机场营业所还车时，抵达机场周边便可以看到“Rental Car Returns”的标识，跟着路标走就可以到达租车中心。如果各个租车公司的营业所分散在机场周围，路标则会指示各个营业所的所在地，不用担心。

部分营业所的停车场就位于机场内部，无论如何，最开始都是要跟随“Rental Car Returns”的路标，抵达营业所后跟随“Car Return”的路标继续前行即可。通常停车场都在还车营业所附近，大型营业所还会有工作人员在场，听从指示即可。

前往市内营业所还车

前往市内营业所还车的话会比较麻烦。首先市内营业所的营业时间就比机场要短（8:00~18:00），周末有时还会停业休息。

在非营业时间，可以通过Express Return（将相关文件和钥匙封好放进还车文件箱）的方法进行还车。但是还会有不能还车的可能，因为停车场车位有限！即使自行在租车公司下班后还车，如果车位已满也只能等到第二天一早工作人员上班后再来还车。

因为租车时无法指定营业时间以外的时间还车，所以如果有“前一晚还好车，第二天就去别的城市”的打算，最好是在前一天的营业时间内还车，或者在第二天一早租车公司刚开始营业时便来还车。

如果你租车时便预订在清晨刚开始营业时还车，也不妨前一晚看看能不能还上，即使车位满了无法还成功，合同签署的时间是第二天一早，第二天还便是，也不会有任何违约情况，当然前一晚还车会让之后的行程更轻松。

如果还车地点的停车场车位有限，还是推荐你在还车日到达前尽早还车。

跟着“Rental Car Returns”路标前往营业所，预留出富余的还车时间

在营业所的停车场跟随“Return”路标前行

5 还车（Check In）手续

还车手续

还车的英文是 Check In 或 Return。

将车停好后听从车场工作人员指挥行事，通常分为不锁车门维持汽车点火状态等待工作人员验收及锁好汽车自行前往营业所柜台两种。

大多数停车场的工作人员都会手持 POS 机，将最终价格打印出来向客人出示，如果是信用卡支付当场支付即可，无须再次前往营业所柜台。这种收费方式是大型租车公司机场营业所的主流模式。

使用信用卡支付会更便捷

在大型租车公司还车，基本上由工作人员代为办理，准备好租车合同，不拔车钥匙维持点火状态下车即可。工作人员检查完车况会将明细打印出来，确认相关金额（→ p.165），支付后就算完成还车了。

即使是深夜及清晨工作人员还未上班的时候，如果租车时选择的是信用卡付款，将车钥匙及相关文件一起投入还车文件箱即可。费用会在汽车租赁营业所上班后自行从信用卡扣除。

将租车合同出示给工作人员，确认明细后支付即可完成还车手续

但如果是现金支付则需要前往营业所柜台结算。出示租车合同及相关文件后即可结算。这时如果在驾车途中曾有违章及发生事故的情况应主动向工作人员说明。还车时可能会被问到驾车的总公里数和汽油残余量，最好提前做好记录方便回答。

支付完成后留存好合同自留页及结算清单就完成还车手续了。所有己方保留的文件不要丢失，万一有纠纷时是重要的书面证明，要妥善保管。

租赁明细的一种

数据准备

还车时工作人员扫描车辆的二维码即可得到各种数据，小型租车公司可能没有这种高科技，需要你自行填写相关信息。通常是以下三类。

◆**还车日期及时间**

（Return Date& Return Time）

◆**还车时的公里数**

（Return Mileage）

即总里程数，如果是不限里程数任意自驾的租车类型则无须填写该项目，数据精确到 0.1 英里，四舍五入。

◆**还车时的汽油量**

（Fuel Level）

满油状态就圈“F”，空油箱则选择“E”，F 和 E 区间有很多状态可供选择，根据实际情况填写即可。购买汽油预付项目时则在“Fuel Purchase Option”栏填写相关信息，否则则在“I did not buy gas and the fuel level is...”栏填写相关信息。

办理还车（Check In）手续时收到的费用明细图例

还车时将收到的费用明细与合同内容相对比，确认无误后再付费。

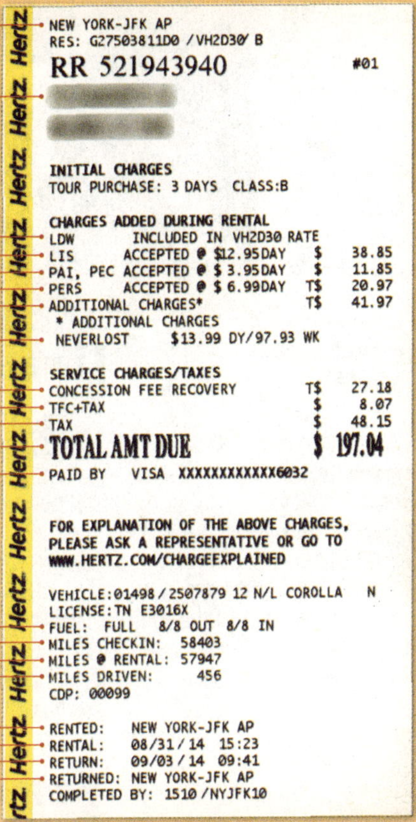

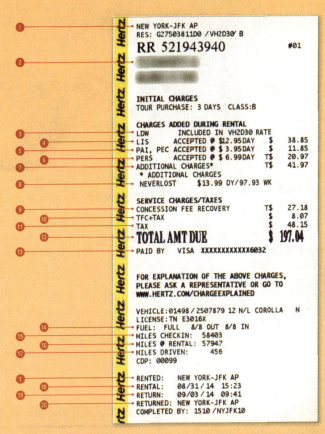

NEW YORK-JFK AP
RES: G27503811D0 / VH2D30 B
RR 521943940 #01
[redacted]

INITIAL CHARGES
TOUR PURCHASE: 3 DAYS CLASS:B

CHARGES ADDED DURING RENTAL

LDW	INCLUDED IN VH2D30 RATE		
LIS	ACCEPTED @ $12.95DAY	$	38.85
PAI, PEC	ACCEPTED @ $ 3.95DAY	$	11.85
PERS	ACCEPTED @ $ 6.99DAY	T$	20.97
ADDITIONAL CHARGES*		T$	41.97

* ADDITIONAL CHARGES
NEVERLOST $13.99 DY/97.93 WK

SERVICE CHARGES/TAXES

CONCESSION FEE RECOVERY	T$	27.18
TFC+TAX	$	8.07
TAX	$	48.15
TOTAL AMT DUE	$	197.04

PAID BY VISA XXXXXXXXXXXX6032

FOR EXPLANATION OF THE ABOVE CHARGES,
PLEASE ASK A REPRESENTATIVE OR GO TO
WWW.HERTZ.COM/CHARGEEXPLAINED

VEHICLE:01498 / 2507879 12 N/L COROLLA N
LICENSE:TN E3016X
FUEL: FULL 8/8 OUT 8/8 IN
MILES CHECKIN: 58403
MILES @ RENTAL: 57947
MILES DRIVEN: 456
CDP: 00099

RENTED: NEW YORK-JFK AP
RENTAL: 08/31/14 15:23
RETURN: 09/03/14 09:41
RETURNED: NEW YORK-JFK AP
COMPLETED BY: 1510 / NYJFK10

1. 借出场所
2. 签约人姓名
3. LDW 费用
4. LIS 费用
5. PAI+PEC 费用
6. PERS 费用
7. 选择附加收费
8. 选择 7 的明细
9. 机场建设费
10. 设施使用费 + 税金
11. 税金
12. 总额
13. 付款信用卡卡号
14. 借车、还车时剩余汽油量
15. 还车时的行驶距离
16. 借出时的行驶距离
17. 驾驶距离
18. 借出时间
19. 还车时间
20. 还车地点

拿好收据并确认没有在车内遗留其他物品即可安心去机场

6 机场还车的便捷方法

用机票通过 Curbside Check In 柜台办理登机手续

如果车内的行李很多，可以拜托机场的行李搬运员帮忙

在机场航站楼的出入口附近通常设有各航空公司的简易登机柜台。如果你将要乘坐美国国内航班，则可以利用这种名为 Curbside Check In 的简易登机柜台，无须在航站楼内的登机柜台排队，提前办理行李托运工作。

将你的机票及护照向工作人员出示，告知航班号及目的地（仅限美国国内城市）即可提前办好行李托运工作。

前往机场的营业所还车之前可以先办好行李托运，之后轻装出发去营业所还车。还完车后，两手空空轻松返回机场即可。

但是这种 Curbside Check In 的服务并不是所有机场都有，有的航空公司也只支持在航站楼内的柜台进行托运。另外，如果你乘坐的是国际航班，注意一定要在航站楼内的柜台进行托运的。特别是安保较严格的地区，机场外可能都不提供 Curbside Check In 服务。

利用 Express Return 方式还车

除了前往租车公司柜台办理还车手续外，还可以通过部分租车公司实行的 Express Return 方式进行还车。这种方式还车的前提是信用卡支付费用。将合同涉及的相关文件、签约人的地址、姓名等信息以及租车合同、车钥匙一起放进设在前往机场及汽车租赁营业所方向班车里的“Express Return”还车文件箱即可。届时费用将会从信用卡中扣取并将明细寄到你填写的地点。如果很赶时间，这种做法可谓雪中送炭，非常便利。但如果你在自驾时有违章或发生事故的情况，便无法使用这种便捷还车手续了。

COLUMN

自驾探索美国！最棒的自由行体验

手握方向盘，想去哪里去哪里，这种自由的旅行方式只有自驾旅游能实现了。而且美国地域广阔，许多景观只能自驾前往，自驾旅行也是最符合美国风格的不二之选。

长距离间搭乘飞机移动，下飞机后租车前往具体目的地，这种“Fly & Drive”的旅行模式是最为推荐的。

Express Return 文件箱的入口很窄，只能将租车合同和钥匙放进去

BIG FOOT
XING
DUE TO SIGHTINGS
IN THE AREA OF A
CREATURE RESEMBLING
"BIG FOOT" THIS SIGN
HAS BEEN POSTED
FOR YOUR SAFETY

第4章

Driving Around U.S.A.

美国自驾游方法指南

自驾旅行的三要素

虽然你可能在中国是位老司机，但去国外开车说不定还是会有点紧张。不熟悉交规、只能靠地图认路等都会让人心生不安。下面我们讲解三个要点，希望你在掌握这三个要点后可以让自驾旅行变得更得心应手。

1 一定要牢记这个！交通规则

公路路标几乎都是全球通用，所以不会让你感觉到很陌生，下面介绍一些美国主要的交通规则，其他的交规内容请参照“了解交通法规”（→ p.176~182）。

右侧行驶

美国和中国一样是右侧行驶，这让我们的美国自驾游有了良好的基础。

当然，方向盘也和中国一样在左侧。

红灯也可以右转

交叉路口如果车流量很小，几乎不会发生追尾事故时，即使迎面的指示灯是红灯，也可以进行右转（转弯前一定要减速观察一下有没有追尾的可能）。但是也有写明“NO TURN ON RED”标语的红绿灯，看到这种带标语的红绿灯则只能等到绿灯再进行右转。

左转专用车道

美国也是右侧行驶的国家，在没有明确交叉口的地方左转会影响直行车辆正常行驶，这时与中国一样可进入左转专用车道，等待反向车道车流停下时左转即可。

※ 但很多地方没有左转专用车道。

交叉路口没有红绿灯时的行车顺序

如果交叉路口没有红绿灯，通常是第一个进入路口处的车辆优先行车，另外，美国人的习惯是礼让右侧，应该让你右侧的车辆先行。

发现校车停车时

如果发现前面有校车停泊且闪烁着红色的停车灯，一定要停车等待，关于校车的注意事项参见→ p.180。

一直要有限速意识

在高速公路上行驶时，由于身旁掠过的都是广阔的自然风景，认为自己开得没多快其实车可能都要飞起来了。从高速公路进入一般道路之后，必须注意进入市区后出现的学校区域和州境等，尤其要注意限速的变化。

美国公路名称

美国通常用字母加数字的形式表示公路，比如I-5、US-101等。有的公路还会只用英文表示，如Century Fwy.。有时一条公路会同时出现几个数字或别称，一定要多加注意。

关于酒品

酒驾在美国自然也是被禁止的，而且只是把酒类放在车厢里便很可能触犯法律。比如加利福尼亚州就有在车内放置已开封的酒品便属于违法行为的规定。所以如果你购买了酒品，一定要放在后备箱里。

铁路道口不要等

美国人遇到铁路道口没有停车等候的习惯，只有公交车及大型货车需要停车观望后再出发。当你前面遇到公交车或大型货车等待时才需要一起停下来等待一下。平时看到铁路道口应该保持正常行驶的心态，因为别的美国人也是这样的，作为小轿车，你要是突然停下来很有可能会导致追尾事故的发生。

安全防范

旅行时应尽量避免惹麻烦。

特别是停车时需要注意：

1. 即使是就停一会儿车也要将车上锁。
2. 不要将车载导航仪和贵重物品放在明面上。
3. 千万不要在人迹罕至的地方停车！

2 陌生道路也不担心！使用车载导航

美国城镇的结构比较简单，通常都是横平竖直的棋盘式构造，即使开过头了也能马上原路开回来。但是大城市的公路则比较复杂，在沙漠地区行驶时也会有不确定自己是否开对路的担忧，这时如果你的车里安装了车载导航，就不会有迷路或走冤枉路而浪费时间的担忧了。特别是对于“第一次在美国自驾、一人游、不爱读地图”等类型的旅行者来说更是必备之选。

以赫兹公司的车载导航（永不迷路 Never Lost）为例

※ 赫兹的营业所不同，提供的车载导航可能会有所不同

※ 下图所示为常见车载导航的操作界面

预约导航

在中国预约租车时可以一起将车载导航搞定，如果你直接前往当地的营业所租赁，有可能会遇到恰巧没有库存的情况，推荐提前在中国预约。

启动导航

点燃汽车引擎，按下 PWR 按钮启动车载导航。

永不迷路 Never Lost 车载导航在引擎点燃后会自动启动。

永不迷路 V 车载导航的操作画面

了解操作方法

通过画面下方的按钮以及触屏进行操作。

最新的永不迷路 V（Never Lost V）中央的圆形是选择确认键，右侧是“ENTER”“INFO”和音量调节，左侧是“BACK”“VIEW”及电源键。具体操作可以进一步向租车公司员工进行了解。

永不迷路 V 车载导航的操作画面

设定语言（有的机型只有英语选项）

通过车载导航的“Language”选项选择“Chinese”。

操作永不迷路 V 车载导航时，先按“INFO”按钮，随后在触屏上点击“System Options”，选择“Select Language”，将“Chinese”勾选后按“Enter”键保存。

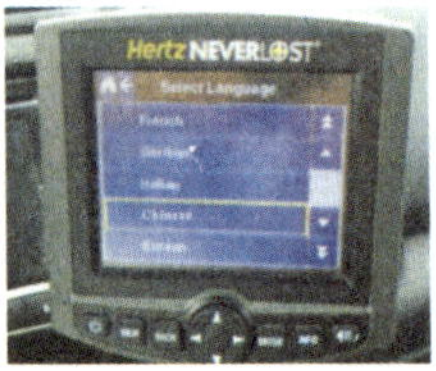

永不迷路 V 车载导航的操作画面

检索目的地

◆以目的地地址检索

选择“Address/Intersection”或“Address”，系统会依次要求输入州名、城市名、道路名，根据画面指示依次输入即可。

永不迷路 V 车载导航的操作画面

◆以目的地名称检索

选择“Yellow Pages”或“Where Am I”，目的地为酒店或餐厅时点选“Hotels& Restaurants”，前往景点时点选“Local Attraction”。

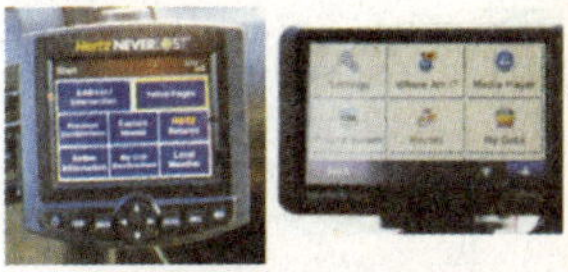

永不迷路 V 车载导航的操作画面

检索行车线路

输入目的地后即可检索行车线路，可以选择“Shortest Time”（最短时间行程）、“Most use of Freeways”（尽可能多地走高速公路）、“Least use of Freeways”（尽可能少地走高速公路）等三种方式制定线路。

不过有的车载导航无法进一步选择线路。

永不迷路 V 车载导航的操作画面

前往目的地

跟随规划的线路前往目的地，沿途会有英文（或中文）的语音导航。

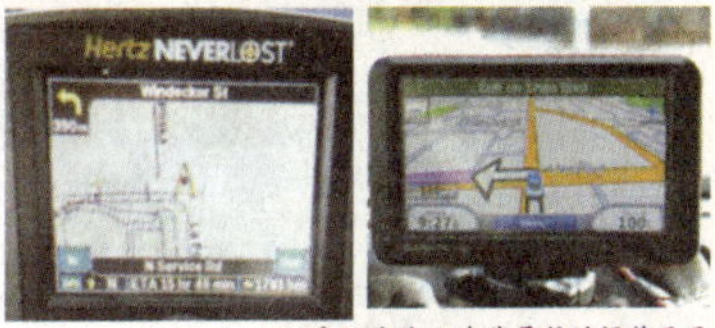

永不迷路 V 车载导航的操作画面

最新款永不迷路 V 车载导航的在线行程规划系统（OTP）

OTP 系统更方便你规划线路。通过电脑登录 URL www.neverlost.com 后以用户身份搜索目的地，将搜索的线路收藏后便可以拷贝到 U 盘里，实际驾车时插入 U 盘即可立即读取搜索过的行程。另外输入用户的专有号码，即可无须 U 盘直接通过车载导航读取之前收藏过的查询线路。

永不迷路 V 车载导航的操作画面

Q 海外如何使用智能手机？

A 不少游客都打算用智能手机的地图功能查阅线路，大体上通过三种途径可以实现手机在国外的上网功能。①通过中国移动供应商购买海外上网套餐。②租赁移动 Wi-Fi。③租赁临时的国外手机。各个方案的花费不尽相同，权衡后选择最适合你的即可。

美国的网络速度很快，Wi-Fi 覆盖的地区也很广，除咖啡厅、快餐店可以连上 Wi-Fi 外，机场、图书馆、公园，绝大部分城市都可以找到许多公共 Wi-Fi 热点。而且其中许多都是名为“Free Wi-Fi”的免费 Wi-Fi 热点（中高级酒店每天要收取 $10 的 Wi-Fi 使用费，汽车酒店通常可以免费使用）。

3 公路旅行救星！AAA 协会

在中国，驾车遇到问题首先想到的是联系保险公司或是购车的 4S 店寻求帮助，而在美国则是一个庞大的民间组织——美国汽车协会（AAA）。他们认人不认车，只要你是协会的会员即可享受各项便捷服务。

非常显眼的“AAA”标识

AAA 协会介绍

AAA 的全称是 American Automobile Association（美国汽车协会）。100 多年来，美国汽车协会服务范围和种类不断扩大：如 1905 年首次出版全美公路交通图；1917 年出版了全美旅馆指南；1920 年建立安全驾驶学校；1947 年，作为一个分离的实体，着重于汽车安全及道路安全的研究等。1902 年 3 月 4 日，来自美国各地的九个汽车俱乐部在芝加哥联合成立了美国汽车协会，协会的目的是改善汽车的可靠性，争取建筑更好的公路，并敦促国会通过统一的交通法。现在，美国汽车协会的服务更扩展到为会员提供购车贷款、保险、租车等方面的优惠。另外，AAA 还参与评定五星级旅馆和酒店，是美国旅馆和酒店的权威评审机构之一，其每年要对美国、加拿大、墨西哥及加勒比海等地的近 5.7 万家酒店及旅馆进行评审，其中只有 0.26% 的可以登上“五星”榜。

AAA 协会发行的旅游丛书及地图

中国游客前往美国，无法以游客的

身份加入 AAA 协会，但如果遇到道路问题需要救援，仍可以拨打 Free（1-800）222-4357（英语），获得救援的时候正常支付救援费即可。需要注意的是，在国家公园或一部分偏远地区可能无法得到救援，而且房车不在救援的受理范围之中，请提前做好心理准备。

AAA 协会除提供道路救援服务外，还会提供会员酒店及景区的优惠打折活动

AAA 协会的主要汽车救援服务（24 小时提供服务）

- 紧急电池驱动
- 拖车
- 爆胎（更换备用轮胎）
- 汽车开锁
- 没油加油（汽油另收费）

AAA 协会的其他功能

从 AAA 协会的办公地可以获取许多自驾咨询也是 AAA 协会的便民之处。

AAA 协会独立发行的旅游地图除了以各州、主要城市为卖点的以外，近年来以游客普遍偏爱的旅游地区及国家公园为内容的系列地图也越来越丰富。在内容品质和系列数量方面，都越来越受到读者的认可。在美国当地的书店可以很容易地找到 AAA 系列地图。此外名为 Tour Book 的旅游丛书因其指南内容丰富也很受游客认可。书中不仅会介绍各个地方的名胜古迹，周边的旅馆和汽车酒店、餐厅也都尽数网罗，酒店的房间价格也会收录其中，一年改版一次，信息几乎保持最前线的新鲜度。而且部分景点和汽车酒店的折扣券也会随书附赠，很是贴心。

非会员身份索要材料时可能会收取一定费用，但是如果你只是单纯地向协会内的工作人员询问一些沿途景点等常见问题，他们都会免费地为你热情解答。

值得信赖的 AAA 协会道路救援服务

AAA 协会的办公场所一般在什么地方？

协会的办公场所通常稍稍远离市中心，可以询问酒店或当地的旅游局，也可以从电话黄页或网络上搜索。

乡下等偏远地区，AAA 协会可能也爱莫能助

游客可能会前往远离大都市的自然田野中自驾驰骋，如果这时遇到行驶问题，确实有可能无法得到 AAA 协会的救援服务。当然，国人因为是非会员的身份，即使获得援助的话无论如何也会收取费用，但这种郊区救援的情况，会员也是一样收费，所以仔细想想，说不定还算划算的呢。

1 尝试开车吧

虽然与中国同样是驾驶席在左侧，但还是有许多细节不同，提前了解的话可以避免到时候因临时抱佛脚而忙中出错。

自动挡 · 手动挡

美国大型租车公司的汽车普遍都是自动挡型汽车，有时即使客人希望驾驶手动挡汽车，也可能受汽车车型及等级限制无法如愿。

挂挡杆除了中国最常见的、位于主副驾驶席之间的常规挂挡杆外，中大型汽车的挂挡杆还可能位于方向盘的一侧，仅需提起之后上下拨动即可，使司机更好操控并空余出更大的驾驶空间。同时在仪表盘上会显示出“R（倒挡）”或“D（前行）”等挡位。在挑车时可以根据个人喜好进一步选择。

手刹杆的使用方法

与中国大多数车型一样，手刹杆位于主、副驾驶席之间，邻近挂挡杆，停车时上拉即可保持车辆不会移动。此外，踏板式停车制动器也较为常见，其使用方法是踩下踏板制动，拉解除制动杆即可解除制动。其中有两种不常见的类型，其一是踩到底后再轻踩一次便可以解除自动刹车状态；其二是美国面包车中轻轻一拉再一拧即可解除刹车状态的特别拉杆。总之驾车前要实际操作，确认无误后再开车上路。

转向灯与雨刷器

美国汽车中转向灯操纵杆位于方向盘左侧，雨刷器操纵杆位于方向盘右侧，与中国相同。变车道时不要把转向灯按成雨刷器，晴天时开雨刷器可谓相当尴尬了。此外，有的车型，雨刷器不是拨动式控制而是按钮式操作，请多加留心。

调节座椅装置

和中国车型一样，通过扳手调节座椅。部分中高档车型装有电动调节装置，更为便捷。

油箱盖开关

油箱盖的开启方式多种多样，常见的是主驾驶席左侧车门下面的控制钮。如果无法在车内进行控制，就需要人工用手或钥匙直接打开油箱盖。此外还有一小部分汽车的油箱盖开关位于副驾驶座位的储物箱中，也有的以按钮的形式出现在主副驾驶员座位之间的小型储物格中。

车灯

有的车辆是通过按钮进行操控，提车时要确认好车灯开关的位置，避免在光线变暗时手忙脚乱。

适合长途驾驶的定速巡航系统

在漫无边际的州际公路上长时间驾驶时，可以使用“定速巡航 Cruise Control”系统。行驶速度一经设定后，即使将脚离开踏板，车辆还是会保持设定好的速度继续前进，几乎所有车辆的操作方法都没什么两样。首先将写有“MAIN”和“CRUISE”的开关调为 ON 的状态，踩油门加速，随后在达到理想速度后按下“SET”键，只要你不解除，车辆将一直以这个速度向前行驶。

如果想进一步提速，按下“ACCEL”键即可逐渐加速。按下“RESUME”键则可返回之前设定好的初始速度。想要解除定速巡航系统，或轻踩刹车，或按下“OFF”键均可立即将车辆切换为人为控制。

实际上路前将汽车的操作流程了解清楚

从驾驶席看到的方向盘周围

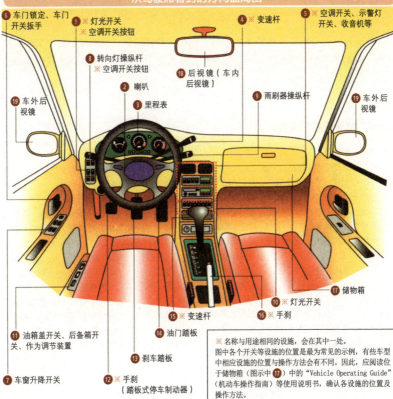

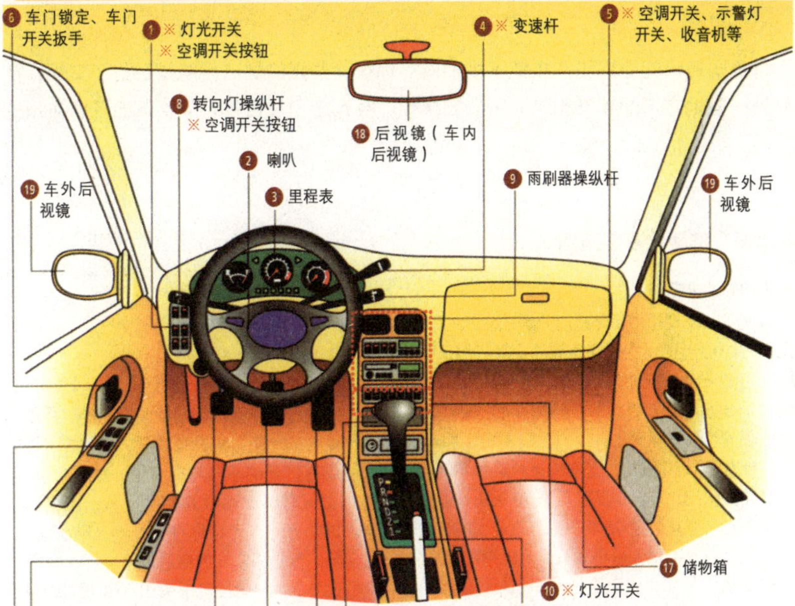

※名称与用途相同的设施，会在其中一处。
图中各个开关等设施的位置是最为常见的示例，有些车型中相应设施的位置与操作方法会有不同。因此，应阅读位于储物箱（图示中⑰）中的“Vehicle Operating Guide”（机动车操作指南）等使用说明书，确认各设施的位置及操作方法。

项目			检查	图示位置
发动车辆前的检查项目	需要注意的中美汽车差异	速度里程表		③
		试试开关灯了吗？		①or⑧or⑩
		试试开雨刷器了吗？		⑨
		试试开转向灯了吗？		⑧
		确认手刹的位置与操作方法了吗？		⑫or⑯
		确认变速杆的位置与操作方法了吗？		④or⑮
		试试开关油箱盖了吗？		⑪
		试试打开车窗了吗？		⑦
		锁好车门了吗？		⑥
	基本项目	后视镜（车内后视镜）、车外后视镜的调整		⑱、⑲
		示警灯开关的位置		⑤
		定速巡航（→p.174）开关位置		—
		空调温度调节		①or⑤
		收音机调节		⑤
		座椅位置调节		⑪

2 了解交通法规

美国各州的交规和罚款都不太相同，你在某些州的做法可能是触犯了交规，在另外一些地方可能相安无事。所以如果要途经几个州境自驾，需要详细了解各州的交规。

需遵守的两大基本原则

◆各州限速不同

美国的交规是由各州政府分别独立制定的，所以各州会出现一些存在差异的交规内容。州际公路的限速情况便是其中一项，即使是同一编号的州际公路，当州际公路所在的地区改变时，限速也会出现变化。

比如连接加利福尼亚州和亚利桑那州的州际公路的限速，加州地区是时速 70 英里，亚利桑那州地区则是时速 75 英里。也就是说两个地区时速相差 5 英里，每小时有 8 公里的距离差。所以如果你从加州驶向亚利桑那州时可以维持原有速度，但从亚利桑那州前往加州时，不降速可是会被州境值岗的交警抓个正着。只要各州之间的限速不同，州境线是绝对有交警进行监督把守的。各州的限速标准介于时速 65~75 英里，虽然相差的数值只有 10 英里，但只要超速是肯定会被交警拦下盘问罚款的。驾车邻近州境线时会出现提示路牌，看到它们就减速肯定是正确的做法。

整体来看，东部各州的限速要比西部更加严格，东部地区的时速普遍在 65~70 英里，西部各州则大都是在 70~75 英里，内华达州、亚利桑那州、新墨西哥州等沙漠和荒野较多的地区，由于公路周围障碍物较少，所以限速上限也高，可以更快速地驰骋。

驾车时不要超速

◆严禁酒驾（→ p.186）

美国的酒类酒精含量再少，它也是酒不是水，全世界的交警可都是铁面无私的。另外在加州地区，即使司机没有饮酒，但车内有乘客饮酒或有打开的酒瓶放在车里，都属于违规，加州交规对于饮酒限制相当严苛，请格外注意。以防万一，无论你在哪个地区购买酒品，最保险的都是将它们放在后备箱里。

此外，如果驾驶者未满 21 岁（加利福尼亚州等地的规定），车内即使出现未开封的酒类也属于违规现象，特此提醒。

若因酒驾引发事故，部分州郡可将严重性升级到杀人未遂罪，驾车时心里一定要有个警钟，不要醉酒驾驶。

行车规则

◆右侧行驶

美国汽车和中国车辆一样，驾驶席在左侧，右侧通行。单方向有两条及以上车道，行驶在右侧车道，最左侧为超车道。

◆如何通过未设信号灯的路口

最基本的常识是哪辆车先抵达路口便先通行，未设置信号灯的路口普遍会设有写有“STOP”字样的路标，有时还会看到名为“4WAY”或“ALL WAY”的辅助路标（如下页图所示）。如果发生下页图所示的 A、B、C 三辆车同时在路口相遇的情况，则首先是 A 车通行，待 A 车安全驶过路口后 B 车通行，最后 C 车跟进，美国习惯礼让右侧，即 C 礼让 B，B 礼让 A，由 A 车率先行驶。

如果遇到设有“STOP ALL WAY”路标的路口，要减速慢行，观察其他车辆，确认通过时机

左转弯专用中央车道

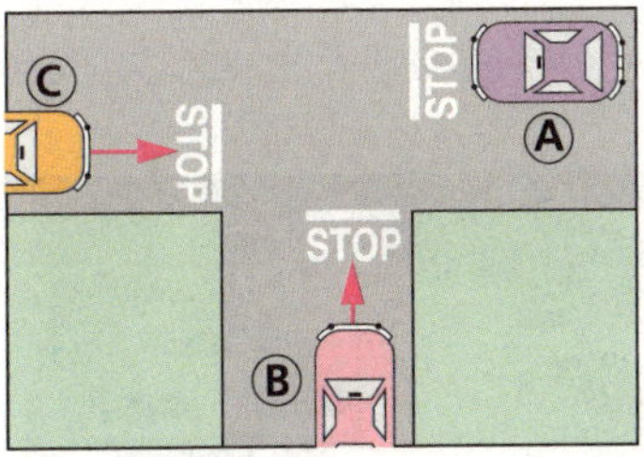

◆左转弯专用中央车道

在美国城市中经常能看到如下图所示的公路构成，在双向车道中间，还有一条中央车道。比如 A 车在没有红绿灯的路口左转或 B 车从其他道路左转时，驶入的过渡车道都是这条中央车道。具体的驾驶操作，A 车是打左闪灯后驶入该车道，等对面没有车后左转即可。B 车则是等到左侧没有驶来的车辆后拐进中央车道，随后打右闪灯，在确认后方无车后驶入右侧车道。这种道路设计比设有红绿灯的路口更有效率，人们可以自行掌握汽车的行进时间，不用死等红绿灯。但这条车道是为左转车辆特意设置的，并非普通车道，正常行驶时不要使用。

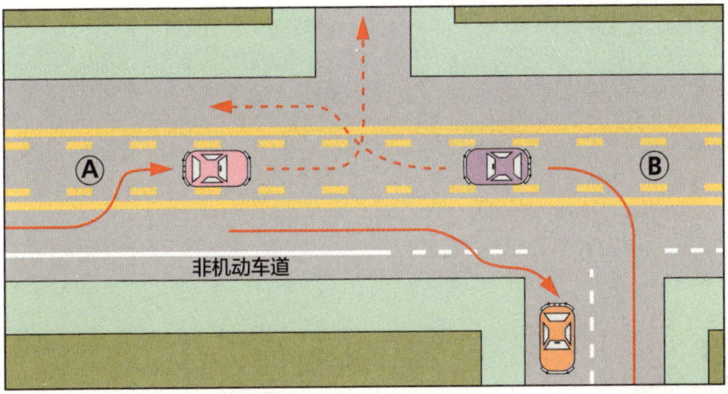

◆红灯时的右转规则

在美国遇到红灯，同样需要先把车停下来，在确认安全情况后有的地方可以自行右转。“先停车”“并确认安全后”是右转的前提。右转前要确认左侧没有驶来的车辆，或与驶来的车辆仍有一段距离，路口没有行人等情况后再进行右转。

但是有的红绿灯处标有“NO（RIGHT）TURN ON RED”的标识，这种路口是肯定不能右转的。如果在路口看到这种标识，要老老实实

时间段不同，有的路口可能禁止右转。比如上面这个路牌，周一～周五 7:00~9:00、16:00~18:00 时段都禁止在此右转

除公交车以外的车辆行驶在右侧车道时必须右转

地在红灯前停车，等到绿灯后再右转。

◆红灯时单行道左转规则

与右转相同，红灯时也可以自行左转，先并线到最左侧的车道，确认对面车道没有车辆驶来且无行人及自行车过马路时可以左转。当然，如果路口标有“NO（LEFT）TURN ON RED”标识时，也是禁止左转的。

◆左转箭形信号灯

左转时因为会经过反方向的车道，所以比右转要危险许多，很多大城市的市区都禁止自行左转（有的地区则是在指定时间段无法自行左转）。许多红绿灯都附加了左转指示灯（→下图），当指示灯变绿时即可自行左转。

“左转指示灯变绿时可左转”，遇到这种红绿灯，即使直行方向已经变成绿灯，也必须停车等待左转指示灯变绿时才可以左转。这时反方向的车道将是红灯，绝对不会发生撞车的情况。

如果路口只是单纯的红绿灯，并没有禁止左转的标识，则可以等到反方向车道没有车辆、确认安全状况后自行左转。

设有左转指示灯的红绿灯，左转灯可能会是在直行灯由红变绿的间隔中变绿，或是在直行灯变为红色后出现，无论如何，都要看清信号灯指示后再发动汽车。

◆并入高速公路的优先权

并入高速公路前，会在入口处看到红色倒三角的“YIELD”标识，该标识意味着要礼让已经行驶在高速公路上的车辆。

看到标识后并不需要停车等待，只是简单地放慢速度、在不影响已经在高速公路上行驶的车辆的前提下并入车道即可。当然，如果由于高速公路拥挤确实无法很快并入车道时也可以停车等候。

注意高速公路的分岔口

◆铁道路口交通规则

中国看到铁道路口通常要先停车观望后再通过，而美国则没有停车观望的习惯。或者可以说是“绝对不能在路口前停车”，如果忽然停车很有可能引发追尾等事故。不过有的州规定巴士及大型货车有在铁道路口停车的义务，如果你的前方是这种大型车辆，还是要减速慢行。当然，如果马上有火车驶来，路口呈现封闭状况，肯定是要停车等候的。

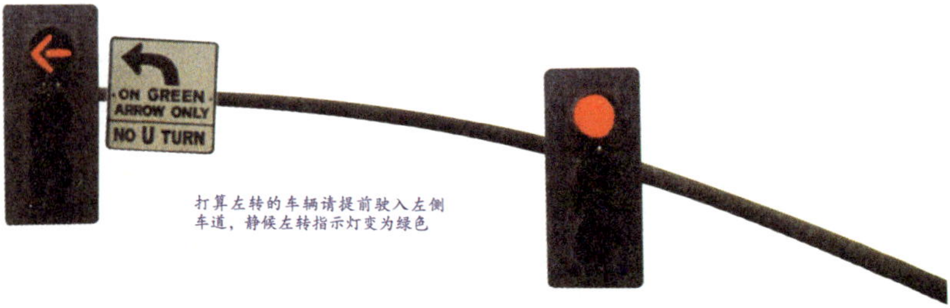

打算左转的车辆请提前驶入左侧车道，静候左转指示灯变为绿色

不要在铁道路口停车

部分偏远地区的铁路道口可能没有升降护栏，仅是在列车临近时会响警报，通过这种路口时一定不要掉以轻心，因为火车在通过路口时也只是单纯地鸣笛，不会减速，如果你抱着“虽然路口的警报响了但是这里也没有防护栏阻拦，而且还看不到火车的影子”就通过的话后果可能不堪设想。火车速度很快，一定要多加注意。

◆遇到紧急车辆时

当有鸣笛或闪烁车灯的消防车或急救车临近时，一定要将道路让开。如果前方道路拥堵，直接停车等候或统一向左或向右避让，跟随大家让出一条路即可。如果你马上要过马路，因为无法在路口中央停车等候，迅速过马路后在道路右侧暂时停车等候即可。

紧急车辆开路后通常路会好走许多，但请不要马上尝试开车，法律规定驶入紧急车辆90米的范围内便属于违法行为。

紧急车辆临近时请主动让路

安全行驶规则

◆系好安全带

除新罕布什尔州外，美国其他的州都规定司机有系好安全带的义务。如果发现你没有系好安全带，处罚的力度和金额都比中国要高出不少。最重要的是，系好安全带确实能在危急关头救人一命。有的车型在启动引擎时会自动系好肩部的安全带，但仍需要你自行系好腰部第二条安全带。部分州郡甚至有乘客也需要系好安全带的要求。

◆儿童汽车座椅

美国是明令要求儿童有系安全带的义务的。不同州针对儿童年龄的限制可能不尽一致，比如加州法律要求“8岁以上儿童有系好安全带的义务，未满8岁或身高在145厘米以下的儿童乘坐汽车时，一定要在后部座席上安装儿童座椅”。大型租车公司都会提供儿童座椅的租赁服务，预约租车时一定要咨询一下。

如果不提前预约儿童座椅，可能无法在柜台直接租赁并安装

◆关于车灯

加州法律规定，在日落后30分钟至日出前30分钟的傍晚及夜间，驾车时有开车头灯的义务。当然，如果在其他时段遇到较暗的路况，也是可以自行打开车灯的。许多司机都是华灯初上时便打开车灯行驶了。

在黄昏时分或背对太阳行驶时，即使天色尚早也可以打开车灯确保行驶安全。当太阳接近地平线的时候在背向太阳行驶的车辆上看到路上的东西都会有影子，这时候为了让对向车道的司机注意到自己驾驶的车辆，最有效的方法便是打开车灯。另外如果是在郊外的长距离直线公路或森林地带行驶，即使是白天也建议打开车灯。除了可以照清行驶道路外，更能在树木繁多的丛林让反方向驶来的汽车看到自己的身影。有的地方还会通过写有“Lights On For Your Safety”的指示牌提醒你自觉打开车灯。

另外，在多雨或多雾的地区也最好打开车灯。例如俄勒冈州、华盛顿州，以及北部地区等地经常会出现起雾或降雨的现象，下雨时许多有经验的老司机都会一上车便打开车灯，不少车辆也会在发动引擎的时候便自动点亮车灯。如果你的驾驶技术不高，即使是白天也可以打开车灯，其目的更主要的是让周围车辆看到你的存在。总之，如果你在美国公路上开得不自信，就打开车灯勇敢前行吧。

◆关于车距

道路上不仅有行驶的车辆，摩托车、自行

车、行人都是道路的使用者，驾车时除了要把握好前后车距（包括摩托车在内），对于一旁自行车道的自行车也要留出足够的空间，避免意外发生。

比如有辆摩托车在你的车前方行驶，这时就要留出足够的距离避免万一摩托车摔倒自己来不及刹车的情况。在高速公路上高速驾驶时更要注意车距，车速快可能导致发生意外时来不及反应。

近年来许多人都出于环保理念开始骑自行车出行，开车时要多加注意自由穿梭的灵活的自行车

◆学校路段的限速

临近学校的地区名为“School Zone”，要求车辆慢行，校区附近通常有两种标识。

其一是直接在指示牌上写明“本地区限速为 ×× 英里”，另外一种则是用英文“When Children Appear 当学生出现时”“When Flashing 看到灯光闪烁时”表示的请降速行驶的约定俗成的规矩。

请将时速放慢到 20 英里以下

◆注意校车

如果前方行驶的黄色校车停车并打起双闪，校车后面的车辆也要跟着相继停车，如果校车是在反方向的车道停车，校车侧面会出现“STOP 停车”的标识，这时也要停车等候。直到学生都从校车下来后，校车的双闪熄灭，“STOP”的字样也消失后才可以继续发动汽车。不过如果道路有中央隔离带，则校车在反向车道停车时，没有必要停车。

遇见校车多加注意！

在市区行驶时会遇到因早晚上下学而引发的堵车现象，通常出现在早上 8:00 和下午 3:00 的时候，如果你行程安排较紧，最好避开这个时间段出行。

◆有交警在指挥交通时

当前方发生事故时便会由交警临时指挥交通，这时要以交警的指示为准。

依照交警指示行车

◆交通岛（环形交叉路口）

遇到下图所示的交通岛时，已经进入交叉路口的车辆具有优先通过权。因此，如果左侧有车辆行驶而来时，应停止并等待左侧车辆通过后再继续行驶。另外，在交叉路口行驶时，应按照标志牌上的限速行驶，驶出交叉路口时必须打转向灯。

进入交叉路口一定要仔细观察

小贴士 **详细介绍儿童座椅** 儿童座椅细分为 Infant Seat，Child Seat，Booster Seat。Infant Seat 适用于 1 岁以下或体重 2.3~9 千克的儿童，Child Seat 适用于体重 9~18 千克的儿童，Booster Seat 适用于 ↗

道路标识

道路标识有表示规则（Regulatory Sign）的、表示指示标（Guide Sign）的、表示道路变化警告（Warning Sign）的、与施工相关（Construction Sign）的。

Regulatory Sign 规则标识

停车让行

减速让行

靠右行驶

红灯时禁止右转

单行道

单行道

可直行或左转

只可左转

禁止进入

禁止进入

禁止超车

禁止停车

禁止掉头

禁止左转

禁止右转

禁止右转

左侧车道只允许乘客数在2人以上的车辆通行

右车道只可右转

限速35英里

夜间限速35英里

慢车靠右车道行驶

仅绿灯时
可左转和掉头

紧急情况以外禁止停车

Guide Sign 指示标识

房车露营场地

有野餐桌

停车场

远足线路

露营场

医　院

自行车道路

加油站

↘体重 18~36 千克的儿童。

Warning Sign 警告标识

路面不平

谨慎超车

软质路肩

前方车道合并

右侧有车道（车道增加）

左转弯道路

右转弯道路

连续弯道

前方铁路道口

慢　行

前方设有中央隔离带

中央隔离带终点

中央隔离带终点

前方车道变窄

与左侧车道合并

注意防滑

双向交通

双向交通

前方信号灯

学校路段（学校周围）

注意学生横穿马路

注意学生横穿马路

交叉路口

前方禁止超车

注意鹿等动物出没

前方设有人行横道

限　高

注意下坡路

Construction Sign 施工相关标识

请绕行

道路施工限速25英里

施工中

前方1500英尺处道路施工中

车道关闭中

与驾驶相关的英文单词

在美国驾车时，经常能看到和听到的英语单词如下。有些特殊用语只有在驾驶时才会用到，可以作为参考（按字母顺序排列）。

buckle up ▶系好安全带

bump ▶减速带　在住宅区和停车场等地，为防止车辆速度过快而设置有减速带，如果速度过快会有较强震感。

call box ▶紧急电话　在州际公路路边，间隔1至数英里设置，汽车出故障或事故时可以用之与外界联系。

carpool ▶合乘　在大城市，为解决污染和交通堵塞等问题，设置名为“car pool lane”的车道，仅供规定人数以上的车辆通行。

caution ▶注意提醒　注意野生动物出没、山上落石等行驶中需特别注意的事项。

construction ▶施工路边　设置印有“CONSTRUCTION”的橙色临时标识，标识前方道路施工。

crosswalk ▶人行横道

curb ▶路边石

dead end（on outlet）▶道路终点　用于私有地、施工中等没有道路可以通行的场所。

detour ▶绕行　该标识设置于施工中的道路上。施工中的绕行线路上标有道路名称，按照标识行驶，即可通过绕行线路避开施工路段。

divided road ▶道路有中央分离带

drawbridge ▶开合桥　多见于运河较多的地方。船只通行时，降下栏杆，禁止通行。

fine ▶罚款　该标识意为向车外投掷垃圾或未系安全带会被罚款，同时会标明罚款金额。

gravel ▶碎石　路前方道路未铺设路面。

hazard warning light ▶危险报警灯

honk the horn ▶按喇叭

ignore ▶无视　如果无视信号灯或超车等方面的法规，会违反交通法，造成交通事故。

insurance ▶保险　租还车辆时经常会出现。

insurance policy number ▶保险证编号

intersection ▶交叉路口　在完全没有路口的道路上，接近城镇时设置该标识以提醒注意。

lane ▶车道　有些地方，内侧车道是作为合乘专用车道、超车专用车道等使用的。

law ▶法律　违反交通法或出事故时，根据法律进行裁决。

license（driver’s license）▶驾驶许可证

license plate ▶牌照　各州的牌照设计不同，能看到各种设计也很好玩。

median strip ▶中央分离带　在车流量较大的地方，上行车道与下行车道中间设置有隔离架或植被。

merge ▶合流车道　减少车道时，设置印有“merge right”的标识。

obey ▶按标识行驶　按标识行驶即可抵达目的地。

one way ▶单行道　在大城市的市中心较为多见。

parking brake ▶停车制动器

pass ▶超车　禁止超车标志为“DO NOT PASS”，允许超车标志为“PASS WITH CARE”。

pedestrian ▶行人　在美国行人优先，该标识在机场内和高尔夫球场附近较为常见。

right-of-way ▶优先权　设有该标识的道路具有优先通行权。

require ▶决定规则

road work（men working）▶施工中

roundabout、traffic circle ▶环形交叉路口（→ p.180）

school zone ▶学校路段（→ p.180）* 减速行驶

shared center lane（suicide lane）▶左转弯专用中央车道（→ p.177）

shoulder ▶路肩　途中需要临时停车时靠路肩。

sign ▶标识　驾驶车辆时要完全按照道路上的标识行驶。

thru traffic ▶直行车辆　在交叉路口等处，表示直行车道时使用。

toll booth（toll plaza）▶收费站

toll road ▶收费道路

tow away ▶拖车　会被拖走和禁止停车的标识同时出现时，表示在此处停车会被拖走。

traffic congestion（jam）▶交通堵塞

traffic light（signal）▶信号

turn ▶转弯　左转弯或右转弯时使用。

two way traffic ▶双向通行　多用于由单行道进入双向通行道时。

vehicle ▶车辆　在租车公司和保险合同书上用以表示车辆。

vehicle inspection certificate ▶车辆检验证

violation ▶违反

Wrong way ▶禁止驶入　设置于单行道的出口一侧。

Yield ▶让行　设置于快速公路的合流地点，表示在本车道行驶的车辆具有优先通行权。

与驾驶相关的英语对话

▶我可以停在这里吗？
Can I park here?

▶我忘了把车停哪里了，找不到了。
I can not find my car. I forgot where I parked my car.

▶记得车牌号吗？
What is your license plate number?

▶是什么种类的车？
What type of car is yours?

▶蓝色的丰田卡罗拉。
My car is a blue Toyota Corolla.

▶我迷路了。
I am lost.

▶我应该走哪条路？
Which way do I have to go?

▶您能告诉我怎么去最近的加油站吗？
Could you tell me how to get to the nearest gas station?

▶从这里出发需要多长时间？
How long does it take from here?

▶左 / 右转。
Turn left/right.

▶直走。
Go straight.

▶在下一个十字路口右转。
Turn right at the next traffic signal.

▶从 1 号出口走。
Take exit 1.

▶沿路向右转，进入 US-1。
Bear right onto US-1.

▶在左侧 / 右侧。
It is on your left/right.

3 关于酒后驾车的法规

前文也提到了，美国作为车轮上的国家，对于酒驾 Driving Under the Influence（DUI）的处理力度比中国还要严厉，绝不是吊销驾照这么简单，有时甚至会被认定为触犯了美国的刑法，一定要在心里敲响警钟。

如果你在行车时正巧遇到交警对来往车辆的驾驶员进行饮酒检查，一定不要慌张，正常接受检查即可。最普遍的情况是通过吹气测试是否饮酒，有时也会连带接受血检和尿检。在美国，只要血液中的酒精浓度超过 0.08% 便会被认定为饮酒状态，实际生活中也就是喝一两杯啤酒，酒精浓度便会超过这个数值。

关于酒后驾车的法规（以加利福尼亚州为例）

加州可谓旅行者最为常去且州法对于饮酒驾驶最为严厉的地方。下面会对法律规定进行简明扼要的说明，请一定要放在心上，并在其他美国地区驾驶时也严格要求自己。加州首先禁止未满 21 岁的年轻人饮酒，条例针对 21 岁以上的对象而设立。

违规行为的判断基准

1 饮酒检查的结果，血液中的酒精浓度（BAC，a Blood Alcohol Concentration）在 0.08% 以上即被判定为饮酒驾驶（如果是因公驾驶，0.04% 的浓度即被判定为饮酒状态）。

2 关于开封的酒品，搬运时需要进行全方位的包装让外人看不出是酒品，不要将其放到坐人的车厢里。通常将酒放到后备箱警察是不会有异议的。

3 0.5% 酒精含量的饮料都被判定为酒精饮料。

4 车内不能有已经开封的酒品出现，会被怀疑有饮酒行为。开封的酒品一定要放在后备箱里。

5 即使是乘客在车内饮酒也属于违法行为。

6 如果司机未满 21 岁，如果没有家长和监护人在场，即使是搬运酒品都属于违法行为。

若被认定为酒驾

DUI 不仅违反了交规，而且触犯了刑法，属于违法犯罪行为。被发现时，将以罪犯的身份被逮捕并拘留。具体可能会受到以下处罚。

1	判处 96 小时 ~6 个月的监禁
2	处以 US $30~ 1000 的罚款
3	6 个月内禁止驾驶
4	有义务参加酒驾研讨会，自费
5	如果你拥有美国车辆，则会在你的车上安装防止饮酒驾驶的装置

如果发现你是第二次酒驾，处罚力度将会更加严格，如果你因酒驾而引发人身事故，更有可能以“明明知道有可能因为酒驾而引起人命关天的事故，却仍选择酒驾行为一意孤行”的理由被判处杀人未遂罪进而受到刑法的处罚。即使你只是游客的身份，法律面前也同样人人平等。基本上你在美国境内如果以加州的标准要求自己，自驾过程中就不会有什么大问题了。

4 市区驾驶

驶出租车公司营业所后便可以正式开启你的美国自驾之旅了，前文已经介绍了汽车驾驶以及美国交规的相关内容，但无论在世界哪个城市，单是了解交规并不能保证顺利驾驶，当地的交通设施特色以及文化也需要了解一些，相辅相成才能最有效果。

下面将介绍在市区普通道路驾驶时的一些注意事项。

关于信号灯

在城市中驾车，最需要留意的便是路标和红绿灯。

美国的红绿灯变化也是中间设有黄灯过渡，即绿灯先变黄，之后变成红色，随后又变回绿色，周而复始。需要注意的是，中国的红绿灯由绿灯变成红灯时，另一方向的红灯会经过短暂的间隔时间再变成绿灯。而美国，特别是西海岸地区，一个方向的红绿灯由绿灯变成红灯时，另一方向的信号灯几乎在同时便会变成绿灯。

中国经常有闯黄灯的行为，这在美国是一定要杜绝的，美国的黄灯本身就意味着停车，是为了给红灯留出更多的准备时间而设立的。此外美国的绿灯英文是“Green Light”，不要记错哟。

关于美国地址的表示方法

美国的地址和中国的表示方式几乎差不多，都是以街道为单位，再以具体的门牌号码结束，你只要找到目的地所在的街道，离找到目的地就不远了。下文会详细介绍地址的常见表示方法。

首先，美国地址会表示道路的方向，东西南北分别对应 East，West，South，North，或用 E.，W.，S.，N. 的字母形式简略表达。

门牌号码会以主干道路为原点，数字会随着距离的增加而不断递增，通常北面的道路为奇数，南面的道路为偶数，东面为奇数，西面为偶数。当然也有排序截然相反的城镇，但绝不会出现连续的门牌号码的，如果北面的公路是偶数，沿路出现的门牌号便都会是偶数。

通过路牌可以更清楚地明确目的地的位置

举例来说，“300 E. Bellevue Dr.”这个门牌号，便是 Bellevue Dr. 道路东向 300 号的地址。

也有很多例外的情况，有的城市每隔一个街区就增加 100 号。如“2000 Post St.”，这个地址表示距离作为基点的主街 20 个街区。

了解了上述的地址规律，相信不难找到你的目的地。并且，在你迷路的时候，也能很快确定当时的地址，也就不会因为进退两难而苦恼了。

当地报纸的广告上常会出现例如“5 th Ave. & 42nd St.”“on 7 th Ave. between Main St. & Michigan St.”的表达方式，前者指的是位于 5 th Ave. 和 42nd St. 两条街道的夹角，后者则为位于 7 th Ave. 上 Main St. 和 Michigan St. 之间的位置。这种地址的表达方法可以说更加简洁明了。

5 高速公路系统

Highway 在美国并不只是高速公路这么简单，只有联邦政府、州郡所管理的公路才能被称为 Highway，城市中的道路和街道不能称为 Highway，如果你在 Highway 发生事故或违反交规，将有 Highway Patrol 特别处理，此外的道路将由城市的交警处理。当然，美国的 Highway 也是五花八门、种类繁多的。

高速公路的种类

◆州际高速公路 Interstate Highway

州际公路通常都是高速公路，本书用 I 作为州际公路的缩写，例如 40 号州际公路的表示方式是 “I-40”。

◆U.S. 高速公路 U.S.Highway

干线国道，是作为州际高速公路的补充而存在的。本书中简称为 “US”，例如 “US-30”。

◆州内高速公路 State Highway

州道，仅次于国道级别的各州公路，本书用各州的简写作为州道的缩写（→ p.189），例如加利福尼亚州道的表示方式是 “CA-1”。

◆二级州道 / 县道 Secondary State Highway/ Country Highway

类似于中国的省级公路，自驾旅行中很少涉及，通常途经很多乡村，除公路号码外还附有具体公路名称。

道路编号

只要是 Highway 都会有各自的公路号码，原则上偶数号码象征着东西向公路，奇数号码则为南北向公路，城市内的公路则不受这种规则限制。在美国公路上行驶时经常能看到指示牌上出现搭配 “North” “East” 等指示方向的公路号码。某些路段上也会因多条 Highway 相交而在指示牌上出现多个公路号码，不要看错哟。

关于州际高速公路

如果你是长途驾驶旅行，肯定是要利用州际公路的，根据公路号码不同大致分为以下几类。

◆一位数或两位数编号

这是州际公路的中坚力量，个位数是 0 的公路属于大陆横断公路，从南向北依次递增，规律为 10、20、30……90。个位数为 5 的公路属于大陆纵贯公路，从西海岸起依次为 5、15、25 一直会递增到东海岸的 95 号。其余两位数编号的公路则按顺序穿插在各横纵断公路之中。

◆3 位数编号的百位数是偶数

多为都市环线及城市支路，比如 I-5 在洛杉矶的支路为 I-405，I-85 在亚特兰大的环线为 I-285。此外也有不是用三位数，而是用在十位数后添加方向的形式表示的城市支路。比如得克萨斯州达拉斯 / 沃思堡地区的 I-35W、I-35E 公路便是如此。

◆3 位数编号的百位数是奇数

连接州际公路及其他高速公路、各城市公路的线路，例如圣弗朗西斯科海湾区域的 I-580 便是如此。

◆ 带有附加标识

在公路牌的数字后有时还会看到写有 “BR” “Business” 和 “ALT” 字样的情况，即使号码相同，附加英文的也是另外一条迥然不同的道路。前者英文的全称是 Business Route，后者则指的是 Alternate。即使你从 I-75 驶入 I-75 ALT，之后也会重新合流进入 I-75。

这种附带英文的公路是为了分散早晚高峰

车流而修建的，虽然有点绕远，但车流量并不大，较少堵车，有时甚至比原路还要更有效率。

◆里程标

州际公路上会设立写有“Mile Post”的里程标，如你行驶的是南北向公路，则表示的是此处距离公路南端州郡的距离，若行驶的是东西向道路，则表示的是距离公路西端州郡的距离。

另外，在部分州，在州际公路的出口除了会看到写有道路名称的路标，表示英里里程的数字也会出现在路标上，比如科罗拉多州 I-70 公路的 116 号出口，便意味着此处距离其西侧的犹他州州境 116 英里。如果距离一样，但出口为多个，则会通过英文进一步对出口进行标识，例如 EXIT 97A 出口，EXIT 97B 出口等。

你在行车时完全可以通过上面的数字判断行程的距离。比如你所在的地方是 EXIT 102 周围，目的地在 EXIT 140，则两地相距 38 英里。

看到州际高速公路出口的数字即可知道距离

何为快速公路

像本文中说明的那样，高速公路是根据管理者的不同来分类的。相对而言，快速公路（Freeway）则是一种道路形态。快速公路上没有交通信号灯，只能通过立交桥与普通道路形成交叉的出入口进出。在东部地区，快速公路也被称为快速道路（Expressway）、收费道路（Turnpike）。

美国各州缩写

州　名	缩写	州　名	缩写	州　名	缩写
Alabama 亚拉巴马	AL	Louisiana 路易斯安那	LA	Ohio 俄亥俄	OH
Alaska 阿拉斯加	AK	Maine 缅因	ME	Oklahoma 俄克拉何马	OK
Arizona 亚利桑那	AZ	Maryland 马里兰	MD	Oregon 俄勒冈	OR
Arkansas 阿肯色	AR	Massachusetts 马萨诸塞	MA	Pennsylvania 宾夕法尼亚	PA
California 加利福尼亚	CA	Michigan 密歇根	MI	Rhode Island 罗得岛	RI
Colorado 科罗拉多	CO	Minnesota 明尼苏达	MN	South Carolina 南卡罗来纳	SC
Connecticut 康涅狄格	CT	Mississippi 密西西比	MS	South Dakota 南达科他	SD
Delaware 特拉华	DE	Missouri 密苏里	MO	Tennessee 田纳西	TN
Florida 佛罗里达	FL	Montana 蒙大拿	MT	Texas 得克萨斯	TX
Georgia 佐治亚	GA	Nebraska 内布拉斯加	NE	Utah 犹他	UT
Hawaii 夏威夷	HI	Nevada 内华达	NV	Vermont 佛蒙特	VT
Idaho 爱达荷	ID	New Hampshire 新罕布什尔	NH	Virginia 弗吉尼亚	VA
Illinois 伊利诺伊	IL	New Jersey 新泽西	NJ	Washington 华盛顿	WA
Indiana 印第安纳	IN	New Mexico 新墨西哥	NM	Washington, District of Columbia 华盛顿 D. C.	DC
Iowa 艾奥瓦	IA	New York 纽约	NY	West Virginia 西弗吉尼亚	WV
Kansas 堪萨斯	KS	North Carolina 北卡罗来纳	NC	Wisconsin 威斯康星	WI
Kentucky 肯塔基	KY	North Dakota 北达科他	ND	Wyoming 怀俄明	WY

6 快速公路行驶注意事项

在广阔的美国大陆行驶，只要远离城市或前往自然景区时，几乎都要利用快速公路。本节主要讲解快速公路的行驶方法。

首先需要在出发前通过地图确认快速公路的入口在哪里，弄清楚自己现在所处的位置以及前往快速公路的途经公路名称就可以算是为顺利进入快速公路开了个好头。

将沿途需要经过的道路编号与方向牢记于心

入口在哪里?

在快速公路入口附近的区域会设立有入口导向信息的指示牌（如 照片 1 ），但像洛杉矶这样的大城市，由于单向车道，以及只允许左转或右转的车道在市内分布较多，不熟悉路况的游客有可能很难抵达快速公路入口，要提前做好准备。

入口的种类

在快速公路中会看到写有道路编号的路标，大体可以分为两大类。

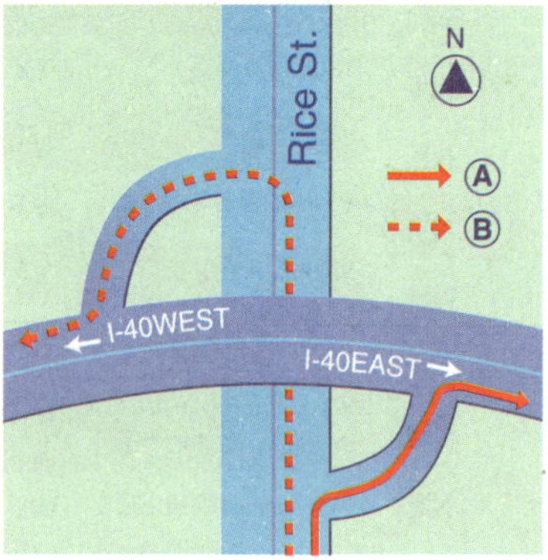

一种出现在入口临近处，标有表示方向的字母（East 为东，West 为西），根据你的前行方向选择不同的入口。通常出现在快速公路与某条公路垂直交叉的时候，你可以通过两个入口分别驶入不同方向的快速公路。

以左下图为例，东西方向的 I-40 州际公路和南北方向的 Rice St. 相交，当你沿着 Rice St. 从南向北前行时，便会看到 照片 2 的景象，如果你向东行进，则直接右转沿 A 线路行进即可，如果你打算向西前行，则先向北行进，随后左转沿 B 线路行进即可。

确认好要继续向哪里行进后再继续前行

另外一种路标是在快速公路的行进途中出现，指引你前往不同的道路。如 照片 3 所示，这种路牌常出现在市区附近的路段。

上面介绍的只是最常见的路标出现路段，美国的快速公路种类很多，入口的路标也有很多的指引形态，但无论是哪种入口，只要严格按照路标指示找路，一般是不会有大失误的。如果弄不清公路的方向，一定要通过地图仔细确认，提前记牢或记在本上是再好不过的。

“West” 往西走则进入左车道，“East” 往东走则选择右车道

进入快速公路时的注意事项

特别是从多条车道进入快速公路时，要格外留意路标上的内容。沿路会出现许多指示方向的路标，上面会写有“ONLY”或“OK”的字样。注明“ONLY”的路段是只能左转或右转，“OK”则是左转右转均可（见照片4）。

照片4

最右边的车道仅允许右转，其左侧车道则既可以右转也可以驶入合乘专用道

在快速公路入口有时还会看到信号灯，通常出现在车流量较大的路段，有的红绿灯上会写有“ONE CAR PER GREEN”的字样（见照片5），其意思是，每当变为绿灯时只允许一辆车进入主干道。

照片5

注意“每次一辆车”的标识

这种红绿灯并不是一直都会工作，通常只是在早晚高峰交通量较大的时候使用。当多条车道合流并入快速公路时，还会出现表示各条车道的“RIGHT LANE”等。

不少车辆在看到信号灯变为绿色后便会迅速启动，交会处的车道也较为混乱，此时应该注意提速使自己的车汇入该车道的车流中。

关于合乘车道

在交通量较大的城市，不时会看到写有“CARPOOLS”的指示牌。

“CARPOOLS”可以理解成中文的“合乘”，即一辆车上同时有多名乘客乘坐。美国作为车轮上的国家，几乎每人一辆汽车，中产家庭更是会同时拥有2~3辆家用车。大城市中，交通拥堵和尾气排放已经成为严重的问题。公路上经常可以看到每辆车上只有一名司机的场景。政府为了缓解这种资源浪费的情况，便设计出只允许当车上有多名乘客时才可行驶的“合乘车道”。大多数情况，当车内有2人乘车时便可以使用合乘车道，部分地区也要求必须要有3人乘车才可以使用。由于单人驾驶的情况无法使用合乘车道，所以经常会出现普通车道拥堵而合乘车道仍是畅通无阻的景象。此外合乘车道也不受上述信号灯的控制，行车更加便捷。

从一般车道并入合乘车道比较容易，但有时在高速公路的出口处，并不一定有从合乘车道进入一般车道的出口，因此，在接近自己的目的地或分支时，最好提前一些从合乘车道驶出。

2人以上乘车时便可进入合乘车道行驶

如何合流驶入快速公路

合流驶入快速公路通常有以下几种。

首先标识分为由支路并入主路（照片 6 样式）以及两条路并流（照片 7 样式）两种。

如果你是从支路并入主路，则需要观察主路车流，打左转灯，确定可以并入时再驶入主干道。如果是出于两条路合流的情况，由于车道不会减少，所以无须有影响其他车道行驶的担忧，但如果你是位于右侧的道路，在合流后，最右侧的车道往往会设有公路的各个出口，最好不要在最右侧的车道行驶。

照片 6
由支路驶入主路时，不要着急，避免发生碰撞

照片 7
如果是两条道路并流，则无须担心会影响其他车道的车辆行驶

关于快速公路标识牌

当你驾车由支路并入主路时，会看到主路上的交通标识，特别需要注意的便是“EXIT ONLY”（只通向出口）的字样（见 照片 8），通常会是黄底黑字的显眼标识，并用箭头指出通向出口的专用道路，如果你不打算驶出当前所在的公路，请不要占用出口专用车道。有时会看到写有“THRU TRAFFIC MERGE LEFT”字样的指示牌，意为直行车辆请移向左侧车道。

变道时，要提前打车灯，在条件允许的情况下再进行变道。强行变道是事故的源头，如果真的并不过去，就直行驶出出口，稍后再重新驶入主路即可。

在快速公路上行驶，一定要确保自

照片 8
通过路牌确认所在车道是否可以通向目的地

己所在的车道是否可以通向最终目的地。美国的高速公路设有许多出口及分岔口，路标会明确指明不同车道，行驶过程中不要走错路。

举例来说，五条车道便会有五个不同内容的指示标，分别指向不同的地点，有时甚至会有五条车道六个指示标的情况，即某条车道上可能同时会有两个指示标，也就是说，这条车道可以同时通往两个地点。

另外写有“ONLY”字样的路标意味着这条公路只能通向指示牌标示的方向，如果你提前明确了前往目的地时需要途经的公路，便不会对沿途的路标感到陌生。

快速公路的支线与出口

市区和郊区周边的高速公路都会设有几条支线及出口，沿途会看到指示牌表明这里与支线及出口的实际距离。通过“1 英里”“1/2 英里”的字样你可以对路程有更明确的掌控。

出口通常位于公路的右侧，当在公路上

距离 Portmouth Circle 的出口还有 1/4 英里的距离

看到写有自己计划驶出的出口指示牌时便可以逐渐向右侧车道并线。不过部分城市中的公路出口会设在车道左侧，此前会有“NEXT LEFT”的路牌提示，看到后向左侧车道并线即可（见照片9）。

看到写有“NEXT LEFT”的路牌便要明白出口将出现在公路的左侧，提前向左侧车道并线即可

个别车辆会在临近出口时一下穿越好几条车道进行并线，这种做法很容易引发交通事故，切记不要如此驾驶。即使不能及时驶出车道，也不要勉强，继续前行等到下个出口再驶出，之后走点回头路便可以了。安全第一才是最重要的。

驶出快速公路

驶出快速公路要比进入或并线时简单一些。

当你临近目的地出口后，便可以开始并线到出口所在的车道。有的公路的出口会设有专用车道，这时更要注意不要走错车道。市区的公路出口通常较窄，很有可能出现之前行驶一路畅通，临近出口时车辆排队出公路的情况，这是正常现象，调整好心态，不要急躁。

驶出快速公路进入普通道路的路口处，通常不会设有红绿灯和路标，需要观察车流，确认无误后再进入普通道路，尽量减速慢行。此外，驶向普通道路的公路有时会在左右两侧都有出口，应在驶出快速公路前就明确自己的方向。

被遗忘的方向指示器

在快速公路上行驶时，经常会看到邻近车道有打左转灯或右转灯却依旧直行并未并线的车辆，这种情况通常都是司机忘关转向灯了。

出现这种情况的根源主要在于美国车型的问题。中国的车型打转向灯后，仪表盘上便会出现闪烁的绿灯，车内还会发出特有的“滴咔滴咔”声，但美国的很多车型，虽然仪表盘上也会有提醒，但通常从驾驶席都很难观察得到。“滴咔滴咔”声有时也会被车内播放的音乐声淹没，令人难以察觉。而且有一部分车型，连提示音都没有，更是增加了这种情况的出现频率。

现实生活中这种情况确实很危险，比如你正打算驶出停车场，这时看到邻近车道有一辆打右转灯的汽车，你可能会认为这辆车正好要驶入停车场，两辆车正好会错开便直接开车了，但是打右转灯的汽车只是忘了关转向灯，依旧是直行的，这时就很有可能会发生撞车事故。所以实际驾驶中，不要太把其他车辆的转向灯当回事，自己行动前多观察对方车辆的行车方式。

市区的公路出口经常会出现堵车现象

7 长途驾驶

如果打算深度体验美国的自然与文化，还是推荐以长途驾驶的形式游览美国。驾车前往远离机场及文明社会的广袤大自然，又或是没有公共交通通行的田园乡村，得到身心的放松，自由自在驰骋。

长途自驾与简单地在城市中驾车游览有所不同，需要做很多准备工作。打开美国地图，即使是同样位于西海岸的洛杉矶和圣弗朗西斯科也相距 600 公里（约 380 英里），一西一东隔着整个大陆相望的圣弗朗西斯科（旧金山）和纽约的距离则足有 4800 公里（约 3000 英里），长途自驾是绝对不能小瞧的。

下文将逐一介绍长途自驾中需要注意的事项以及应该了解的知识点，希望可以帮到你的自驾之旅。

出发前确认线路

如果你打算来趟远距离旅行，出国前是一定要做好线路攻略的。即使是你亲自设计的行程，旅行途中也需要在前一天晚上或第二天一早重新熟悉一下当天的行程。千万不要有旅行肯定会和计划一样顺利进行的天真想法。游玩途中很有可能会出现被当地人推荐去其他景点、在格外喜欢的地方增加停留时间的改变，也可能会因为意外或心情减少某个景区的停留时间……而旅行计划改变本身也是自驾游的魅力所在，请放平心态用心享受。在当地旅行时，需要以天为单位确认每天的行进线路，通过详细的地图确认当天所走的公路及行进方向、全天的预计里程以及下一个住宿点的准确位置。

决定副驾驶

一个人旅行，是真正意义上的“自驾”，只能从头到尾亲力亲为，但如果成员不止一人，则应该明确分工，一人开车一人做副驾驶。副驾驶需要熟悉路标含义，会使用汽车导航及地图确认行车的方位及线路，可以明确指明休息场所的位置，当线路改变时可以临时制定新线路等。如果导航人员能够独当一面，真的可以为司机减轻许多压力。如果两个人或所有乘客都会开车，大家可以轮流充当驾驶员与导航员的角色，即使不会开车的人也可以胜任导航员的身份，从另一个角度领略自驾的乐趣。

在快速公路途中会看到名为“REST AREA”的休息场所，旅途疲劳时在这里休息 2~3 小时再好不过了

考虑时差

美国境内根据地区不同共有 4 个时区（→ p.4），长途驾驶肯定需要途经两个或多个时区，从一个时区进入另一个时区时会看到明确的路标提醒，平时你可能觉得差一两个小时不会对行程有大的影响，但假如当天正巧要赶飞机，后果则会很严重。谨记向西行驶时需要往回倒时间，向东行驶时时间提前的基本时间观。

◆注意夏季的日长！

美国大多数州都采用夏令时，夏令时期间即使过了 20:00、有的地区甚至过了 21:00 仍给人似白天的感觉。对于自驾出行来说，明亮的驾驶环境肯定再好不过，但切记不要得意忘形。认为 21:00 天还很亮可以多走些路程，结果到了 22:00 天已经摸黑后才开始考虑住处，但这个时候天色已晚，很有可能出现很难找到住所或酒店客房已满的情况，此后情况可能会越来越严峻，到了 23:00、24:00 仍是徒劳无功，再往后加油站（GS）关闭也是常有的事。

所以为了避免出现这种糟糕的情况，一定要根据时间而不是天的亮度对行程进行判断，夏天更是格外需要注意。

使用收费公路

在东部及中西部地区，或是在加利福尼亚州和佛罗里达州自驾时，会经常利用收费公路。美国的收费公路与中国并无太多差异。

如果你通过收费站时并未缴费，则会被记录下车牌号，租车公司将会向你收取罚款（→ p.216），请多加注意。

◆收费站

下面的照片便是缅因州收费公路的收费站实景。

收费公路的收费站，若所驾驶的车辆上未安装 E-ZPass 的收费机，则要选择在支付现金结算的 "CASH/RECEIPTS" 车道行进

支付现金结算时请选择在 "CASH/RECEIPTS" 车道上行进。

"E-ZPass" 是类似于中国 ETC 卡的收费装置。

此外还有不找零的 "EXACT CHANGE" 无人收费站，将相应金额的硬币投入收费箱后即可通行。

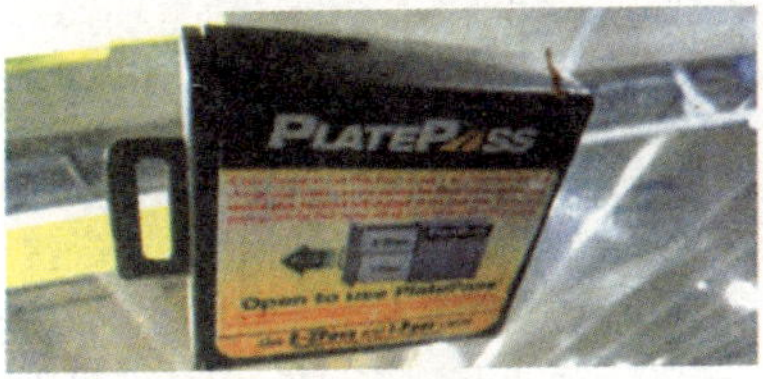

部分车型可能未装载 E-ZPass 收费系统

长途驾驶的注意事项

最基本的原则是避免疲劳，疲劳是发生事故的首要原因。在前文线路确定的板块中便提到过类似的问题，下文将具体提几点 "不让身体疲惫" 的旅行建议。

◆早出发、早抵达

每天尽可能早些出发，好的开始是成功的一半，如果出发时已经临近中午了，很有可能会出现傍晚找不到住处的情况。自驾时尽量避免在黄昏或夜晚开车，赶早不赶晚。此外如果你当日打算领略大自然的风光，更是需要早起一些，清晨通常是自然界一天之中最美的时刻。

当然，如果你当天行驶车程较短可以从容一些。大城市中早上 7:00~9:00 更是早高峰时段，尽量错峰出行。另外，过早起床也是弊大于利，可能会让一整天都没什么精神。推荐早上 8:00~9:00 开始一天的旅程，于 16:00~17:00 抵达目的地最为靠谱。

◆适当休息

有时为了早点抵达目的地，可能会勉强自己赶路。但即使路况通畅、道路宽阔，最好也不要一次性驾车超过 3 小时。每开 3 小时，就要休息 20~30 分钟。路边的快餐店、加油站（GS），乡村中的家庭餐厅都是休息的好去处。即使是空无人烟的州际公路中也有名为 "Rest Area" 的休息区，你在这里可以找到卫生间及公用电话，佛罗里达的 Turnpike 等收费公路上还会设有设施丰富的服务区。行驶在自然景观区时，如果途中经过写有 "Scenic View" 或 "Scenic Area" 标识的路牌，也可以在这里稍作停留，欣赏大自然的美景，同时放松身心，缓解旅程的疲劳。

◆提早加油

当你行驶在田间时可能会有十几英里看不到加油站的情况，即使找到了一家，也很可能人家已经下班了。为了避免这种情况发生，一定要有提前加油的意识。当燃料表数据低于一半时便要加油，有备无患。

> **COLUMN**
>
> **美国的车贴**
>
> 在美国自驾时，欣赏路上其他车辆的车贴标语也是乐趣之一。支持球队的口号、黑色幽默的短语、政治色彩强烈的图案，处处都彰显着美国人特有的主观色彩。

小贴示 **如何用英文表达 ETC？** 中国的不停车收费系统 ETC 用英文来解释，可以说成 Transponder 或 Toll Pass Device、PlatePass 等。

◆超速挡

很多自动挡车型都会设有超速挡装置，其可以让行驶车辆得到极高的齿轮传动比以获得高速的巡航能力，同时在较低扭矩的情况下节省燃料。长途驾驶时非常推荐使用超速挡。但当你在山地，特别是国家公园和国家森林景区中行驶时，因为超速挡会导致动力不足，所以还是尽量不要启动该功能。

此外，如果下坡路较多同样不要使用超速挡，刹车时也要更小心。

超车规则

乡间的公路经常都是单车道设计，行车途中不时便会遇到前方车辆车速较缓或是房车这种本身就开不快的车挡在前面，这时便会牵扯到超车（英语 PASS）的情况。

首先要对公路的车道线有基础的了解。中央车道线通常用黄色表示，详见右图。①处的车道线为虚线，这种情况 A、B 车道均可以相互进入对方车道进行超车，②和④的位置是既有虚线又有实线，这种情况下虚线侧的车辆可以单方向跨车道超车。即在②的位置，B 车道的汽车可以进入 A 车道实现超车，反之 A 车道的车不允许在②的位置进行超车。

此外有的地区会通过竖立指示牌的形式指示驾驶员。“DO NOT PASS”是禁止超车，“PASS WITH CARE”则是可以超车，但要注意安全。

超车时请保持足够的空间距离

在这种通过反向车道进行超车的情况下，一定要注意反向车道有没有正驶过来的车辆。在毫无参照物的广袤公路上，即使反向车辆时速达到了 70 英里，也会给人一种静止的错觉。

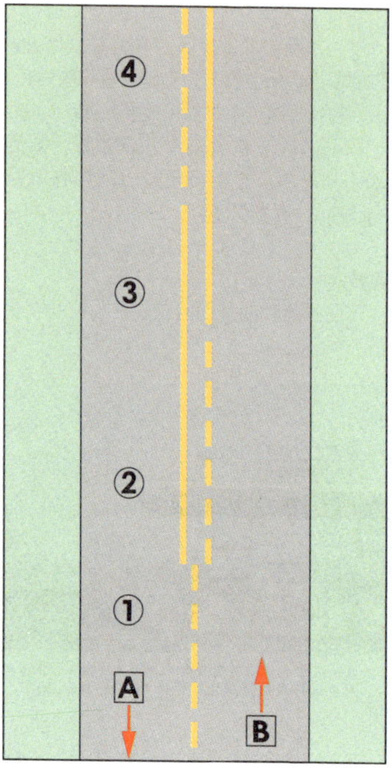

因此，虽然反向车道的汽车看起来距离很远，但实际上只要一眨眼的工夫，就已经近在眼前了。超车时要有这种预判意识，不要肆意变道超车。

如果你打算超越的是一辆卡车，一定要注意车距。美国的卡车普遍较长，一定要让卡车司机可以通过后视镜看到你的车辆，如果距离过近进入了卡车司机的视野死角，很有可能会发生意外。

在山路或是弯路较多的地区，一定要看到允许超车的虚线车道标识后再进行超车。有时还会看到公路上出现的各种指示牌，“PASSING LANE 1 MILE”指的是 1 英里后可以超车，“SLOWER TRAFFIC KEEP RIGHT”指的是慢行车辆请在右侧车道行驶，“KEEP RIGHT EXCEPT TO PASS”的意思是除了超车外均在右侧车道行驶。总之美国公路的普遍观念是右侧行驶。

美国各州路况

州名	511	路况查询电话	路况网站
阿肯色		(501)569-2374、(1-800)245-1672	www.arkansashighways.com www.idrivearkansas.com
艾奥瓦	※	(1-800)288-1047	www.511ia.org
爱达荷	※	(1-888)432-7623	511.idaho.gov
阿拉斯加	※	(907)465-8952	511.alaska.gov
亚拉巴马			www.fhwa.dot.gov/trafficinfo/al.htm
亚利桑那	※	(1-888)411-7623	www.az511.com
伊利诺伊		(1-800)452-4368	www.idot.illinois.gov
印第安纳		(1-866)849-1368	www.in.gov/indot
威斯康星	※	(1-866)511-9472	www.511wi.gov
西弗吉尼亚		(1-877)982-7623	www.transportation.wv.gov
俄克拉何马		(1-844)465-4997、(1-877)403-7623	www.ok.gov/dot
俄亥俄		(1-888)264-7623	www.ohioturnpike.org
俄勒冈	※	(503)588-2941、(1-800)977-6368	tripcheck.org
加利福尼亚	※	(1-800)427-7623	www.dot.ca.gov
堪萨斯	※	(1-866)511-5368	www.ksdot.org
肯塔基	※	(1-866)737-3767	511.ky.gov
康涅狄格		(860)594-2000	www.ct.gov/dot
科罗拉多	※	(1-877)315-7623	www.cotrip.org
南卡罗来纳			www.511sc.org
南达科他	※	(1-866)697-3511	www.sddot.com
佐治亚	※	(1-877)694-2511	511ga.org
得克萨斯		(1-800)452-9292	drivetexas.org
田纳西	※	(1-877)244-0065	www.tn511.com
特拉华		(302)760-2080、(1-800)652-5600	www.deldot.gov
新泽西	※	(1-866)511-6538	www.511nj.org
新罕布什尔	※		www.nh.gov/dot
新墨西哥		(1-800)432-4269	nmroads.com
纽约	※		www.dot.ny.gov
内华达	※	(1-877)687-6237	nvroads.com
内布拉斯加	※	(1-800)906-9069	www.511.nebraska.gov
北卡罗来纳	※	(1-877)511-4662	www.ncdot.gov
北达科他	※	(1-866)696-3511	www.dot.nd.gov
弗吉尼亚	※	(1-800)367-7623	www.511virginia.org
佛蒙特	※	(1-800)429-7623	vtrans.vermont.gov
夏威夷			hidot.hawaii.gov
佛罗里达	※		www.fl511.com
宾夕法尼亚		(1-877)511-7366	www.511pa.com
马萨诸塞	※	(617)986-5511(波士顿) (508)499-5511(马萨诸塞州中部) (413)754-5511(马萨诸塞州东部)	www.massdot.state.ma.us mass511.com
密歇根			www.michigan.gov/mdot
密西西比			mdot.ms.gov www.mdottraffic.com
密苏里		(1-888)275-6636	www.modot.org
明尼苏达	※	(1-800)542-0220	www.511mn.org
缅因	※		www.maine.gov/mdot
马里兰		(1-855)466-3511	www.md511.org
蒙大拿	※	(1-800)226-7623	www.mdt.mt.gov roadreport.mdt.mt.gov/travinfomobile
犹他	※	(1-866)511-8824	www.udot.utah.gov udottraffic.utah.gov
路易斯安那	※	(1-877)452-3683	wwwsp.dotd.la.gov 511la.org
罗得岛	※	(401)222-3005	www.dot.ri.gov/travel
怀俄明	※	(1-888)996-7623	wyoroad.info
华盛顿		(1-800)695-7623	www.wsdot.com/traffic
华盛顿 D.C.			ddot.dc.gov

带 ※ 号的州可以通过 511 电话查询路况。

8 迷路之后

初来美国，一下将所有路标都认全肯定有难度，而且有些地方的路标连当地的美国人都要琢磨一会儿才明白。解决开车迷路最好的办法就是使用车载导航。

在普通道路上迷路时，先将汽车开到与大路相交的交叉点，大路的名称通常都会出现在交叉点的路标之上，将车停在路边，把路名输入到车载导航之中，就可以看到现在你所在地区的地图了，确认好具体方位后出发即可。停车时需要注意附近的环境，如果道路上有乱扔的空瓶子、垃圾随处可见、商店用铁栅栏反锁、有很多流浪汉来回转悠等，就不要在此停车，如果附近都是这种氛围，就在开车路过路口的时候记一下名字，稍后查询即可。如果无论如何都找不到任何路标，那就去加油站（GS）或者大型超市向工作人员询问一下，肯定会被热情告知的。

在快速公路行驶时，一旦错过了公路出口，则从下个出口驶出后沿反方向公路驶回即可。具体行驶路径可参照下图。当然很多立交桥并不像下图这样简单，可能需要途经几个路口才能重新驶回快速公路，但只要把快速公路留在视野之中，肯定是能找到机会回去的。

不要指望乡间的小路经常会出现亲切的路标，如果不小心迷路了，可以通过途经的公路号牌或者乡镇的名字对位置进行搜索。如果确认已经走错路了，看看是原路返回比较好还是另辟蹊径，不要太惊慌。

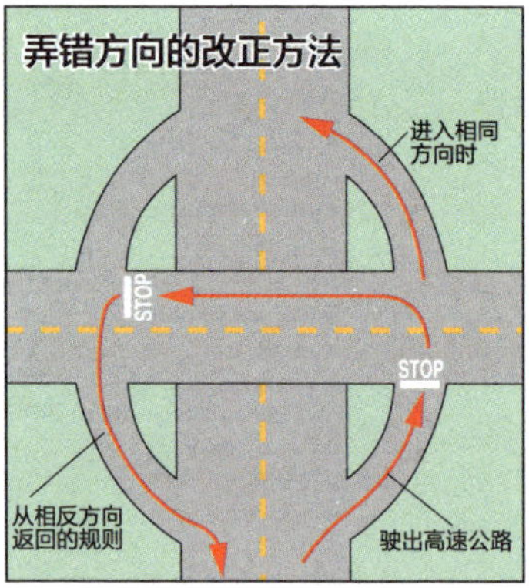

部分租车公司提供的车载导航支持中文系统

即使是在乡间迷路，也无须担心会进入危险地域。当然，到发现或返回正确的道路要花费些许时间。有时你可能连续几小时都处于迷路状态。这时最好不要强行按原计划前进，或是超速行驶，应冷静应对。

在乡间行驶时，每当进入一个新城镇，都会在沿路看到写有城镇名称及人口数的特有路标

投稿

便携式电筒

在冬天驾车时，天会比想象的黑得早很多。美国公路的照明相比中国要暗上许多，如果打算看地图的话无法借用公路的灯光，所以便携式电筒可谓冬季驾驶的旅途伴侣。

9 停车问题

在美国停车，一般分为收费停车场、路边停车、代客泊车等3种形态。此外还有在汽车酒店、购物中心等的免费停车场停车的情况。停车场通常用“P”或“Parking”字样表示，看到这个标识就代表距离停车场已经很近了。

收费停车场

美国通常是车头向里停车

收费停车场分为先付费和后付费两种。收费模式和中国并无两样。

先付费的“Flat Rate”停车场非常常见，在停车场入口支付相应金额后便可获得停车券，驶出停车场时向工作人员出示即可。将汽车停好后推荐将停车券放到显眼的位置，如果工作人员巡视停车场时发现有的汽车并没有停车券，很有可能会叫拖车将其拖走。

后付费的情况根据停车的时间决定停车费的金额。通常是在驶入停车场时拿一张停车券，出停车场时工作人员根据总时长进行收费。如果有看到“~ Hour Free”的字样，则比较幸运，因为在该时段将不收取费用。

有的停车场是“Free with Validation”的收费形式，即在周边商店或餐厅消费后，出示消费证明就可以免费停车或享受相应的停车折扣。中国的大型商场经常也会有类似的附加服务，很好理解。

若在停车票上盖章，则可以免费停车3小时

如果是2层以上的停车场，通常被称为Parking Structure。

停车时需要注意的是停车的方向，美国通常都是不倒车，将汽车直接开进停车位即可。部分州郡甚至会把车辆掉头停车视为违反停车规定的行为，需要多加注意。这种做法主要是因为很多州郡的车牌都是只挂在车尾，车尾朝外可以让警察更容易检查车牌号。这些州郡的停车场都会设有写着“Do Not Back Into Stall”的字样提示，不要图开走时方便掉头停车哟。

路边停车

在美国自驾，肯定会有路边停车的情况，城镇道路旁规划的停车位随处可见，方便短时间停车。

◆路边石的颜色区分

禁止停车的区域用显眼的颜色划分出来，要熟悉各颜色代表的意义。

注意路边石的颜色

白　允许短暂停车，以供人上下车。多位于邮筒附近，为了方便车上的人下车投递信件而设计。

绿　在规定时间内可以在此停车。具体的停车时间可能会出现在路边的路牌上，也可能会印刷在停车区域之中。

黄　商业用途的卸货区，也允许车上乘客下车。但司机不允许在这里下车。

蓝　只允许有相关许可的车辆或特殊车辆（残障人士车辆等）在此停车。

红　禁止停车。

找停车场时首先要找醒目的 P 字

红色区域通常出现在路口附近、人行横道、消防栓或消防局前 15 英尺（约 4.6 米）的区域，或是铁道路口前后 7.5 英尺（约 2.3 米）以内，或公交车停车站附近。另外作为常识，像是停车场入口、隧道内、桥上等虽然没有红色标识的区域也不能停车。当然，双向通行的道路也不能在左侧停车。

上述的颜色说明是以加利福尼亚州作为参考的，不同州郡颜色的含义可能略有不用，但都会在停车区域将具体内容标注出来，停车前请仔细阅读。

停车计时器

在大城市市中心路边停车时肯定会用到停车计时器。

找到空着的停车位后向停车计时器内投入硬币即可。美国流通的硬币主要分为 quarter（面值 25￠的硬币）、dime（面值 10￠的硬币）、nickel（面值 5￠的硬币）、penny（面值 1￠的硬币）。停车计时器通常接受的是 quarter、dime、nickel，部分计时器只接受 quarter，有的计时器也接受信用卡支付。

不同地区允许的停车时间不尽相同，具体的停车规则都写在计时器上，投入硬币前仔细阅读即可。

计时器通常有指针表示剩余时间及液晶电子屏显示两种。指针形态的计时器在投入硬币后便会根据投入的金额计算剩余时间。时间耗尽后将会显示“EXPIRED”的红色字样以示警告。

液晶屏的计时器会将剩余时间显示在屏幕上，时间耗尽后同样会显示“EXPIRED”的字样或是表示时间为零的“00:00”字样。

需要注意的是，如果是带有把手的计时器，在投入硬币后要拨动把手手动开启计时装置，如果只是投入硬币未进行其他操作，计时器将不会启动，将汽车停放在此会被认为是违规停车。

在周末以及工作日的 18:00 以后等时间会有允许免费停车的路边停车位，计时器上也会注明，例如“Effective Weekday 6:00~18:00”（工作日的 6:00~18:00 为收费停车时间），在指定时间以外的时间可以不用投入硬币免费停车。不同州郡和地区对于免费停车的时间段限制有所不同，需要多加注意。

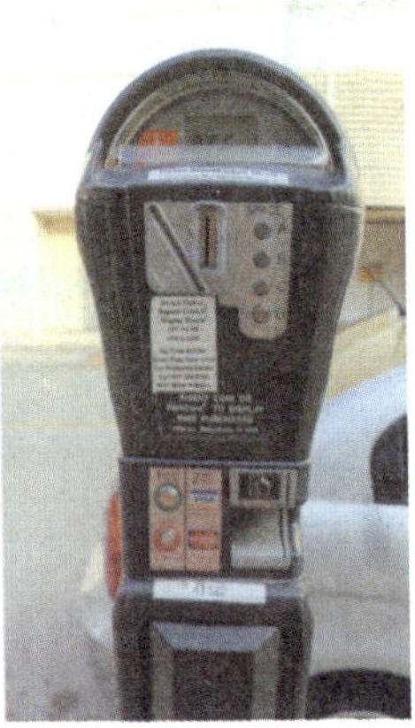

左 / 在无人停车场停车时，将现金投入车位号码对应的信箱即可
右 / 可以接受硬币和信用卡两种支付方式

代客泊车

在高档餐厅或酒店，通常会提供代客泊车服务。一般在设施入口处下车即可，会由工作人员替你停车，更为便利。

当你驾车驶入餐厅或酒店的车

道时，会看到“Valet Parking（代客停车）”的字样，工作人员会在那里等候。他们会为你打开车门，这时你无须熄火，直接下车领一个停车号码牌即可。如果是提前付费的情况，一般会在这时付款。用餐或住宿结束后，向工作人员出示之前领到的号码牌，稍等片刻，工作人员便会将你的车开过来。小费（$1~3）在还车时递给服务的工作人员即可。

如果看到“Valet Parking”的字样，无须熄火直接下车即可

残疾人专用车位

无论你使用的是哪种类型的停车场，一定注意不要占用残疾人专用车位。通常该车位会印有一个轮椅的图案，称为“Handicapped Space”。只有通过向各州申请，车牌上印有轮椅标识的车辆才可在此停车。通常该车位都离附近的建筑物较近，如果你图方便在此停车，即使是很短的时间，也将会面临高额罚款，一定要格外注意。

不要将汽车停放在画有轮椅标志的残疾人专用的停车位上

坡道停车方法

在坡道停车时要拉手刹

有时候难免会有在坡路上停车的情况，以在圣弗朗西斯科市内停车为例。停车方法详见下图所示。下坡路停车时将方向盘右打，上坡路停车时则将方向盘左打。其目的是万一汽车下溜时，前轮会被路边石挡住，自动停止下溜；如果没有路边石则方向盘右打，下溜轨迹也是绕着马路外侧的圆心画圆，不至于大幅度滑入路中心。当然，停车时一定要拉上手刹，挂上P挡。手动挡车在下坡路停车要挂上倒车挡，在上坡路停车要挂上最低挡位。

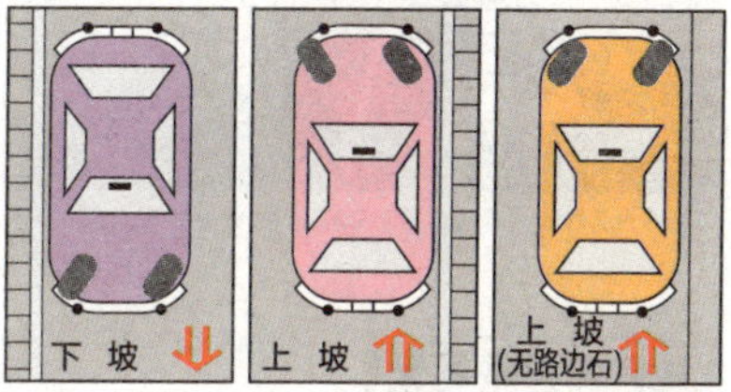

在坡上停车时注意方向盘打的方向

直接驶入停车位

美国的停车场通常非常宽广，比有的公路还要好走许多。停车时不要忘了前文提到的停车方向问题。直行不掉头的Head-in-Parking几乎适用于所有停车场，部分停车场如果发现掉头停车现象甚至会予以处罚。美国停车场面积较大，在中国练就的精湛停车技术可能无处展示。

停车场面积很大，即使是新手也无须担心

防盗装置

有时当你在停车场打开自己的车门时，会遇到旁边停放的汽车忽然警报器鸣响、车灯不断闪烁的情况。造成这种现象的原因很有可能是你在开车门时不小心碰到了旁边那辆车进而触发了该车的警报装置。近年来由于车辆被盗的现象频发，车上安置的防盗装置通常较为灵敏，以达到警示的目的。

如果你的行为导致其他汽车发出警报，请在原地等待车主或车场管理员，正面说明情况是最好的应对方法。

有的人为了防止汽车被盗还会在离开汽车时将方向盘上锁

停车时一定要多观察周围的环境

◆停车时的注意事项

像美国 LA 的南洛杉矶、NY 的南布鲁克林等地均是声名远扬的“犯罪频发地带”。无论是在美的华人还是当地美国人，都会随口将这些地区定义为危险地带，实际上这其中也包含了一些人为夸张的成分。主要是经济的悬殊导致了在这些低收入群体居住地更容易发生犯罪行为。

我们作为旅游者，没必要以身犯险前往这些地区。另外在停车时也要注意周边环境，如果发现道路上垃圾凌乱、墙壁上有涂鸦、商店用铁栅栏封锁等，都不要停车逗留。在贫民窟等流浪者居多的地方也不要停车，虽然他们不会对你造成直接的人身伤害，但很有可能会盗取你车上的财物，远离这些地区肯定是利大于弊的。

左 / 在路边停车时，要看清标识牌
右 / 寻找“PARKING”的标识即可

10 如何在加油站加油

加油站的使用方法几乎和国内没有什么区别，英文用“Gas Station”（以下简称 GS）来代表加油站，用“Gas”代表汽油，虽然各个品牌的汽油略有差别，但是对于租赁的车辆来说其实是没有明显差别的。

GS 在哪里？

美国作为车轮上的国家，建有众多加油站，如果你在城市周边驾车是完全不用担心找不到加油站的。但是大城市的市中心、乡间村镇、国家公园中很难找到加油站的踪影，通常高速公路出入口以及干道的交叉口等地是加油站经常出现的地方。

美国国内的加油站既有全国连锁的品牌，也有当地知名的本土品牌。汽油的质量和价格可能略有差异，但对于只是短暂停留的旅行者来说可以忽略不计。所以只要是看到了加油站，不用再挑或是对比其他家，直接开进去加油即可。

GS 的两种服务系统

美国加油分为“Full Serve”和“Self Serve”两种形式，“Full Serve”或“Full Service”是委托工作人员帮忙加油的操作模式，“Self Serve”

或“Self Service”则是自己使用油泵加油，两者相比，自助加油的价格更为实惠。

人工加油和自助加油的油泵不同，请注意。

付费方法分为 3 种

具体分为预付费、使用信用卡在加油泵上付费、加油后付费 3 种。如果你看到“Cash Customers Please Pay First”的英文字样，就意味着，如果用现金支付的话需要预先向加油站支付费用，否则无法操作油泵。大多数加油站都采用这种收费模式，但尽管收费系统不同，油泵的使用方法是没有区别的。

店内预付费

告知工作人员你将使用几号油泵以及想加的汽油量（是加满还是具体加多少，英文对话→ p.205），随后使用现金或信用卡支付相应金额即可。如果是现金支付，则可以多预付一些。普通油箱的容量通常是 12~15 加仑，加满需要 $40~50。如果提前预付的金额不够，到了目标金额油泵将停止输油，有所不便。提前多预付一些则免去了不能一下加满的麻烦，多预付的钱在加完油后可以找工作人员找回，一点都不亏。

使用信用卡在加油泵上付费

最近出现了可以直接在油泵处刷信用卡支付的装置，避免了与工作人员交流支付现金的麻烦，只需将信用卡一刷输入密码即可完成支付。

部分机器可能无法识别中国的银联卡，这时就要和工作人员沟通一下，在店里用 POS 机刷卡。

在店内加油后付费

很少有加油站接受这种付费模式，但如果加油站没有“Please Pay First”的字样，说不定可以后付费。你只需要在加油后将油泵号码告知工作人员并支付费用即可。后付费模式如果不提前选择，系统便会认为你是打算加满，不想加满时可以通过显示屏进行选择，例如打算加 $10 的汽油，则点击“This Sale $”后选择“$10”选项即可。

汽油及加油泵的种类

城市的近郊等地，分为无论加哪种汽油（详见下表）都在同一座油泵上进行选择的情况，以及每种汽油各自对应不同油泵的情况。

按下希望加的汽油种类下面所对应的数字号码即可

GS 的营业时间

城市和近郊通常都是 24 小时营业，但尽量避免夜间加油，不到万不得已，最好等到第二天一早再去加油。

另外，乡间村落的加油站，在夜晚以及周六、周日会有停业休息的情况。所以无论如何，赶在白天加油肯定是有利无害的。

汽油种类

	普通汽油 Regular	中级汽油 Plus/Super	高级汽油 Super/Premium	柴油 Diesel
种类	无铅	无铅	无铅高标号	柴油
标号	87	89	91	卡车用油，租车者不会用到柴油
价格 1 加仑（约 3.8 公升）	便宜（$2.33）	稍贵（$2.56 左右）	最贵（$2.79 左右）	
优点、用途等	适合街区行驶	适合长途行驶	最省油，有对引擎较好的润滑剂	

※ 油价是本书调查时的价格。但是，不同地域差异较大，请以当地实际情况为准

小贴示 大型连锁加油站 主要有 Shell，Chevron，Exxon Mobil，Texaco，Speedway 等。

最好赶在日落前完成加油工作

开设有便利店和快餐店的 GS

最好在白天加油！

美国为了预防犯罪行为，大多数加油站在傍晚后的安保措施几乎和银行一样。工作人员会在防弹玻璃后为你服务，收纳的现金也会放到金属抽屉内。当然，即使是白天，也尽量不要在加油站出示大金额的现金，尽量用零钱支付。夜间即使你在加油时遇到犯罪事件，店员也是不会出来予以帮助的，通常都是报警而已。所以一定要在白天加油，不仅保证有足够的剩余油量，也保证有充足的时间加油。

应了解的 GS 利用方法

◆便利店

美国的 GS 一般都开设有便利店，在中途加油时可以顺便购买一些点心和饮料。在许多靠近州和城镇边界的 GS，店里还销售带有州或城镇名称的特产，也可以购买一些。其中，还有一些加油站开有快餐店。

GS 里也可以购物

◆洗手间

特别是在长途驾驶中，游客对洗手间的需求是比较迫切的。你可以在 GS 使用洗手间。考虑到安全问题，洗手间一般位于建筑物外侧，并且门是锁上的。加油站会将钥匙借给前来加油或购物的顾客，所以只要说明一下就能拿到钥匙。GS 的洗手间也许不是很干净，但也不是让人无法忍受。

◆车窗擦洗 & 车辆检查

在长途驾驶时，由于车辆行驶在田地和大自然中，经常会发生昆虫突然撞击前风挡玻璃的情况，导致玻璃前风挡上沾着昆虫的体液。这种体液仅靠洗涤剂和雨刷器是清除不掉的，会影响视线从而带来严重的隐患。因此，要在 GS 使用 T 字形的清洁工具清洗玻璃，再擦去残留的水。另外，GS 还是检修场所，有些 GS 还配备有专业的机械工具，如果发现车辆有异常，可以咨询一下。

在自助式加油站要自己擦洗车窗

Q&A

哪类是最好的汽油

Q 自主加油时经常会看到很多款汽油，不知道加哪种才最合适呢？

A 汽油通常分为“Regular”“Super”“Premium”等不同级别，首先需要注意的是不要使用 Leaded（含铅）汽油，现代社会生产的汽车适用的都是 Unleaded（无铅）汽油。你可以根据行驶距离的长短选择汽油的种类。长距离驾驶且途中不易找到加油站时，推荐使用续航能力较强的价格偏高的汽油，该类汽油会更耐用。廉价汽油的加油次数虽然较多，但单价便宜，所以算下来几乎也没什么差别，需要根据实际情况具体分析。如果你是在城市中行驶或短途旅行，那还是推荐使用廉价（Regular）汽油，油泵上的数字（通常是 89、91 等）越大价格越贵。

加油站使用的英语对话

▶ 是先付费还是后付费?
Should I pay now or can I pay later?

▶ 我想用 1 号加油泵加 $20 的汽油。
I would like to have 20 dollars on pump number 1.

▶ 我想用 5 号加油泵加满。
I'd like to fill it up on 5.

▶ 使用信用卡支付。
I want to pay by credit card.

▶ 我用现金支付，先付 $50。
I am paying by cash. I will prepay 50 dollars in advance.

▶ 请给我零钱和收据。
Can I have a change and a receipt?

▶ 8 号加油泵不接受我的信用卡。
The machine on pump number 8 does not accept my credit card.

▶ 请教我如何加油。
Could you tell me how to fill up my gas tank?

▶ 请拿起喷嘴开始加油。
Lift the nozzle and begin fueling.

▶ 请问能帮我检测一下轮胎气压吗?
Could you check the tire pressure, please?

▶ 请问有这一带的地图吗?
Do you have a map of this area?

▶ 请问洗手间在哪里?
Could you tell me where the bathroom is?

▶ 请问能把洗手间的钥匙借我用一下吗?
Could I have the key to the bathroom?

▶ 请问这一带有餐厅吗?
Are there any restaurants or dining places around here?

▶ 请告诉我这里的地址。
Could you tell me the address here?

在自助式加油站加油

近年来中国的加油站中也不断出现这种自助加油机，可以自行操作，不用通过工作人员，更为便利。美国自助加油机的操作方法也几乎和中国相同。

1 在加油泵旁停车

首先将车停在写有“Self”或“Self Serve”“Self Service”的油泵前，部分加油站中，不同种类的汽油可能对应着不同编码的油泵，使用前请多加留意。将车停好后熄火。

Point 下车加油前一定要关紧车窗，将车钥匙拔出并锁上车门。千万不要有只是短暂加油而已就掉以轻心的危险想法。

不同车型的油箱口位置不一，或左或右，驶入加油站前请提前确认位置

2 加油前付费

加油前支付费用，通常分为两种支付方法。

（1）在加油站并设的商店中支付（现金、信用卡）

在商店中找到工作人员，告知自己的油泵编号及打算加多少汽油（英语对话→p.205）。支付相应费用后即可开始加油。

在加油站开设的商店中可以支付现金

（2）在加油油泵上付费（仅限信用卡）

将信用卡插进油泵旁的读卡机中并迅速拔出来，机器识别信用卡后液晶屏上将显示“Remove Nozzle. Push to Start”的字样，中国的银联卡不能被部分机器识别，这种情况下你只能去商店内支付。

Point 信用卡被机器识别后，会有被要求输入“Zip Code”的情况出现。“Zip Code”指的是美国本地的5位数邮政编码。你可以直接输入预约好的汽车酒店或旅馆的邮编信息。

注意信用卡的插入方向，用数字键输入 Zip Code，最后按 Enter 键即可

3 打开油箱口

打开汽车的油箱口后将油泵对接其上，一定要紧紧地对接在一起，不要有缝隙。

Point 这时还尚未输油，不用担心汽油突然从输油管中喷出。

汽油不同，油枪的种类可能也有所差别

4 选择汽油种类

在 Regular、Plus、Premium 三种汽油中选择一种。

表示“按钮”的英文为 Push Here 和 Press 等

5 加油

按住油枪的扳手即可开始输油，油灌满后扳手就按不动了，加油也会自动停止。

※ 如果按下扳手也没有开始输油，就检查一下加油泵是否上锁，将操纵杆拉起来可以解锁（见右下图）

如果想中途停止加油，松开扳手即可

如果握住扳手没有输出汽油，就要检查加油泵的操纵杆

6 加油结束

确认扳手复位，如果有其他开关或操纵杆也要将其归位，然后将油枪拔出后放回原位。

Point 拔出油枪后不要再握扳手，否则汽油将会从油枪中喷出，请多加注意。

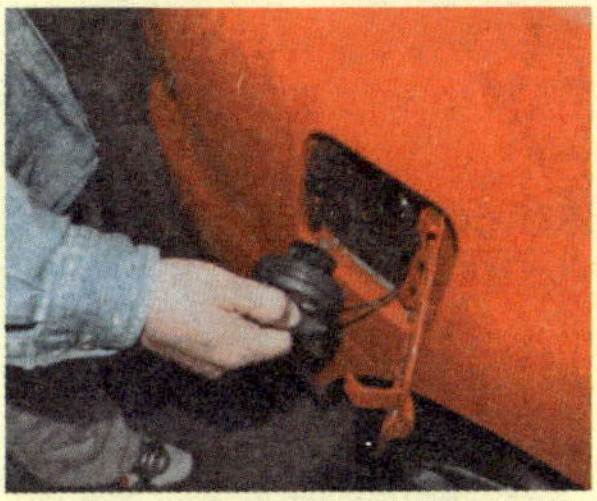

最后不要忘记拧上油箱盖

7 确认金额

液晶屏上将显示出汽油量和相应金额，如果你已提前在油泵处刷卡支付，等待收据小票打印即可。有的机器还可以通过选择“YES”“NO”来决定是否打印收据小票。

Point 如果加油费低于在店铺预付时的金额，加完油后可以去店铺退回多余的费用。

Sale 表示金额，Gallons 表示加油的量

11 租车旅行的安全管理

租车旅行时，要把旅行所携带的全部财物放在车中，因此，游客应该具备完善的安全对策。

停车时

因为这时你要离开汽车，车内东西无人看管，所以防护意识更要增强。在美国大城市中，汽车盗窃案时有发生，几乎称不上是真正的犯罪事件。而其中最为常见的受害车辆便是因自驾需要而租赁的各式汽车。租赁的车辆中放置贵重财物的可能性更高，因此更易成为盗窃的目标。虽然外人无法轻易分辨哪辆是家用车，哪辆是租赁车辆，但租借的车辆普遍较新，盗窃老手们还是会很快分清的。千万不要抱着侥幸心理掉以轻心。

必须锁车门

即使离开车 1 分钟，也要关紧所有窗户，确认车辆已经上锁后再离开。

行李放在后备箱中

大行李箱或是购物袋放在车内座椅上是非常明显的，等同于给犯罪分子发信号。一定要将行李或大型物品放到后备箱中。而且尽量在出发前而非旅行途中将物品移放在后备箱。

如果移动行李的时候被犯罪分子盯上，即使你将后备箱上锁也会被他们巧妙地打开，所以不得已在户外移放行李时一定要提前观察周围是否有可疑人物，确认无误后再快速移动。

贵重物品随身携带

如前文所述，即使是将物品锁在后备箱里也并非十分安全，例如护照、机票、现金等贵重物品，以及车载导航和相机等电子产品，最好都随身携带。

市区行驶

在美国，越是规模较大的城市越会有不能接近的地区。如果发现垃圾乱扔、涂鸦随处可见、流浪者聚集，又或者很少看见衣着正常的女性、门窗都用铁栅栏紧锁，这样的地区就属于危险地带，如果你发现周围环境不对，立马掉头原路返回是明智之举。另外，最好避开僻静的小路，多在大路上行驶。

夜间注意事项

美国作为车轮上的国家，人们即使是短距离出行也会选择驾车的方式。如果你打算夜晚前往酒吧或 Live House 等演出场所，推荐你打车往返。如果是自己驾车，万一不能停到离目的地很近的地方，单是从停车地往返酒吧等目的地的路程便为你增加了不少危险系数。

遭遇伤害后

首先要报警，中国是拨打 110，美国则是拨打 ☎ 911，随后会被要求填写事故报告书并签字确认。单纯的盗窃案，如果并非巨额财产，很少会出警辅助调查。虽然被窃的财物很难再被追回来，但填写的事故报告书可以在申请保险理赔和护照丢失换发新护照时起到作用。受害人留存的报告书副本或事件处理编号（Complaint Number）均会让你申请理赔的过程变得更加轻松顺利。

另外如果护照被盗，一定要及时联络中国驻美大使馆，开具回国证明或换发新护照保证你可以顺利出境归国。

12 如何解决麻烦

许多人在准备开始快乐旅行时，不愿意去考虑会遇到什么样的麻烦。但你要知道，一旦遇到了麻烦，如果了解基本的处理方法，就会很安心，不至于手忙脚乱。

驾车旅游的人最可能遇到的麻烦大致包括超速、违章停车、路上的擦碰事故、车辆故障等，驾车人应该事先了解各种问题的处理方法。

违章后的处理方法

◆违章停车

自驾游客最常见的违章问题便是违章停车了。中国部分路段或下班之后有可能逃过处罚，美国可是无处遁形的。如果你在美国城市开一天车的话，走一会儿可能就会遇到一个检查是否有乱停车现象的交警人员。即使你使用的是路边的收费停车装置，也不要掉以轻心，超出停车时间依旧会被“贴条”。

美国检查违章停车很严格

◆违章停车罚单

罚单金额根据违章内容、违章停车的地点而有所不同。各城市罚单的形式可能各不相同，但基本上都是将违章单放入信封后夹在雨刷器上。

真实的罚单参照最右图，该罚单开自洛杉矶，从上到下依次是，违规编号(CITATION#)、日期及时间、车牌号和所属州名、汽车的厂商、罚单开具地点、交警姓名(Officer)。最下面的AMOUNT DUE则代表罚款金额。

罚款用$■■来表示，下面的英文“Payment is required not later than 21 calendar days from the date of the violation. You have 21 days to contest this citation.”译为在罚单开具后的21天内完成缴款或提出异议申诉。

罚单背面写有具体支付罚款的方法，以及如有异议提出申诉的方法。

上下 / 违规单通常会夹在汽车的雨刷器上

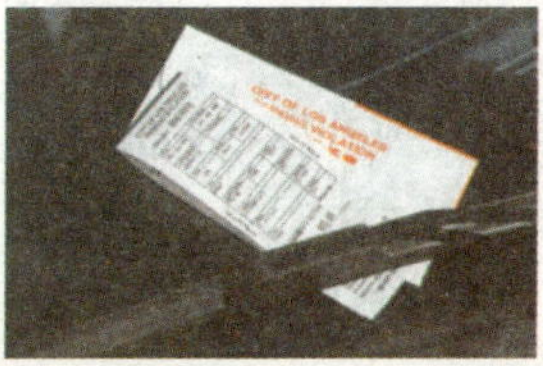

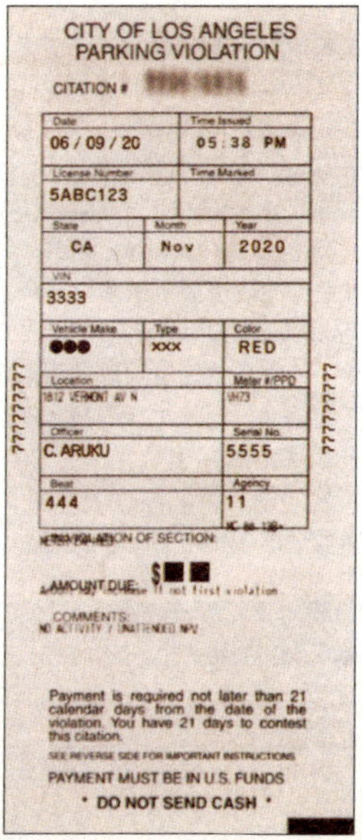

CITY OF LOS ANGELES
PARKING VIOLATION

CITATION #

Date	Time Issued
06 / 09 / 20	05:38 PM
License Number	Time Marked
5ABC123	

State	Month	Year
CA	Nov	2020

VIN		
3333		
Vehicle Make	Type	Color
●●●	XXX	RED

Location	Meter #/PPD
1812 VERMONT AV N	VH73
Officer	Serial No.
C. ARUKU	5555
Beat	Agency
444	11

VIOLATION OF SECTION

AMOUNT DUE: $■■

COMMENTS:
NO ACTIVITY / UNATTENDED MPV

Payment is required not later than 21 calendar days from the date of the violation. You have 21 days to contest this citation.

SEE REVERSE SIDE FOR IMPORTANT INSTRUCTIONS

PAYMENT MUST BE IN U.S. FUNDS

* DO NOT SEND CASH *

◆超速违章

几乎和违章停车一样，超速也是自驾旅行者容易出现的违章问题。行驶在单方向有4车道的高速公路或位于乡间的宽阔田野路段，不知不觉速度便会飙升。不一会儿你后面可能就会出现警车，鸣起警笛点亮警灯要求你减速停车。只要你发现身后有警车出现，请马上靠右侧停车。

如果行驶在高速公路上，则靠最右侧车道停车即可。

在你停车后，警车也会在稍微远离你车尾的地方停车，之后警察会下车走向你汽车所在的位置。警察走过来时，你最好将双手放在方向盘的最上方，不要乱动，老实在座位上坐好（同车乘客也要正襟危坐）。因为美国的枪支与毒品案件频发，当警察发现超速车辆时便会冒着生命危险前去侦查，如果这个时候你乱动很有可能会被警察误会。

当警察在车门外敲车窗时，你打开车窗即可。在警察核查完你的驾照和租车确认书后会对违规行为进行简单的询问，逐一回答即可。这时千万不要自己随意触碰车内的储物箱或行李，要指示物品所在位置后再取出来。

罚款根据各州法规及超速程度的不同有所不同，普遍在 $35~50 范围内。

缴纳罚款的方法

根据违规时所在地区的不同，一般有 4 种支付方法。

1. 网络支付

只要在缴费时限内便可以通过在线方式进行支付。网上缴费时需要输入违规编号和信用卡号码，但如果你已经错过了缴费时限或需要支付的是法院开具的保释金，则无法通过网络支付。

2. 邮寄

可以通过和罚单一起夹在雨刷器上的信封（照片 1）邮寄罚款。

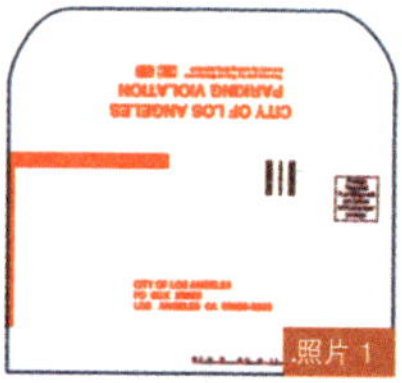
照片 1

缴费形式是要将罚款兑换成相等金额的“money order”汇票（照片 2）。当地的邮局、银行或是受理罚款业务的超市都可以为你开具汇票。将你需要“money order”汇票的要求告知工作人员并缴纳一些服务费后就可以得到汇票。回国后也可以在兑换外币的银行办理，但很有可能错过支付期限，最好还是在美国旅行的时候就解决罚款问题。将汇票放进信封，贴上邮票后投递即可。

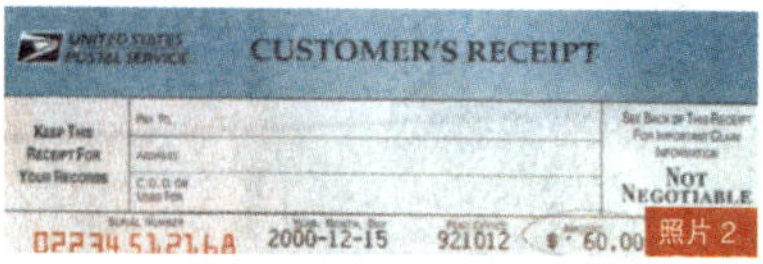

照片 2

3. 亲自缴纳

直接前往受理罚款缴费业务的机构当面支付（信封上有地址）。这种做法最为踏实。

4. 电话

部分地区可以通过打电话利用信用卡进行支付。直接给罚单上的电话拨号即可，之后根据语音提示进行操作。

有的租车公司也可以代缴罚款，详情请直接咨询。

如果对罚单有异议，可以前往当地法院或警察局申辩，法院会重新裁决。

如果你抱着侥幸心理，“就当一切都没发生过”地回国，那可真是太单纯了。租车公司会根据你填写的信息追踪过来，如果逾期仍未缴费，根据违规内容最高会处以 5 倍以上的罚款。

如果发生事故

如果是受伤流血的大事故，自然什么都做不了，等待周围人帮助或医疗救援即可。下面我们谈到的是如果剐蹭到车或人等事故时的处理方式。首先一点便是不要慌张。慌忙跑出汽车结果被其他车辆撞到的事件屡见不鲜，尽量不要离开自己的驾驶席。按照以下步骤冷静处理即可。

◆报警

在普通公路上可以利用自己的手机、公共电话或是就近借电话进行报警。高速公路等信号较弱的地区则利用 CALL BOX 中的紧急电话与警察联系。联络过后马上再给租车公司致电。

走一段路一定会看到电话亭

※ 有时事故的另一方会主动请求私了解决，但因为语言问题可能无法表明你的观点及立场，造成对你不利的局面，所以无论如何都要报警并交由警察来处理问题。

◆在事故现场听从警察的命令

回答警察的问话，记住下列事项：

- ▶对方的驾驶证号码（Driver's Lisence Number）与发行的州
- ▶汽车的牌照号码
- ▶保险证书编号（Insurance Policy Numeber）
- ▶对方的住址、姓名、电话号码等

▶最好记下汽车的厂家和车型、颜色等

▶警察处理事故时的处理编号也要记下

※ 对方车主可能并未上保险，所以为了安全起见，还是自己购买 LDW、LIS 保险（→ p.160）比较放心。

◆联络汽车租赁公司

无论多晚也最好于事故当日与租车公司取得联系。通常都是前往距离最近的租车公司营业所，按要求填写事故报告书，并接受车辆检查。如果是轻微的剐蹭或碰撞，可能不会有什么变动，仍让你继续使用该车。

还车时一定要将事故予以申告。

如果汽车发生故障

最常见的便是爆胎，通常车内都会配置备用轮胎和千斤顶，你可以自行更换。但备用轮胎毕竟比不上正常轮胎，还是要尽快与租车公司取得联系。

无论发生任何事故，都是要与租车公司联系的。打通电话后将现在所在的位置和汽车的故障现象告知租车公司。

大型连锁租车公司可能会有中文服务和中文翻译，减轻你的语言压力。

当然，在城市和乡村发生事故，两者与租车公司取得联系的难易度、得到救援的快慢程度也是有区别的。如果是在平原或荒野地区，可能要等上半天的时间也说不定。如果在附近找不到电话，可以拜托热心人帮忙找一下附近的交警，尽量不要离开自己所在的车辆。另外乘坐他人的汽车也是经常可以在电视剧或电影中看到的犯罪事件的源头，所以请尽量避免离开自己的汽车。

如果一时无法联系到租车公司，则可以拜托交警将自己的车辆通过拖车拖往最近的修理厂或加油站（GS）。抵达后再与租车公司取得联系。需要牢记的是，一定与租车公司取得联系后再进行修理工作。费用支付问题因事故不同各有差异。为了避免事后出现纠纷，最好拜托修理厂直接和租车公司电话沟通，千万不要不和租车公司商量便自作主张进行修理，有时反而会在事后被要求高价赔偿。如果出现无法修理的情况，通常租车公司会重新再为你提供一辆汽车作为代替。但如果营业所距离事发地较远，确实可能会比较费时间。

被拖车拖走真让人难过

有的加油站也设有汽车维修点

美国高额的汽车修理费用

在美国进行汽车维修，费用可谓高得离谱。无论是零部件费用还是人工成本都令人咂舌。对于租车公司来说，出现问题的车辆必须修复到 100%，下面会逐项介绍不同的费用，为了避免承担这种负担，提前购买 LDW 保险还是最明智的选择。

◆零部件

零部件即使是部分损坏也要整体更换。比如尾灯的透镜部分损坏，整个尾灯都是要重新换的。

有时即使发生事故后不仔细观察都发现不了的问题、单纯的一个小裂痕都可能会花费惊人。

发生事故后要第一时间与警车和租车公司联系

◆工时费

工时费分为 Body Labor、Paint Labor、Mechanical Labor 等多个工种，几乎都是每小时 $30 的雇佣费。

◆停驶费（Loss of Use）

因为修车会导致租赁车辆在修理期间无法对外租赁，将会收停驶费。修理期间将同样按照租赁费向你收取费用。有时即使认为 1 天就能修好的问题，由于要等待零部件到货或等待修理排期，往往修理时间会超出你的预计。此外如果你距离营业所修理点较远同样会增加修理时长。

※ 应对这些麻烦的制度就是 LDW。但是，需要注意的是，在未铺设的道路上发生事故以及酒后驾驶造成的损失 LDW 均不赔付。此外，如果造成人员受伤，美国的医疗费也非常高，再加上赔偿更是让人头疼，这方面也应该购买足够的保险。

遭遇犯罪事件后

除自己违反法规的情况外，还有一些你可能遭遇的犯罪事件。其中，最有可能发生的就是车中物品被盗。

一旦遇上了，第一件事就是报警、联络租车公司。警察会做一份调查报告，但如果不是重大犯罪一般不会开展搜查，这种调查报告可用于申请保险赔偿。

另外，最重要的是，注意不要卷入到这些犯罪事件之中。

- 租赁汽车的保险→ p.160
- 租车旅行的安全管理→ p.208
- 停车时的注意事项→ p.202

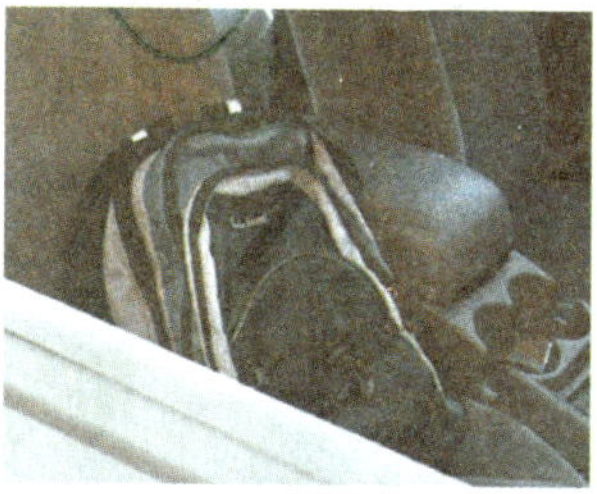

离开车辆时一定要锁好车门，而且尽量不要把物品放在能从外面看到的地方

遭遇麻烦、事故、故障时的英语对话

▶请帮我叫警察和救护车。
Please call the police and an ambulance.

▶请问能帮我叫拖车吗?
Could you send a tow car, please?

▶汽车出现故障了，但我不知道是哪儿出现了故障。
My car has broken down. I do not know what is wrong with it.

▶电瓶没电了。
The battery has gone. / The battery is dead.

▶爆胎了。
I have got a flat tire.

▶汽车前方传来奇怪的声音。
There is some noise coming out of the front.

▶制动器效果不太好。
The brakes do not work well.

▶汽车被破坏了，车载导航设备被盗了。
Someone broke into my car and stole the GPS.

▶我锁车时把钥匙放在车里了。
I locked myself out of my car.

▶我在佛罗里达州的迈阿密偏北处，在 I-95 上向北行驶。最近的里程标是 7。
I am on I-95 northbound, just north of Miami, Florida. The closest mile post number is 7.

▶我在加利福尼亚路与纽约街的交叉处。
I am on the corner of California Rd. and New York St.

▶我在 50 号州际公路的 55 里程标处出了事故。
I've got an traffic accident at the mile post 55 on Interstate 50.

▶可以给我一份事故报告书吗?
Could I have an accident report, please?

▶你知道自己行驶有多快吗?
Do you know how fast you were driving?

▶这条道路的限速是时速 35 英里，你的时速达到了 60 英里。
You were going 60 miles per hour (mph) in a 35 zone.

▶请出示驾驶证和登记证书。
Show me your driver's license and your vehicle registration, please.

▶在包里。
It is in my bag.

▶我是从 ABC 租车公司租用这辆汽车的。
I have rented this car from ABC Rental Car Company.

不要怕麻烦！

万一遇到麻烦时的应对方法

谁都会遇到麻烦。
不要慌张，沉着应对才是解决问题最快的方法。
在这里，给大家列举一些驾驶中容易发生的麻烦和注意点，
针对不同案例，提供不同的处理方法。

（取材鸣谢：Alamo、Avis、Dollar、Budget、Hertz 租车公司）

麻烦应对方法 答疑解惑

借车手续（Check Out）

前往营业所的接待柜台，将在中国预约时的预约文件（预约确认书、订单号等）向工作人员出示，签名后即可完成租赁手续。

在签署合同前，要确认好已购保险种类、汽车是否可以升级车型、租车公司是否会提前为你加满油且在还车时无须加油、是否享有道路救援服务等附加服务。将你享有的权利和应该履行的义务确认后再签署合同。

◆与营业所人员的对话参考

（关于保险）

▶Do you want (purchasae) Liability?

需要对人、对物投保吗?

▶Do you want (purchase) Medical (或 belongings，injury)?

需要同乘者的保险吗?

（关于选择性服务）

▶Do you want (purchase) fuel (或 gas/upgraded/ roadside service)?

需要汽油 / 升级 / 路边服务吗?

▶不需要的时候回答，No.I do not want fuel (或 gas/upgraded/roadside service).

▶需要的时候回答，Yes.I want fuel (或 gas/ upgraded/roadside service).

※签合同时要注意，在签名前要确认合同内容和金额、追加的选择性服务等，了解之后再签名。另外，签名之后就不能再提出异议。

关于在租赁车辆中吸烟

Alamo、Avis、Dollar、Budget、Hertz 等 5 家租车公司都不允许客人在车内吸烟。一经发现，将根据各公司清洁费的不同，处以 \$50~300 不等的罚款。需要注意的是，即使你在车外吸烟，烟雾也会从车门和车窗的缝隙进入车厢，留下烟味，所以吸烟时尽量与租赁车辆保持一定距离。

禁止吸烟！

自驾游过程中发生的意外

把钥匙锁车内

可以申请道路救援或与营业所（紧急联络点）联络，遵从工作人员的指示行动即可。

通常会由距离你最近的工作人员与你联系，如果提前购买了道路救援服务，就可以省下提供道路救援的出勤费等。未提前购买的话，如果申请救援队过来，就可能因为距离遥远需要支付上百美元的费用。

AAA 协会（→p.172）也提供道路救援服务，但同样会收取服务费。Free (1-800) 222-4357（英语）

汽油耗尽，无法开车时

可以申请道路救援或与营业所（紧急联络点）联络，遵从工作人员的指示行动即可。

道路救援服务可以应对这种问题，提前购买该服务的话无须支付救援队出勤费（未购买则正常收费），但汽油费需另外支付。

轮胎过热引发爆胎了怎么办？

首先将汽车开到安全的地方停车。随后申请道路救援或与营业所（紧急联络点）联络，遵从工作人员的指示行动即可。

道路救援服务可以应对这种问题，提前购买该服务的话无须支付救援队出勤费（未购买则正常收费），最好不要自行维修轮胎，为了在此后的事故调查中可以出示证据，最好用相机对轮胎进行拍照取证。

停车期间车载导航被盗

与警察和营业所（紧急联络点）联络，遵从工作人员的指示行动即可。

Alamo、AVIS、Dollar、Budget 等 4 家租车公司的车载导航都是可以自行卸载的，离开车辆时最好随身携带或藏在隐蔽的地方。

但即使这样仍被盗取后，各租车公司将会对你处以 US$175~300 不等的罚款（本书调查时数据）。

赫兹租车公司的车载导航是无法自行卸载的，如果发生被盗现象，LDW 保险可以为你理赔，无须担心。

要小心保管好车载导航

加油时要注意汽油种类

误将柴油加入到汽车里

绝对不要点火启动！与营业所（紧急联络点）联络，遵从工作人员的指示行动。

加错汽油种类不在 LDW 保险的理赔内容之内，需要自行支付费用。另外，因为无法启动车辆，雇用拖车的费用也要你自行承担。当然维修费也不是个小数额。

超时还车或提早还车

签署的租车合同中会对超时还车的处罚有相关内容的记载，根据营业所不同、车型不同，需要缴纳的金额也有所不一，请直接和当地营业所进行确认。

此外，超时还车与提前是否和租车公司打过招呼也有关系，态度也会影响罚款（LATE FEE）金额，1 天的延长费（包含保险费）每家公司也不尽一致。另外，提早还车也不值得推荐，提前一两个小时没什么影响，但如果提前 1 天以上，车行将向你收取 $30 左右的代管费。

行程尽量不要太紧，避免错过还车时间

租借的汽车可以在雪道上行驶吗？是否需要换上雪地轮胎或防滑链？

首先不建议你在不熟悉的国外走雪路。

几乎所有租车公司都没有配置雪地轮胎，另外防滑链也是禁止在轮胎上安装的。雪地区域的车辆普遍配置冬季轮胎和全气候通用轮胎。刷式扫雪器、铲冰器、加热器、雪橇架等装备根据营业所不同可以允许在车上安装，预约车辆时请当面确认。

如果在当地碰巧赶上下雪的天气，汽车租赁营业所很有可能会建议你改租 SUV 等运动车型，这时将会把之前在中国的预约内容全部推翻，并以当地的实时汇率进行结算，一定要在仔细阅读合同内容后再签字确认。

冬天前挡风玻璃出现结冰现象

打着引擎后开启暖风，使用在超市就可以买到的融冰喷雾和刮冰树脂刀对挡风玻璃进行清洁。但是如果将挡风玻璃损坏是不受保险理赔的，要多加注意。另外一定不要用热水清洁结冰的玻璃，很有可能会引发玻璃纹裂，严禁这么做。

风暴中的驾车注意事项！

遇到气候突变时，首先减速，和前车保持较远的安全距离。如果天气恶劣到影响驾驶，则前往安全场所停车躲避，原地等待。不只是为了车辆安全，天气不好时视野受到很大的影响，看不清道路很容易发生人身事故。另外即使是风暴停歇后，也要等到路况已恢复正常再出发。

在禁止停车的地方停车继而收到违章罚单。通过收费公路时不明付款方法而未付费，未缴清就回国了

关于交通违章罚款、过路费等未付的情况，美国当局会直接联系你预约的租车公司，如果是违章罚款，有的州郡还会直接将罚单寄往你中国的地址催你缴费。

交通违章罚款通常可以通过官网使用信用卡进行支付（→ p.210）。如果是租车公司告知你有违章罚款的消息时，还需要额外向租车公司支付信息手续费。

可以应用美国版 ETC 收费装置的区域是？

近年来随着电子系统越来越发达，美国逐渐有废弃现金收费（CASH ONLY）的趋势，但目前只有圣弗朗西斯科（旧金山）的金门大桥不接受现金收费。许多美国人已经习惯将自己的车牌号作为出入凭证，将车牌号登录到 Video

美国自驾的注意点和建议

● 虽然美国和中国一样是左侧驾驶，但也不要轻视长途驾驶，长时间开车感到疲惫后至少休息 10 分钟，短暂的停车是为了长远的旅行安全，非常值得。

● 右转前一定要看清没有来往车辆后再进行下一步动作。

● 美国地域宽广，一天自驾 5~6 小时是司空见惯的事，多留意油量剩余，提早加油。沿途日光较强，不要忘了戴墨镜和防晒霜。

● 不要将物品或行李放到明面上。如果要把行李或物品留在车上的话，可以在上面盖件衣服用来遮掩。

● 行车时也不要忘记锁门，夜间或在人烟稀少的地方遇到红灯停车等待时，门被犯罪分子打开的情况也绝非空穴来风。

● 有的收费公路无法用现金支付（例如：圣弗朗西斯科的金门大桥），合乘公路 Car Pool Lane 需要满足乘车人数才可以使用。占用残障人士停车位会被处以罚款。美国有的交规可能会和中国完全相反，租车前进行基础了解，尽量不要让这种缴纳罚款花费冤枉钱的事情发生。

● 大城市中的高速公路上可能会有五条或更多的车道，有的汽车会在不打灯的情况下连并两条车道，要多加注意。另外在美国高速公路上行驶的汽车也会有经常刹车的情况，开车时要集中精神。郊外的高速公路或国道会有单车道的情况，看到"Pass With Care"的路标便可以移到反向车道超车，超车时要注意安全。

Tolling 系统后，一旦你经过收费公路，账单将会直接寄到与车牌号绑定的地址。各租车公司通过安装在车上的电子收费装置帮助客人快速通过收费公路，但需要额外支付给租车公司电子收费装置的使用费。如果不在租赁车辆时安装电子收费装置，又没有在收费公路进行缴费，则在你通过收费公路几日后，租车公司会向你收取过路费，这种情况下，你同时需要付给租车公司信息告知费。

Alamo 租车公司的服务地区

康涅狄格州、特拉华州、缅因州、马里兰州、马萨诸塞州、新罕布什尔州、新泽西州、纽约州、俄克拉何马州、宾夕法尼亚州、佛蒙特州、弗吉尼亚州、芝加哥、俄亥俄州部分地区。

Alamo 租车公司应用于收费公路的电子收费装置请在租车时询问工作人员。

AVIS 租车公司的服务地区

加利福尼亚州、芝加哥周边、科罗拉多州、佛罗里达州、美国东北部（从缅因州到北卡罗来纳州地区）、俄克拉何马州、堪萨斯州、得克萨斯州、华盛顿州

◆用于收费公路的电子收费装置 e-Toll

AVIS 租车公司采用的是 e-Toll 电子收费装置。在自驾途中哪怕只使用一次该装置，都会按全程天数进行收费，按日收费每天 \$3.95，1 辆车每月的收费上限不会超过 \$19.75。费用从租车时登记的信用卡中扣除，属于租车费以外的费用。详情参照以下 URL 确认。

URL www.avis.com/car-rental/content/display.ac?contentId=etoll-service-US_en-001366（英文）

※ 上述为本书调查时的信息，适用区域、费用、办理手续可能会与实际有所不同。

Budget 租车公司的服务地区

加利福尼亚州、芝加哥周边、科罗拉多州、佛罗里达州、美国东北部（从缅因州到北卡罗来纳州地区）、俄克拉何马州、堪萨斯州、得克萨斯州、华盛顿州

Budget 租车公司采用的是 e-Toll 电子收费装置（内容参照 AVIS 介绍内容）。

Dollar 租车公司的服务地区

在佛罗里达州、加利福尼亚州、得克萨斯州、纽约州等区域的收费公路可以使用该公司的 PlatePass 电子收费装置（内容参照 Hertz 介绍内容）。

Hertz 租车公司的服务地区

新泽西州、纽约州、宾夕法尼亚州、特拉华州、缅因州、马里兰州、马萨诸塞州、新罕布什尔州、俄克拉何马州、北卡罗来纳州、弗吉尼亚州、西弗吉尼亚州、伊利诺伊州、印第安纳州、得克萨斯州、佛罗里达州、科罗拉多州、加利福尼亚州（圣弗朗西斯科港区）、华盛顿州（仅适用于 SR 520 Bridge 和 Tacoma Narrows Bridge）。

◆应用于收费公路的电子收费装置 PlatePass

PlatePass 电子收费装置是由 Hertz 租车公司的合作伙伴 American Traffic Solutions 提供的。在自驾途中哪怕只使用一次该装置，都会按全程天数进行收费，按日收费每天 \$4.95，1 辆车每月的收费上限不会超过 \$24.75。详情参照以下 URL 确认。

URL www.platepass.com（英文）

※ 上述为本书调查时的信息，适用区域、费用、办理手续可能会与实际有所不同。

小贴示 **电子收费装置是指？** 与中国的 ETC 系统类似，在收费站无须缴纳现金即可通行的便捷电子系统。详情请与各租车公司确认。

麻烦应对方法　发生交通事故时，联系警察或租车公司员工

事故发生后不要自行交涉，先拨打☎911 呼叫警察，并填写报警报告，这也是之后前往租车公司汇报事故时的重要凭证。与警察联系后与租车公司联系。如果现场有人受伤还要拨打☎911 呼叫救护车。

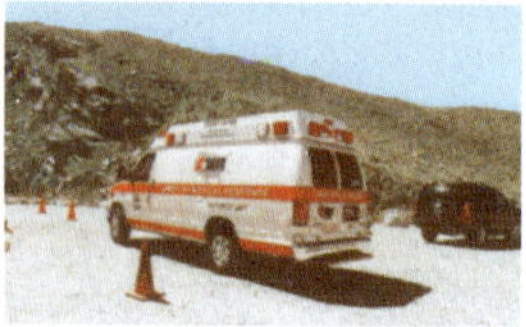

无论是报警还是叫救护车都是拨打 911

发生事故后的对话

▶联系警察

我遭遇了车祸，现在在◎◎号州际公路附近■■地区的西侧△△英里处，现场有人受伤，麻烦呼叫急救车。

→ I had a traffic accident. It was about △△ miles west of ■■ on Interstate ◎◎ . Someone is injured. Please call an ambulance.

▶请求其他车辆帮忙报警

能帮我叫警察吗?

→ Could you call the police and report this accident?

▶与事故另一方责任人交流

请给我看一下你的驾照。

Could I see your Driver's license?

※ 事故责任人双方有必要了解对方的身份，掌握对方的姓名、出生日期、驾照颁发州郡、驾照号等基本信息。

▶与租车公司联系

我叫■■，合同编号是△△，现在发生车祸，请问应该如何处理?

→ My name is ■■, and my Rental Agreement Number is △△ . I just had a traffic accident. Please advise me what to do.

读者在旅行中遇到的突发事件

●比起学习操作 GPS 设备，更重要的是适应他们的表达方法!

虽然根据 GPS 种类及所储存的信息量有些许不同，但几乎所有 GPS 都只能查询到 100 英里内的地区数据。即使输入准确的地名、地址，还是知名景点，只要距离过远都无法查询到。所以使用 GPS 时养成就近查询的习惯是最好的。此外，美国经常会出现许多名字相同的街道和设施名称，有时候很有可能 GPS 定位的目的地与你心目中的地点仅是名字一样，实则相差甚远。所以最好在旅行前自己熟悉一下会途经的公路，了解大致会经过哪些地方后，实际驾驶途中如果走错了也会更快反应过来。

●回避收费公路

如果途经设有收费公路的城市，最好前一天就对收费公路的位置有所掌握，心中有数地避开它们自然是最好的结果。

●停车场

市中心的停车费普遍较高，我们曾在好莱坞因为没有看清停车收费牌，仅停车 2 个小时便花费了 $20！在圣安东尼奥时更是找不到之前停车的停车场，所以离开停车场后一定要记住沿途的街牌号或显眼建筑以作提示。

●酒店退房前不要忘了检查保险箱!

我们就曾把贵重物品忘记在保险箱中过，退房后即使给酒店打电话，服务人员也是以 No 作为回复，那时我们可是已经走了 100 英里的路程了，没办法只能折回酒店，但即使这样与前台交涉仍是无果。最后只能等待新入住我们房间的客人回来，直接拜托他才得以让我们进房间取回保险箱里的东西。

●违章停车

那晚因为汽车酒店停车位已满，我们就把车停在了画有残障人士专用停车位的地方。结果被巡逻的警察发现，一晚上的罚款高达 $265！虽然之后我们想向法院提出申诉，但因为要等待 1 周的审理过程，旅程较紧，所以无奈放弃了申诉，只能乖乖交钱。

无论是租车公司还是警察，都会向你询问“事故发生在哪儿”“什么样的事故”两个基本问题。警方出具的调查报告是要交予租车公司进一步衡量事故等级的。随后你还要在租车公司用英文填写关于“事故发生在哪儿”“什么样的事故”的事故调查报告。

事故调查报告模板

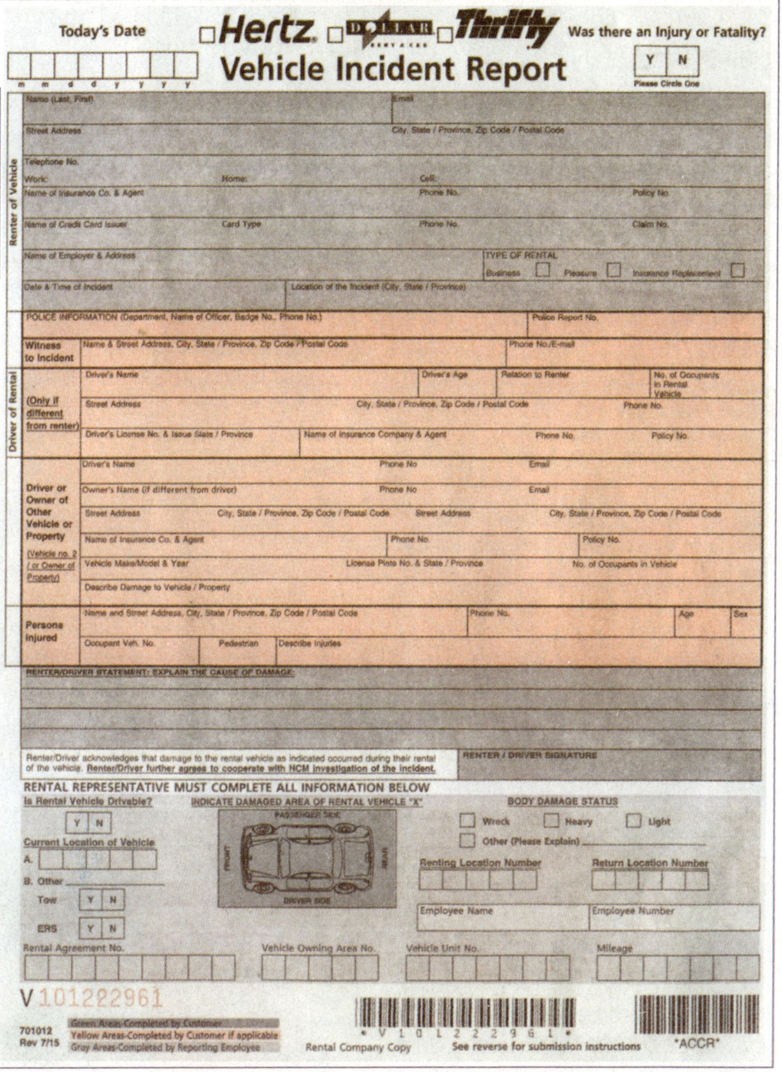

Today's Date

m m d d y y y y

Hertz / DOLLAR RENT A CAR / Thrifty

Vehicle Incident Report

Was there an Injury or Fatality? Y N Please Circle One

租赁车辆信息 — Renter of Vehicle

Name (Last, First) | Email

Street Address | City, State / Province, Zip Code / Postal Code

Telephone No. Work: Home: Cell:

Name of Insurance Co. & Agent | Phone No. | Policy No.

Name of Credit Card Issuer | Card Type | Phone No. | Claim No.

Name of Employer & Address | TYPE OF RENTAL: Business ☐ Pleasure ☐ Insurance Replacement ☐

Date & Time of Incident | Location of the Incident (City, State / Province)

POLICE INFORMATION (Department, Name of Officer, Badge No., Phone No.) | Police Report No.

Witness to Incident: Name & Street Address, City, State / Province, Zip Code / Postal Code | Phone No./E-mail

Driver of Rental (Only if different from renter): Driver's Name | Driver's Age | Relation to Renter | No. of Occupants in Rental Vehicle

Street Address | City, State / Province, Zip Code / Postal Code | Phone No.

Driver's License No. & Issue State / Province | Name of Insurance Company & Agent | Phone No. | Policy No.

另一方车辆的信息 — Driver or Owner of Other Vehicle or Property (Vehicle no. 2 / or Owner of Property)

Driver's Name | Phone No | Email

Owner's Name (if different from driver) | Phone No | Email

Street Address | City, State / Province, Zip Code / Postal Code | Street Address | City, State / Province, Zip Code / Postal Code

Name of Insurance Co. & Agent | Phone No. | Policy No.

Vehicle Make/Model & Year | License Plate No. & State / Province | No. of Occupants in Vehicle

Describe Damage to Vehicle / Property

Persons Injured: Name and Street Address, City, State / Province, Zip Code / Postal Code | Phone No. | Age | Sex

Occupant Veh. No. | Pedestrian | Describe Injuries

事故说明 — RENTER/DRIVER STATEMENT: EXPLAIN THE CAUSE OF DAMAGE

Renter/Driver acknowledges that damage to the rental vehicle as indicated occurred during their rental of the vehicle. Renter/Driver further agrees to cooperate with HCM investigation of the incident.

RENTER / DRIVER SIGNATURE

RENTAL REPRESENTATIVE MUST COMPLETE ALL INFORMATION BELOW

Is Rental Vehicle Drivable? Y N

INDICATE DAMAGED AREA OF RENTAL VEHICLE "X"

PASSENGER SIDE / FRONT / REAR / DRIVER SIDE

BODY DAMAGE STATUS: ☐ Wreck ☐ Heavy ☐ Light ☐ Other (Please Explain)

Current Location of Vehicle: A. B. Other

Tow Y N

ERS Y N

Renting Location Number | Return Location Number

Employee Name | Employee Number

Rental Agreement No. | Vehicle Owning Area No. | Vehicle Unit No. | Mileage

V 101222961

701012 Rev 7/15

Green Areas-Completed by Customer
Yellow Areas-Completed by Customer if applicable
Gray Areas-Completed by Reporting Employee

Rental Company Copy

V101222961

See reverse for submission instructions

ACCR

※ 事故调查报告模板由 Hertz 租车公司友情提供

13 住宿问题

旅行的根本就是“如何前往目的地”“吃什么”“在哪儿住”，既然已经确定了自驾旅行，剩下的便是“吃什么”和“在哪住”这两个丰富旅行记忆的重要内容了。

住宿的地点各种各样，有乡下简陋的汽车旅馆、连锁汽车旅馆、度假村的高级酒店和 B&B 等。其中，市中心的酒店可能没有停车场，或者是停车场的费用高昂，不适合驾车旅行者。在这里，要向大家强烈推荐的是适合驾车旅行者的酒店——汽车旅馆。

何谓汽车旅馆

如果在美国自驾出游，普遍推荐在汽车旅馆住宿。Motel 是 Motor Hotel 的缩写，即专门为自驾游客设立的酒店。大多数都位于稍微远离市区的州际公路沿线。

相比市区的酒店，住宿费只会便宜不可能更贵，房间也更宽敞整洁。此外并设的停车场普遍可以免费停车。为了迎合偏好汽车出行的美国人，各式独具特色的优质汽车旅馆应运而生。

住宿方便

汽车旅馆普遍不需要提前预约，这正是其最大的魅力所在。无论是旅游旺季的国家公园附近，还是有重大比赛或活动的城市周边，在这种一房难求的特殊时段，汽车旅馆反而不需要提前预约便可以直接住宿。另外，如果在预计住宿的地方找不到住处，有时稍微开到邻近的城镇就可以找到一家仍有空房的汽车旅馆。而且假如你格外喜欢当前的地区，完全可以任性地多住几天，不用担心现在住的客房之后是否有人预约，觉得无聊的话也可以直接再往前走，索性不住预计住宿的汽车旅馆，因为没有预约也不会有任何损失费，汽车旅馆可谓你最自由的选择。

是否有必要预约

虽然汽车旅馆是无须预约的，但也可以提前预约确保万无一失。即使是随心所欲的自驾之旅，由于往返机场是已经定好的，所以即使中途不确定会住在哪里，头尾的住宿肯定是固定的。出国前最好便预约好抵达美国当天的酒店房间。在旅途行进过半后，便可以开始预订回国前最后一晚的美国酒店，当然这一晚的酒店也是可以提前在国内便预订好的。

预约方法

只要能上网，出国前或是在当地均可以预约（→ p.220~221）。网上预约不用担心需要直接和工作人员进行英文交流，轻点几下鼠标就可以完成预约。网上预约时费用也会有折扣，更为实惠。

如果你无法上网，则可以拨打连锁酒店的免费预约电话（→ p.222），告知工作人员你打算在哪个城镇的汽车旅馆住宿，只要那里仍有空房，你便可以成功预约。

但是如果你拨打的是预约中心的电话，客房的价格是不会有优惠的，但假如直接致电想住宿的酒店，和那里的工作人员直接交涉，则可能获得折扣优惠。

< 网上预约 >
以 Super 8 酒店的网上预约为例
URL www.super8.com

1 输入你希望住宿的城市名称及入住日期。

抵达美国当日，因为下了飞机要取行李以及办理租车手续，直到真正开上车普遍需要2~3小时的时间。假如抵达美国的航班是在上午时段，如果此后还需要转机，那真正开上车已经是黄昏时分了，在陌生的国家自驾难免有些不安，这时再去找酒店真的不是很安全。此外回国的前一天，除了要整理行李，还要重新给汽车加油，准备还车工作，通常也会比较忙碌，没有再找酒店的空暇，所以抵达美国第一天和回国前一晚的酒店最好提前预约。

全美连锁的汽车旅馆

美国乡间独立经营的汽车旅馆不乏上品，但选择连锁汽车旅馆绝对不会令你失望，统一的优质服务与连锁品牌的信誉保障一定可以令你睡上一晚便元气满满。

◆每座城市有什么样的汽车旅馆？

你可以通过AAA协会出版的旅游指南（→p.172~173）进行查阅。也可以在各连锁汽车旅馆办公处放置的汽车旅馆指南中进行查阅。如果你对某一家的汽车旅馆环境很满意，便可以通过酒店指南查询下一个住宿点是否有同系列的酒店，非常便利。

有时在景点和公路休息站也可以看到登载有汽车旅馆折扣信息的旅游宣传册

◆各汽车旅馆的等级

即使是连锁酒店，根据设施和费用的不同也是有等级划分的。例如Holiday Inn的级别和名字中带有“Inn”字样的酒店几乎相同，费用也与星级酒店相差无几。此后便是Fairfield Inn等汽车连锁酒店，以及Best Western、Quality Inn、Hampton Inn等环境服务都非常不错的连锁酒店。Howard Johnson、Travelodge、Comfort Inn、Days Inn、Super 8等汽车旅馆则是经济实惠的代表。廉价酒店例如Motel 6一晚费用约$40，非常划算，但没有浴缸等沐浴设施，住宿前请提前向工作人员询问。

除了p.222中介绍的全美连锁酒店列表，许多州和限定区域内也有其独特的连锁汽车旅馆，只要你能在AAA协会出版的旅游指南中找到它们的信息，都是值得信赖可以安心入住的。

2 从检索出来的酒店列表中比较各个汽车旅馆的具体位置和费用，挑选心仪的酒店，进而开始选择房型。

3 输入预订房间客人的中国地址、姓名等个人信息。

4 确认最终预约内容后点击确定键，将预约编号（Confirmation Number）打印出来或在笔记本上提前记录。

寻找汽车旅馆

1 通常在大都市郊外的州际公路沿线或乡下的城镇外都很容易找到汽车旅馆。

2 AAA 协会出版的旅游指南（p.172~173）会将每座城市附近的汽车旅馆罗列出来，通过指南查找也是个办法。

3 决定了在哪家汽车旅馆住宿后，便可以驱车前往，汽车旅馆都会在路边设有明显的酒店招牌，空房会用“Vacancy”表示，满员了则会写成“No Vacancy”。

寻找“Vacancy”的标识

COLUMN

寻找汽车旅馆的诀窍

在郊外的州际公路沿线可以看到写有“GAS”“LODGING”“FOOD”字样的指示牌，该指示牌说明从下一个公路出口驶出后不远处便设有加油站、汽车旅馆和旅馆、餐厅等设施。你在州际公路上行驶时，只需要找到这样的指示牌，就肯定可以找到汽车旅馆的踪影。

如果你是在乡下的美国干道上行驶，邻近城镇时都会看到降速标识，这条干道也会成为城镇的主路，一般加油站、超市、餐厅和汽车旅馆都会分布在这条主路两侧。

画有餐厅和酒店标识的路牌

连锁酒店 / 汽车旅馆预约电话

（本书调查时）

酒店 / 汽车旅馆名称	联系方法	酒店 / 汽车旅馆名称	联系方法
Best Western	Free （1-800）780-7234 URL www.bestwestern.net.cn	La Quinta Inns & Suites	Free （1-800）753-3757 URL www.lq.com
Comfort Inn	Free （1-877）424-6423 URL www.comfortinn.com	Motel 6	Free （1-800）899-9841 URL www.motel6.com
Days Inn	Free （1-800）225-3297 URL www.daysinn.com	Quality Inn	Free （1-877）424-6423 URL www.qualityinn.com
Econo Lodge	Free （1-877）424-6423 URL www.econolodge.com	Ramada	Free （1-800）854-9517 URL www.ramada.com
Hampton Inn	Free （1-800）426-7866 URL hamptoninn.hilton.com	Rodeway Inn	Free （1-877）424-6423 URL www.rodewayinn.com
Holiday Inn	Free （1-800）465-4329 URL www.holidayinn.com	Super 8	Free （1-800）454-3213 URL www.super8.com
Howard Johnson	Free （1-800）221-5801 URL www.hojo.com	Travelodge	Free （1-888）525-4055 URL www.travelodge.com

Free 免费电话号码是美国国内的免费电话号码，拿起听筒后，拨打号码即可接通。但需要注意的是，如果是从酒店的客房拨打电话可能会收取服务费。并且，如果从中国拨打，虽然可以打通，但是不免费。

入住汽车旅馆

1. 如果看到汽车旅馆外标有“Vacancy”的字样，就可以开车进去了。常见的汽车旅馆式样为在入口附近建有办公室，院内建有平房或两层楼的客房，建筑一直延伸到深处。停车场位于客房一侧或正前方。

2. 将车停在办公室旁，进入办公室向工作人员咨询，通常会被告知客房的价格并带你简单参观，之后你便可以决定是否入住了。

3. 如果你认可该酒店的条件，就可以在住宿卡上进行登记，除了需要填写你的家庭地址、姓名、支付方式外，车辆的相关信息也需要进行登记（→ p.224）。

4. 通常汽车旅馆都接受现金和信用卡的支付方式，不同的酒店认可的信用卡种类可能有所不同，基本上像是 American Express、Master Card、VISA 之类的都没有问题。

COLUMN 如何告知人数及需要的房间种类

汽车旅馆客房的种类几乎与普通酒店并无两样，订房时你可以参考以下内容。

▶**单人住宿时**

“Single room，please.”

（注意，即使是单人间，房间的床型也可能是 King 或 Queen 大小，没关系，这是正常配置）

▶**两人以上同时在一间客房住宿时**

主要通过床铺数量表达房型，大床房是“One room with one bed，please”，标间双床房是“One room with two beds，please”。

▶**两人以上入住多间客房住宿时**

如果人数较多需要入住不同房型时，将每个房型及总体房间数告知即可。“We have four people in our party. So，we need two rooms with one bed and one room with two beds.”

汽车旅馆的设备

◆**客房种类**

汽车旅馆的客房种类和普通酒店几乎没有区别。

基本上分为单人间（一张单人床）、大床房（一张双人床）、双人间（设有两张单人床或双人床）。

◆**室内设备**

基本上都会有电视、电话、冰箱、桌椅、简易衣柜、沐浴间和洗手台。即使是很廉价的酒店，也会放置毛巾和肥皂。多数都可以通过 Wi-Fi 免费上网。

◆**配套设施**

普遍会设置售卖零食及饮料的自动售货机和制冰机（如果没有制冰机通常你也可以从办公室要到冰块）。

多数汽车旅馆会配备洗衣机和烘干机（通常是投币式驱动，一家酒店会设有 1~2 台，接受 25 ¢ 的硬币，洗一次衣服需 $1~2，洗衣液的自动售卖机通常位于洗衣机旁边）。

不少郊外的汽车旅馆还设有泳池（北部地区还设有室内泳池），你可以在行李中多添一件泳衣有备无患。

COLUMN 以折扣价格入住汽车旅馆

在旅游咨询处及加油站的商店中，都可以看到介绍当地汽车旅馆的宣传小册子，知名的连锁酒店都会被罗列其中，并享有宣传单特有的优惠价格。大多数情况，地图信息也会在小册子中出现，使用价值很高，而且可以免费领取。

你可以通过宣传小册子搜寻酒店

小贴示 **未预约而打算入住汽车旅馆时** 有的乡下地区，即使是州际公路沿线，也很少能看到汽车旅馆的踪影，最好于 18:00 以前便确认好住宿的场所，例如景区或热门的城市周围，很有可能 17:00 便会出现客房已满的情形。

◆其他

在办公室和客房中，都可以找到附近比萨店或中餐馆的菜品宣传单，从房间就可以点外卖。有的郊外汽车旅馆，会并设家庭餐厅，如果你旅途疲劳，甚至在入住后不用再出去就可以解决当天的午餐或晚餐，十分便利。

汽车旅馆小费

在汽车旅馆入住，小费给多少比较合理呢？小费代表你对服务人员的感谢之情，汽车旅馆一般 $1~2 就足够了。但其实假如就住一晚，真的可以不必支付小费。当然，如果你不小心将咖啡洒在了房间内，或是把洗手间弄得比较乱，给服务生添了麻烦的话，还是应该给小费表示一下的。

有时候服务人员的态度也会影响你是否入住这家酒店的决定

退房

汽车旅馆的退房手续和普通酒店步骤相同，将钥匙或房卡归还给前台，在收据上签字即可。如果你曾使用过客房内的电话也有可能会要求你补缴电话费。有的汽车旅馆也可以直接将钥匙留在客房里关门就走或是将钥匙放到办公室设立的邮箱之中。

汽车旅馆的费用

原则上以房间为单位进行收费，假如一间房是 $40，两个人住则每人 $20。同时，单人间、大床房、双床房在价格上也会有些许差别。

位于景区及避暑地的热门汽车旅馆，也会和普通酒店一样根据淡旺季调整客房价格。

当天直接在酒店前台订房可能价格还会有的商量，比如傍晚或深夜这种几乎已经很难再有客人的时候，聊一聊说不定可以得到折扣价。

住宿卡内需要填写的车辆信息

Make of Car= 汽车厂商（例如 Ford、Toyota 等），License Number= 车牌号，State= 车牌所属州名。

租赁车辆的这些信息通常都会写在车钥匙链上。

有的住宿卡还需要你填写车型和颜色。

通过这些信息，汽车旅馆便可以知道现在停车场上的汽车是否是入住客人的，非客人的车辆将会被拖车拖走。

确认房间

完成入住手续后便会得到房卡或钥匙，通常工作人员会指出你客房的位置，随后你自行开车前往客房即可。停车场通常都是被汽车旅馆的客房围在里面的，你将车停在距离你房间最近的位置即可下车进入客房。

如果不满意客房环境的话，可以与工作人员交涉更换，但是郊外的汽车旅馆普遍比市内的廉价酒店环境要好很多，几乎不太有第一印象便很糟糕的客房。

确认房间后决定是否在此入住

在汽车旅馆的英语对话

▶ 我今晚可以住在这里吗？
May I have a room for tonight?

▶ 可以，请问有几个人？
Sure. How many people in your party?

▶ 两个人。
We have two.

▶ 你想住什么样的房间？
What type of room do you want?

▶ 你要住吸烟房还是无烟房？
Do you prefer smoking to non-smoking?

▶ 请给我无烟客房。
Non-smoking, please.

▶ 房间里能上网吗？
Can I connect to the internet with my laptop?

▶ 有免费的早饭吗？
Do you offer complimentary breakfast?

▶ 多少钱？
How much would it be?

▶ 2 张大床的房间每晚的费用为税后 $80。
We have a room with two queen size beds, which costs $ 80 plus tax a night.

▶ 是先付费还是后付费？
Should I pay now or can I pay later?

▶ 请填写这些。
Fill these up, please.

▶ 好的，给你。
Here you are.

▶ 请问你想怎么付费？
How are you going to pay?

▶ 你有 VISA 卡吗？
Do you take VISA card?

▶ 请问洗衣机和烘干机在哪里？
Could you tell me where the washing machine and the dryer are located, please?

▶ 洗手间堵塞了。
The toilet is clogged.

▶ 洗手间漏水了。
The water in the bathroom does not stop running.

▶ 我出去时把钥匙放房间了。
I locked myself out of the room.

▶ 我想结账，房号是 432。
I would like to check out. My room is four thirty-two.

GROCER

第5章

Travel Tips

美国旅行的基础知识

旅行准备

出发前的各项手续

护照是证明你是中国公民的国际“身份证”，在旅行途中要随身携带。

美国驻华大使馆（北京）

北京的签证面试在两个不同的地点进行，请查看你的预约确认信，确认你的面试地点。

住 北京安家楼路 55 号

日坛分部：北京建国门外秀水东街 2 号

☎（010）5679-4700

URL chinese.usembassy-china.org.cn

美国驻成都总领事馆

住 四川成都领事馆路 4 号

☎（028）6273-6100

URL chengdu.usembassy-china.org.cn

美国驻广州总领事馆

住 广州市天河区珠江新城华夏路，（靠近地铁 3 号线或 5 号线珠江新城站 B1 出口）。所有预约面谈的签证申请人请前往华夏路的领事部客人出入口。

☎（020）8390-9000

URL guangzhou.usembassy-china.org.cn

美国驻上海总领事馆

住 上海南京西路 1038 号梅龙镇广场 8 楼

☎（021）5191-5200

URL shanghai-ch.usembassy-china.org.cn

美国驻沈阳总领事馆

住 沈阳和平区十四纬路 52 号

☎（024）3166-3400

URL shenyang.usembassy-china.org.cn

●护照丢失时→ p.236

办理护照

我国的因私普通护照的有效期分别为“十六岁以下为五年，十六岁以上为十年”，费用从 2017 年 7 月 1 日起，由之前的 200 元降为 160 元。你可以在护照有效期内进行出入境活动，但一般申请签证时都要求护照的剩余有效期从归国后算起尚有 3 个月以上，要注意及时更换新护照。

中国公民申领因私普通护照须向户口所在地的市、县公安局出入境管理部门申请，提交必要的书面材料，具体事宜可登录户口所在地的公安局官网查询。部分城市可通过网络提前预约办理，请咨询当地相关部门。

美国签证

中国公民前往美国，须提前办理签证。自 2013 年 3 月 16 日起，美国在中国境内开始实施新的签证申请流程。中国公民须通过美国国务院设立的美中签证信息服务网站：www.ustraveldocs.com/cn_zh/cn-main-contactus.asp 进行签证政策咨询、申请和预约面谈。申请人也可参考美国国务院领事局和美国驻华大使馆或驻其他城市的总领馆相关网页内容。

自 2014 年 11 月 11 日起，中国公民申请美国商务（B1）、旅游（B2）或商务 / 旅游（B1/B2）类签证，可获发有效期最长为 10 年的多次入境签证。2016 年 11 月，美国国土安全部海关与边境保护局（Customs and Border Protection，CBP）启用了签证更新电子系统（EVUS）相关信息，要求持美国 10 年多次有效商务、旅游（B1/B2）签证的中国公民通过互联网定期进行个人信息更新。

详情请访问 URL www.cbp.gov/EVUS

旅行准备

旅行携带的货币及海外旅行保险

中国的大型银行、国际机场的银行柜台都可以兑换外币，现金搭配着借记卡、信用卡一起使用，尽量避免身上携带大量现金。

美国货币

美国的货币单位为美元（$）和美分（¢）。$1.00=100 ¢，纸币分为 $1、$5、$10、$20、$50、$100 六种，硬币分为 1 ¢、5 ¢、10 ¢、25 ¢、50 ¢、100 ¢（=$1），同样也是 6 种。纸币与硬币的照片参照（→ p.1）的“美国概况 · 货币及汇率”。

借记卡

同样是刷卡使用，只不过扣除的是提前存在卡里的金额，超出存款数额后便无法使用，可谓更理智的消费方法。你甚至还可以通过当地的ATM机直接提现。

信用卡

信用卡在美国社会，是所有者经济能力及信用的象征，是出行必备物品。信用卡好处很多，①避免携带大量现金；②需要现金时，也可以直接通过相关手续利用信用卡取现；③经济能力和信用的证明，在预约租车及酒店服务以及入住酒店时都需要出示。中国最常见的便是Master Card和Visa卡。你可以通过各银行进行办理。每家银行的信用卡可能功能有所不同，为了以防万一可以同时携带几张信用卡。通常从申请信用卡到拿到手里要半个月左右的时间，最好提前办理。

在海外使用信用卡提取现金

在国外如果随身携带的现金偏少，临时需要支取现金时，便可以利用信用卡的提现服务。通常在机场和车站，城市中的金融机构及购物商场都可以看到ATM机。最近在旅游咨询处中也出现了ATM机的踪影。尽量避免在夜间及马路上使用ATM机，输入密码时尽量不要让别人看到输的是什么。

使用ATM机从信用卡使用额中取款，会附加手续费及预支利息，每家银行的手续费及各张信用卡的附带利息各有不用，最好提前在办卡时便进行确认。ATM机的操作方法如下。

①寻找ATM机并观察自己的银行卡标志是否适用于该ATM机。

②选择操作语言（有中文时点选CHINESE）。

③插入信用卡，输入密码。

④随后从Select Transaction（交易种类）中点选WITHDRAWAL（取现），在Select Source（账户选择）中点选CREDIT（信用卡）按钮。

⑤屏幕上会显示出$20、$40等不同金额，根据你的需求点选按钮，如果希望提取其他金额请点选OTHER，取现后不要忘了拔出信用卡并领取收据。

购买海外旅行保险

购买海外旅行保险后，生病受伤可以报销医疗费，遭遇盗窃也会得到补偿，即使是因你自身原因导致他人的财物受损，保险也会帮你赔偿。众所周知，美国的医疗费确实不低，而犯罪的发生率也不能用低频来形容，购买保险可以在紧要关头帮你缓解问题，可谓突发事件中的强心针。

保险种类

保险分为强制加入的基础条约以及购买者可以自由选择的特别条约两种。直接购买保险套餐最为实惠。具体请咨询各大保险公司。另外，有的信用卡也会包含相应的海外保险，请提前确认保额，毕竟可能会因金额限制无法支付美国昂贵的医疗费。

卡丢了怎么办！？

如果你的卡是国际银行卡，首先马上联系当地的支行或信用卡营业点，中国信用卡则拨打服务热线，由银行帮你迅速冻结是最快避免你发生损失的办法。之后才是与警方联系。与信用卡公司联系时，会要求你输入信用卡号、有效日期等基本信息，为了方便遗失后可以迅速应对，最好提前将相关信息记录下来。

●信用卡丢失→ p.236

信用卡附带的海外保险

当你在某些银行办理信用卡时，会自动帮你定制海外旅行保险，需要注意的是"疾病死亡"不在理赔范围之内，不要误以为可以理赔就通过信用卡支付巨额医疗费，最后结果通常是自己赔付。而且信用卡附带保险的理赔额度通常比较低，最好事先确认一下。

如何购买保险

中国大型保险公司以及旅行社都会为你提供海外旅行的相关保险产品，在机场也会看到保险公司的柜台，通常保险会从你走出家门便开始生效，所以相比在机场购买，还是在旅行出发前处理好更为妥当。

在机场也可以通过机器购买保险

申请理赔

理赔时一定要提供当地警方出具的被害调查报告书，购买保险时，合同内容上会写有保险不包括的理赔范围以及申请理赔时需要提供哪些相应材料，一定要确认好后再购买保险。

旅行准备 购买机票

机票价格会根据季节及航空公司、是否是直飞等条件有所不同，有时甚至会有很大的差额。下面将介绍在旅行中占据相当成本分量的机票信息。

各航空公司的联络方式

● 美国航空

☎ 800-492-8095

URL www.americanairlines.cn/intl/cn/index.jsp?locale=zh_CN

● 达美航空

☎ 400-120-2364

URL zh.delta.com

● 联合航空

☎ 400-883-4288

URL www.united.com/ual/zh-cn/cn/

● 中国国际航空公司

☎ 95583

URL www.airchina.com.cn/?cid=BR-pinzhuan:20160106:SEM:BaiduB:CH N:001

e-ticket

时下各航空公司都导入了电子机票系统，乘客在预约之后，可以通过电子邮箱收到的电子票单进行登机，减少了机票丢失的顾虑，电子票单丢失或删除也可以再发送，非常安心。

机票价格何时有

一般每年2月左右会公布4-9月、7月中旬公布10月~次年3月的机票价格，请在航空公司官网进行确认。

中国直飞可以抵达的美国城市

- 美国西海岸：洛杉矶、圣何塞、圣弗朗西斯科（旧金山）
- 美国西北部：西雅图
- 美国西南部：拉斯维加斯
- 美国南部：达拉斯、休斯敦
- 美国中西部：芝加哥、底特律
- 美国东部：纽约、波士顿、华盛顿 D.C.

机票种类

● 正价机票

定价销售的机票，价格最高但所受限制最低，分为头等舱、商务舱和经济舱三种。

● 打折机票

打折机票由于价格相对划算，退改签的限制通常较多，如果你已经做好计划，提早在网上预约确实会相当实惠。

旅行技巧 出入境手续

最好提前3个小时便到达机场，可以有充裕的时间办理登机手续，以防紧急情况发生，总之赶早不赶晚。

从中国出发

前往当地国际机场

提早抵达机场是旅行顺利开始的基础。

从抵达机场后到登机

①办理登机手续（Check-in）

在机场办理登机手续也被称为 Check-in，通常都是在航空公司柜台或自助登机服务机办理。如果你将乘坐两家航空公司共有的代号共享航班，前往任意一家航空公司的柜台办理即可。如果是电子机票，完全可以通过机场的自助登机服务机进行办理。通过触摸屏的提示进行操作，手续完成后机器便会为你打印机票。近年来，有的航空公司提前 1~3 天便可以通过网络办理值机，届时你只需要办理行李拖运的工作就可以了，你选择的航空公司是否有这种服务，请提前与工作人员咨询确认。

②安检

办理完行李的拖运手续后前往安检处，机场工作人员会对你全身及随身携带的行李进行安检。将随身携带的笔记本电脑、手机、腰带、钱包等金属物品放在塑料托盒中接受 X 线检查。需要注意的是，通过安检前要将水和打火机等物品提前处理掉，这些是不允许随身携带的。

③海关申报

如果携带高额国外制造的物品出国，需要填写海关申报单，以防在你之后回国时对本属于你的物品进行错误收税。

④出关

通常都是向工作人员出示护照和机票，一般不会询问你什么问题的，在你的护照上盖上出境章后便会将护照和机票退还给你。

⑤登机

前往自己航班所对应的登机口，通常会从起飞前 30 分钟开始登机，在登机口出示机票和护照即可完成登机。

关于禁止随身携带但可托运的物品的有关规定

中国民用航空局规定，在中国境内乘坐民航班机禁止随身携带以下物品，但可放在托运行李中托运。禁止乘机旅客随身携带但可作为行李托运的物品包括：

菜刀、水果刀、大剪刀、剃刀等生活用刀；

手术刀、屠宰刀、雕刻刀等专业刀具；

文艺单位表演用的刀、矛、剑；

带有加重或有尖钉的手杖、铁头登山杖、棒球棍等体育用品；

以及斧、凿、锤、锥、扳手等工具和其他可以用于危害航空器或他人人身安全的锐器、钝器；超出可以随身携带的种类或总量限制的液态物品。

美国入境

即使之后有转机行程，也要在最初进入美国的城市接受入境审查。

抵达前，飞机上会分发给你海关申报书，提前填写可以方便更快速入关。

从接受入境审查到递交海关申报书

①入境审查

下飞机后沿着“Immigration”的标识前往入境审查区，这里分为专门面向美国籍（U.S.Citizen）的窗口以及外国国籍（Visitor）的窗口。轮到你接受审查时走到审查官的窗口即可。将护照、机票、海关申报书交给审查官，部分机场会要求采集你的双手指纹，此外摄像头还会拍摄你的面部照片用以留档。在询问完你一些例如入境目的、停留场所等基本问题后，一旦认可你的入境理由，便会将护照和海关申报书返还给你。

※有的机场设有面向多次入境客人的自助入境设备，但是假如你是第一次来美国，老实排队接受签证官的正常审查即可。

②提取行李

通过入境审查后，前往行李提取区 Baggage Claim，确认你所搭乘的航班对应的行李提取区，在行李传送带（Carousel）前等待即可。部分机场会要求你出示行李牌才可拿走相对应的行李，不要把行李牌弄

关于液态物品携带的有关规定

乘坐从中国境内机场始发的国际、地区航班的旅客，其携带的液态物品每件容积不得超过 100 毫升（mL）。容器容积超过 100 毫升，即使该容器未装满液体，亦不允许随身携带，需办理交运。盛放液态物品的容器，应置于最大容积不超过 1 升（L）的、可重新封口的透明塑料袋中。每名旅客每次仅允许携带一个透明塑料袋，超出部分应交运。

盛装液态物品的透明塑料袋应单独接受安全检查。

在候机楼免税店或机上所购物品应盛放在封口的透明塑料袋中，且不得自行拆封。旅客应保留购物凭证以备查验。

带婴儿随行的旅客携带液态乳制品，糖尿病或其他疾病患者携带必需的液态药品，经安全检查确认无疑后，可适量携带。

飞机禁止携带物品清单

中国民用航空局规定，在中国境内乘坐民航班机禁止随身携带或托运以下物品：

枪支、军用或警用械具（含主要零部件）及其仿制品；爆炸物品，如弹药、烟火制品、爆破器材等及其仿制品；管制刀具；易燃、易爆物品，如火柴、打火机（气）、酒精、油漆、汽油、煤油、苯、松香油、烟饼等；腐蚀性物品，如盐酸、硫酸、硝酸、有液蓄电池等；毒害品，如氰化物、剧毒农药等；放射性物品，如放射性同位素等；其他危害飞行安全的物品，如有强烈刺激气味的物品、可能干扰机上仪表正常工作的强磁化物等。

小贴士 **托运行李不允许上锁** 现在美国航线的飞机不允许客人对自己的行李上锁，如果你担心的话可以通过行李带固定行李。TSA 海关锁是被美国官方认可的，你也可以选用该锁增加你的行李安全。

丢。如果最终没有在传送带上找到你的行李或是行李发生破损，请当场联系航空公司的工作人员。

③海关检查

海关主要会检查你行李里的酒品、香烟等是否超量，超额会被征税，具体含量参照“小贴士”信息。

将审查必需的护照、海关申报书一并交给审查官

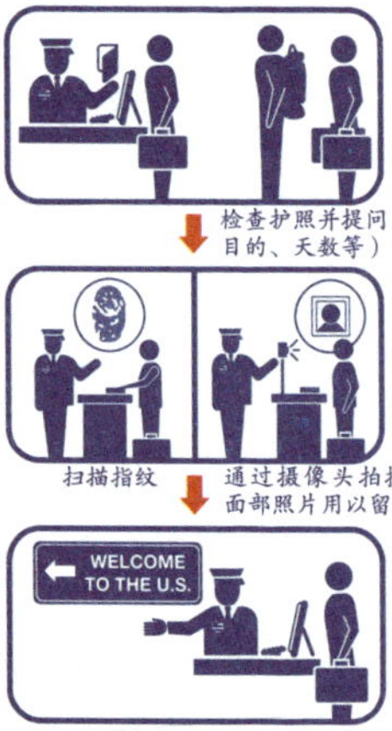
检查护照并提问（访美目的、天数等）
扫描指纹
通过摄像头拍摄你的面部照片用以留档
WELCOME TO THE U.S.
前往行李提取区

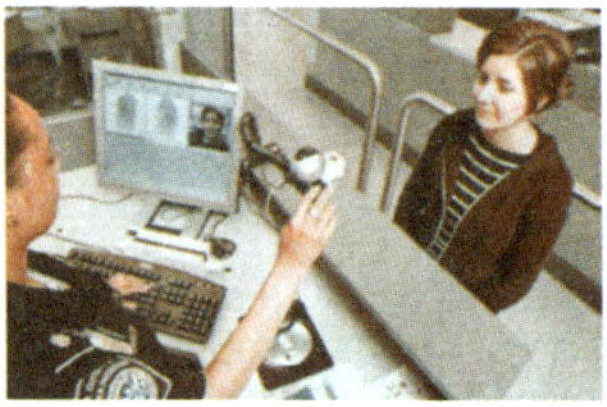

入境前会拍摄你的面部照片

美国出境

①前往机场

美国的机场安检非常严格，会占用很多时间，如果是在美国国内换乘，请预留 2 小时，国际航班则需预留 3 小时以上的时间。

②在航空公司柜台办理登机手续

在美国主要的机场，航空公司柜台会分散分布在各个航站楼，机场巴士或是出租车司机都知道各航站楼的航空公司分布，将你打算搭乘的航空公司予以告知便可以抵达正确的航站楼。

③办理登机手续（Check-in）

2016 年 9 月起，从美国出境无须再有通过出境审查官进行审核并在护照上加盖出境章的过程，你在航空公司柜台办理完行李托运及登机手续后，领到行李牌和机票，拿回护照直接接受安检即可直接前往登机口候机。

中国入境

下飞机后前往检疫区，从美国回到中国的旅客，基本上可直接通过，但如果健康状况有异常时，应主动向检疫人员说明情况。

在入境处出示护照通过检查后前往行李提取区拿取行李，最后前往海关接受检查。如果你携带有向海关申报的物品，须填写《中华人民共和国海关进出境旅客行李物品申报单》，选择“申报通道”（又称“红色通道”）通关；如果没有，无须填写《申报单》，选择“无申报通道”（又称“绿色通道”）通关（按照规定享有免验和海关免于监管的人员以及随同成人旅行的 16 周岁以下旅客除外）。

未满 18 岁的未成年人入境美国时

如果没有父母陪伴，可能要求出示未成年人父母或其中一方或监护人的英文同意书，请多加注意。

入境时提问的回答方法

- 到访目的，观光回答“Sightseeing”，工作回答“Business”
- 停留天数，5 天回答“Five days”，1 周 回 答“One week”
- 住宿地回答预约的酒店名称即可
- 如果询问来美国游览的地方，直接将行程表出示并简单说明即可
- 如果停留时期较长，可能会被问到携带的财物金额，你根据所带现金和信用卡张数如实回答即可

入境的问题非常简单，如果真的听不懂的话可以求助翻译（Interpreter）

●如果在机场丢失行李
→ p.236

海关申报书

如果没有需要缴税的物品口头回答问题，将填好的申报书递交给工作人员即可结束检查。

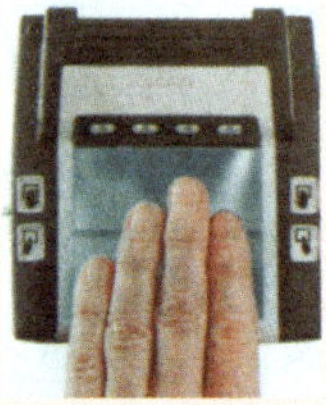

需要采集双手的指纹
©Depqrtment of Homeland Security，US/VISIT

小贴士 **美国入境时需要申报的物品** 现金超过 $10000 时需要申报，21 岁成年人携带酒类，1 升以下可以免税，价值 $100 以下的礼品也享有免税。香烟 200 根（或叶烟 50 根，烟草 2kg）以下免税。蔬菜、水果、肉类及加工品等食物一律不准入境。

旅行技巧 小费及礼仪

美国是一个由生活习惯各不相同的人们共同组成的多民族国家。没有绝对的规定，但希望大家也能遵守最低限度的习惯和礼仪。"入乡随俗"，愉快地记住这些礼仪吧。

小费

在美国接受服务，通常有支付小费的习惯。一般用餐时要将餐费15%~20%的金额作为小费留在餐桌上。即使团队用餐的成本较高，但同样支付餐费15%~20%的金额作为小费也是很正常的行为。如果用餐金额较低，支付$1以上的小费也是理所应当的。

小费的支付方法

给服务人员的小费都是在餐后支付。即使是信用卡结账也可以将小费一并合计后进行支付。总餐费除去税金的15%~20%作为小费比较合理。

消费小票

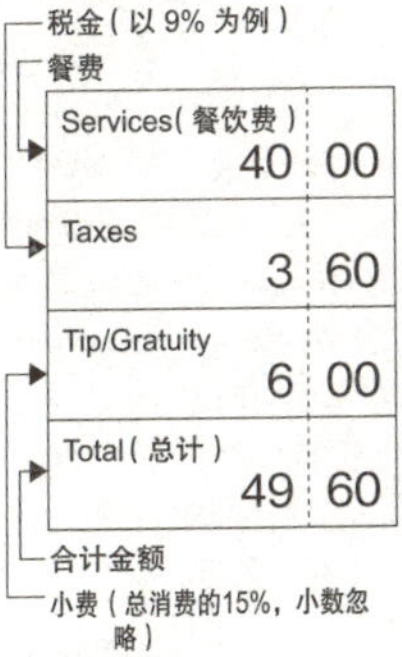

小费换算表

费用（$）	15%		20%	
	小费	合计	小费	合计
5	0.75	5.75	1.00	6.00
10	1.50	11.50	2.00	12.00
15	2.25	17.25	3.00	18.00
20	3.00	23.00	4.00	24.00
25	3.75	28.75	5.00	30.00
30	4.50	34.50	6.00	36.00
35	5.25	40.25	7.00	42.00
40	6.00	46.00	8.00	48.00
45	6.75	51.75	9.00	54.00
50	7.50	57.50	10.00	60.00

※ 小费的简单算法
①四舍五入　例 $35.21 → $35.00
②小费是 15% 时，× 0.15　　$35.00 → $5.25
③小费是 20% 时，则将餐费除以 10 乘以 2　　$3.5 × 2 → $7
④小费基本在 15%~20%（$5.25~ 8.75），根据服务自己决定即可

礼仪

饮酒和吸烟

美国大多数州郡都不允许未满21岁的青年饮酒，室外饮酒也是被明令禁止的。当你在酒类商店、Live house、俱乐部、棒球场等地购买酒品时，很有可能被要求出示身份证件。需要特别注意的是，请不要在公园、长椅、人行道上饮酒，这是绝对不可以的。餐厅外及户外的露天餐厅也是禁止吸烟的，酒店中如果入住的是无烟房，也请不要吸烟。

带孩子旅行时需要注意的事项

如果孩子在餐厅等公共场所吵闹，请将其带到户外待情绪冷静后再重新进场。另外，当你将孩子独自一人留在酒店或汽车里时，也可能会被路人报警，请尽量带着孩子与你一同行动。

●小费金额

门童、行李员

对于帮你搬运行李的门童和行李员，可以按行李支付小费，每件行李在$2~3。

酒店清洁员

每张床的服务费在$1~2。

出租车司机

乘坐出租车不是单独支付小费，通常都是与车费一同交给司机。一般是车费的15%作为小费，如果你乘车体验很好，还可以自行增加小费金额，可以给个整数。

客房服务

如果你要求了客房服务，首先可以看一下收据明细，如果其中包含了服务费，则无须再次支付小费，如果没有服务费字样，可以适量支付，通常按摩或快递包裹在$1~2。

参加旅行团

导游小费在团费的15%~20%比较合适。

●基础礼仪

打招呼

如果要触碰街上的路人以求让下路，可以说"Excuse me"；如果撞到或踩到别人，则说"I'm sorry"。在比较拥挤的地方希望快速通过时，应说"Excuse me"；如果什么都不说是十分没有礼貌的，要多加注意。进商店时如果工作人员用"Hi"和你打招呼，你可以通过"Hi"或"Hello"应答。另外对话时直视对方双眼也是礼貌的表现。

禁止走路吸烟!!

中国经常可以看到边走路边抽烟的人，这是一定要避免的不当行为。

邮政

使用信件的方式将自己旅行中的感受与亲朋好友分享，是永远不会过时的。手写书信虽然是一种很传统的通信方式，但是更有温度。另外当你打算减轻随身行李重量时，也可以选择邮寄的方式。

购买邮票

在邮局的窗口或标有 US Mail 标记的窗口都可以购买相应金额的邮票，礼品店或酒店的邮票售卖机的价格会比较昂贵，如果实在找不到售卖邮票的地方，找酒店的工作人员帮忙会很有效。

如何打包

大多数邮局都售卖不同种类的信封、缓冲品、纸质邮箱、橡胶带等帮助打包的各式物品。

邮寄信件和行李

从美国邮寄东西到中国，约需要 1 周多的时间，邮局的平信不到 $2。

旅行中购买的大件物品、比较重的书籍等建议选择直接邮寄回中国，这样旅途会比较轻松。在大型邮局都可以买到大号的防撞信封或者邮政用纸箱。

发往中国的都是航空邮件 Air Mail。收件地址可以写中文（国名需要写 CHINA），寄件人地址与姓名要用英文填写。寄送印刷品时需要注明 Printed Matters，书籍需要注明 Book（书籍中不可夹带信件）。

邮寄包裹和中国一样按重量收费，不过，美国的计重单位是磅（1 磅约等于 454 克）。根据寄件种类，一般会有一个首磅价格，之后在一定的重量之内每增加 1 磅再追加费用。详情可咨询当地邮局或快递公司。

常用的国际快递包括 Global Express Guaranteed（全球加急特快专递保障服务）、Express Mail International（全球特快专递）、Priority Mail International（全球优先邮件）。Global Express Guaranteed 是美国邮政和联邦快递合办的，速度上有优势，但是价格较高。Express Mail International 是万国邮政联盟推出的全球特快专递，与各国的邮政国企合作，比如从美国发往中国的邮件或包裹会转到国内的 EMS，由 EMS 递送。可以在美国邮政和中国 EMS 网站上准确地追踪到包裹的位置，性价比较高。Priority Mail International 的价格要更便宜，但是时间也相对要长一些。可根据自己的实际情况进行选择。

如何填写包裹的海关申报书（全部英文填写）

From 的一栏即寄件人信息，如果是在美国的常住者，便填写美国的常住住址。来美国旅行的游客则填写停留的酒店住址，To 的一栏则是收件人信息，填写模式参照寄件人信息即可。

右侧的空栏是为了如果邮件投递失败应该如何处理而设立的，如果是返回寄件人地址则勾选 “Return to Sender”，改寄别处则勾选 “Redirect to Address Below” 并填写相应地址。直接丢弃则勾选 “Treat as Abandon”。

下面的空栏是邮寄内容，“QTY” 代表数量，“VALUE” 代表价值（用美元预估即可）。

如果你遇到了其他格式的申报单，大体内容不会有变化，不用太担心。

旅行技巧 电话

这里将对在美国国内拨打电话和从美国向国外拨打电话的方法进行说明。中国的手机在美国也可以使用，出发前提前咨询各大运营商办理相关业务即可。

美国国内公用电话的使用方法

市话 Local Call

拨打同地区的号码，各城市收费有所不同，最低会收取 50 ¢ 的费用。拿起话筒投入硬币拨打电话号码即可。如果通话超时，听筒便会传来"50 cents，please"的提示音，投入硬币便可继续通话。

长途电话 Long Distance Call

先拨 1，之后是对方的区号，最后是电话号码。拨通后听筒回传来"Please deposit one dollar and 80 cents for the first one minute."的提示音，投入相应硬币即可。随后电话将被接通，使用公共电话拨打长途通常费用较高，推荐使用电话卡拨打（→下文）。

电话卡

将卡号和密码根据提示依次按数字键输入即可成功拨打电话。无论是美国国内电话还是跨洋电话均可以使用电话卡进行拨打，在美国机场、药店都可以买到。

使用酒店客房电话拨打

首先按下外线键（通常是 8 或 9），之后操作和公共电话一样。使用酒店客房电话会多收取你相应的服务费，即使你拨打的是免费电话，也可能照常收取服务费。此外，如果你拨打的是美国国内长途或国际长途，即使电话没通，如果"嘟嘟声"超过一定时间也会收取你服务费，一定要多加注意。

电话的英文字母意义

美国的电话会刻有字母，它们也间接代表数字

ABC→2	DEF→3
GHI→4	JKL→5
MNO→6	PQRS→7
TUV→8	WXYZ→9

免费电话

通常以（1-800）、（1-888）、（1-877）、（1-866）、（1-855）、（1-844）开头的电话，在美国国内用座机拨打都是免费的。如果从中国拨打该电话要正常付费，请多加注意。

另外用手机拨打该电话也是要收费的，不要掉以轻心。

从美国给中国拨打电话［号码为（010）6123-4567］

011 国际电话识别码 + 86 中国的国家代码 + 10 区号去掉前面的 0 + 6123-4567 电话号码

※1 使用公共电话拨打中国电话的号码如上所示，如果使用酒店客房电话拨打，还要在最前面加拨外线号码
※2 区号去掉前面的 0。拨打手机时没有区号

从中国往美国拨打电话的方法［号码为（617）987-6543］

00 国际电话识别码 + 1 美国的国家代码 + 617 区号 + 987-6543 电话号码

旅行技巧

旅行中突发事件的应对方法

遭遇盗窃

马上联系警察

- 为了获得海外旅行保险的理赔，一定要要求警方出具事故报告书。
- 得到事故报告书的副本（Police report）或是案件受理号码（Police case number），具体参照本页页脚内容。

护照丢失

马上联系中国驻美使领馆进行旅行证或新护照的办理手续

- 护照丢失办理过程非常麻烦而且时间非常长，大概需要3个月甚至半年的办理周期，申请费为105美元。
- 如果急于回国，可以办理旅行证，使领馆在收到国内回复后正常办理旅行证需4个工作日，收费为25美元；加急办理只需2~3个工作日，收费为45美元；特急办理需要1个工作日，收费为55美元。
- 办理材料包括填写完整的《中华人民共和国护照/旅行证/回国证明申请》1份，半年内正面免冠彩色证件照片4张、原护照复印件（如有）或其他证明申请人中国国籍的材料（如户口簿、身份证或出生公证等）原件及复印件（如有），护照丢失、被盗的书面报告领事官员根据个案要求申请人提供的其他材料。

信用卡丢失

以最快的速度联系信用卡客服中心

- 在联系警察之前，发现信用卡丢失后的第一件事便是联系信用卡客服中心将信用卡挂失冻结。

行李丢失

- 如果是航空公司和大巴公司托运的行李，当场便要凭借行李牌进行申诉，事后申诉普遍不被认可。
- 如果是被偷或忘在某处，建议你最好放弃寻找。
- 申请海外旅行保险理赔。

财物丢失

- 使用信用卡应急提现。
- 身无分文的情况则向当地中国驻美使领馆求助。

生病

- 感冒或腹泻问题对症下药，多休息。
- 如果情况没有好转或出现从未有过的负面症状，与保险公司联系，由其帮忙介绍医院或医生。

小贴士 **被盗后联系警察获取报告书** 警方赶来现场后会核查你的信息并进行询问调查，有什么说什么就成了。事故报告书的副本（Police report）通常需要数天才可以出具，先将案件受理号码（Police case number）留存下来方便之后获取报告书和理赔。

中国驻美使领馆

中国驻美利坚合众国大使馆
Embassy of China in the United States of America
住 3505, International Place, N.W., WASHINGTON D.C. 20008, U.S.A.
☎ 001-202-4952266
URL www.china-embassy.org
领区范围：华盛顿特区、特拉华州、爱达荷州、肯塔基州、马里兰州、蒙大拿州、内布拉斯加州、北卡罗来纳州、北达科他州、南卡罗来纳州、南达科他州、田纳西州、犹他州、弗吉尼亚州、西弗吉尼亚州、怀俄明州

中国驻洛杉矶总领事馆
Consulate General of China in Los Angeles
住 443 SHATTO PLACE, LOS ANGELES, CA 90020, USA
☎ 001-213-8078088, 8078011
URL losangeles.china-consulate.org/
领区范围：亚里桑那州、南加利福尼亚州、夏威夷州、新墨西哥州、太平洋岛屿

驻圣弗朗西斯科总领事馆
Consulate General of China in San Francisco
住 1450 LAGUNA ST. SAN FRANCISCO, CA 94115, U.S.A
☎ 001-415-6742900
URL www.chinaconsulatesf.org/
领区范围：阿拉斯加州、北加利福尼亚州、内华达州、俄勒冈州、华盛顿州

中国驻纽约总领事馆
Consulate General of China in New York
住 520 12TH AVENUE, NEW YORK NY 10036, USA
☎ 001-212-2449392（总机）
URL www.nyconsulate.prchina.org
领区范围：康涅狄格州、缅因州、马萨诸塞州、新罕布什尔州、新泽西州、纽约州、俄亥俄州、宾夕法尼亚州、罗得岛州、佛蒙特州

中国驻芝加哥总领事馆
Consulate General of China in Chicago
住 100 WEST ERIE STREET, CHICAGO, IL 60610, U.S.A.
☎ 001-312-8030095
URL www.chinaconsulatechicago.org
领区范围：科罗拉多州、伊利诺伊州、印第安纳州、艾奥瓦州、堪萨斯州、密歇根州、明尼苏达州、密苏里州、威斯康星州

中国驻休斯敦总领事馆
Consulate General of China in Houston
住 3417 MONTROSE BLVD. HOUSTON TX 77006 USA
☎ 001-713-5201462
URL houston.china-consulate.org/
领区范围：亚拉巴马州、阿肯色州、佛罗里达州、佐治亚州、路易斯安那州、密西西比州、俄克拉何马州、得克萨斯州和联邦领地波多黎各

旅行技巧 尺寸比较表和度量衡

●身高

英尺/英寸（ft）	4'8"	4'10"	5'0"	5'2"	5'4"	5'6"	5'8"	5'10"	6'0"	6'2"	6'4"	6'6"
厘米（cm）	142.2	147.3	152.4	157.5	162.6	167.6	172.7	177.8	182.9	188.0	193.0	198.1

●体重

磅（ibs）	80	90	100	110	120	130	140	150	160	170	180	190	200
千克（kg）	36.3	40.9	45.4	50.0	54.5	59.0	63.6	68.1	72.6	77.2	81.7	86.3	90.8

●男装尺寸

尺寸	S		M		L		XL	
颈围（inches）	14	14.5	15	15.5	16	16.5	17	17.5
颈围（cm）	35.5	37	38	39	40.5	42	43	44.5
胸围（inches）	34	36	38	40	42	44	46	48
胸围（cm）	86.5	91.5	96.5	101.5	106.5	112	117	122
腰围（inches）	28	30	32	34	36	38	40	42
腰围（cm）	71	76	81	86.5	91.5	96.5	101.5	106.5
袖长（inches）	31 1/2	33	33 1/2	34	34 1/2	35	35 1/2	36
袖长（cm）	82.5	84	85	86.5	87.5	89	90	91.5

●女装尺寸

	XS		S		M	L		XL
美国尺寸	4	6	8	10	12	14	16	18

●鞋码

女鞋	美国尺寸	4.5	5	5.5	6	6.5	7	7.5
	cm	22	22.5	23	23.5	24	24.5	25
男鞋	美国尺寸	6.5	7	7.5	8	8.5	9	10
	cm	24.5	25	25.5	26	26.5	27	28
童鞋	美国尺寸	1	4.5	6.5	8	9	10	12
	cm	7.5	10	12.5	14	15	16.5	18

※ 鞋的宽度

AAA AA A	B C D	E EE EEE
窄	标准	宽

●牛仔裤等的腰围

女士	尺寸	26	27	28	29	30	31	32
	cm	56	58	61	63	66	68	71
男士	尺寸	29	30	31	32	33	34	36
	cm	73	76	78	81	83	86	91

●女孩尺寸

美国尺寸	7	8	10	12	14	16
身高（cm）	124.5~131~134.5~141~147.5~153.5~160					

●男孩尺寸

美国尺寸	8	9	10	11	12	14	16	18
身高（cm）	128~133~138.5~143.5~148.5~156~164~167							

●婴儿尺寸

美国尺寸	3	4	5	6	7（6X）
身高（cm）	91.5 ~ 98 ~ 105.5 ~ 113 ~ 118 ~ 123				

●其他尺寸

●用纸

美国纸张为国际标准大小

· Letter Size=8.5in × 11in=215.9 × 279.4mm

· Legal Size=8.5in × 14in=215.9 × 355.6mm

（中国 A4 纸为 210 × 297mm）

●照片尺寸

· 3 × 5=76.2mm × 127mm

· 4 × 6=101.6mm × 152.4mm

· 8 × 10=203.2mm × 254mm

●度量衡

●长

· 1 英尺（inch）≒2.54 厘米

· 1 尺（food）=12 英尺≒30.48 厘米（复数是 feet）

· 1 码（yard）=3 英尺≒91.44 厘米

· 1 英里（mile）≒1.6 公里

●重

· 1 盎司（ounce）≒28.35g

· 1 磅（pound）=16 盎司≒453.6g

●体积

· 1 品脱（pint）≒0.4 升

· 1 夸脱（quart）=2 品脱≒0.946 升

· 1 加仑（gallon）=4 夸脱≒3.785 升

项目策划：王欣艳　翟　铭
统　　筹：北京走遍全球文化传播有限公司　http://www.zbqq.com
责任编辑：王佳慧
责任印制：冯冬青

图书在版编目（CIP）数据
美国自驾游 / 日本《走遍全球》编辑室编著；王晓雪，赵智悦译. -- 3版. -- 北京：中国旅游出版社，2018.4
（走遍全球）
ISBN 978-7-5032-5980-7

Ⅰ.①美… Ⅱ.①日… ②王… ③赵… Ⅲ.①旅游指南—美国 Ⅳ.①K971.29

中国版本图书馆CIP数据核字（2018）第038200号

北京市版权局著作权合同登记号　图字：01-2018-1449
审图号：GS（2018）1262号　本书插图系原文原图

书　　名：美国自驾游

作　　者：日本《走遍全球》编辑室编著；王晓雪，赵智悦译
出版发行：中国旅游出版社
（北京市建国门内大街甲 9 号　邮编：100005）
http://www.cttp.net.cn　E-mail: cttp@cnta.gov.cn
营销中心电话：010-85166503
排　　版：北京中文天地文化艺术有限公司
经　　销：全国各地新华书店
印　　刷：北京金吉士印刷有限责任公司
版　　次：2018年4月第3版　2018年4月第1次印刷
开　　本：889毫米×1194毫米　1/32
印　　张：7.875
印　　数：8000册
字　　数：398千
定　　价：56.00元
I S B N　978-7-5032-5980-7